이 때 뚜우 하고 정오 사이렌이 울었다. 사람들은 모두 네 활개를 펴고 닭처럼 푸드덕거리는 것 같고 온갖 유리와 강철과 대리석과 지폐와 잉크가 부글부글 끓고 수선을 떨고 하는 것 같은 찰나! 그야말로 현란을 극한 정오다.

나는 불현듯 겨드랑이가 가렵다.

아하, 그것은 내 인공의 날개가 돋았던 자국이다. 오늘은 없는 이 날개, 머릿속에서는 희망과 야심이 말소된 페이지가 딕셔너리 넘어가듯 번뜩였다.

중력을 거스르고픈 인간의 욕망

날개

드림써비

나는 걷던 걸음을 멈추고 그리고 일어나 한번 이렇게 외쳐 보고 싶었다.

날개야 다시 돋아라.

날자, 날자, 날자, 한 번만 더 날자꾸나.

한 번만 더 날아 보자꾸나.

이상 〈날개〉 중에서

프롤로그

인간에게는
하늘을 비행할 수 있는 날개가 없어서,
인간은 하늘을 나는 새를 보면서
중력을 거슬러 공중으로 날아오르는 꿈을 꾸었습니다.

날개는 그래서 하늘을 활강하고픈
인간의 욕망과 이상을 담고 있습니다.
신성을 부여하여 고귀한 존재나 상상 속의 동물에
날개의 이미지를 이식했습니다.

〈날개; 중력을 거스르고픈 인간의 욕망〉은
역사와 문화, 신화와 종교, 문학과 예술에 등장하는
날개 이야기를 담고 있습니다.

날개의 문화사와 함께
신화와 역사, 문화 속으로 함께 날아 보겠습니다.

목차

날개의 기원과 상징
중력을 거스르고픈 인간의 욕망　　13
날개의 상징성　　19

날개의 역사
날개의 역사　　31
고대 그리스와 로마의 날개　　33
고대 이집트의 날개　　51
고대 중국의 날개　　60
중세 시대의 날개　　71
르네상스 시대의 날개　　75
르네상스 이후와 산업혁명 시기의 날개　　79
현대의 날개　　83

날개의 종류

천사	89
악마	142
요정	173
새	189
곤충	211
그밖의 날개달린 동물	231
날개 달린 상상의 동물	237
열기구	261
비행선	267
비행기	272

신화 속의 날개
신화 속의 날개 281
유럽 권역 신화 속의 날개 282
중동, 아프리카 권역 신화 속의 날개 316
아시아 권역 신화 속의 날개 344
아메리카, 해양문화 권역 신화 속의 날개 389
신화와 날개의 시퀀스 분석 410

문학과 구전 속의 날개
문학 작품 속의 날개와 비행 415
날개와 비행이 언급된 명언과 속담 425

종교 속의 날개
기독교와 날개 441
불교와 날개 443
힌두교와 날개 445
이슬람과 날개 447
샤먼과 날개 449

다양한 분야에서 해석되는 날개 이야기
    날개의 문화인류학적 설명   453
    비행의 심리학적 시각   457
    연금술에서 다루는 날개   461
    마법과 주술, 샤머니즘의 날개   465

예술 속의 날개
    예술로 표현되는 날개   471
    그림 속에 등장하는 날개   473
    조각 속에 등장하는 날개   485

참고문헌   492

chapter

1.

· 날개의 기원과 상징

중력을 거스르고픈 인간의 욕망

        인간이 하늘을 날고자 하는 욕망은 오래전부터 존재해왔다. 새와 같은 날개를 달고 새의 비행을 흉내 내어, 날기를 시도한 기록들은 이러한 욕망을 여실히 보여준다. 날개는 하늘을 나는 꿈의 실현이자, 한계를 뛰어넘고자 하는 욕망의 표현이다. 이 욕망은 단순히 높은 곳을 향한 호기심과 자유에 대한 갈망을 넘어, 인간의 도전 정신을 상징한다. 이 심리는 고대 신화와 전설, 중세 과학자의 연구, 그리고 현대 항공 기술의 발전에 이르기까지 다양한 형태로 표현됐으며, 인간의 역사 전반에 아로새겨져 있다.

큐피드와 프시케(1870년경)_에드워드 콜리 번 존스 경
Cupid and Psyche (ca. 1870)_Sir Edward Coley Burne-Jones

고대 그리스 신화에서 이카로스와 다이달로스의 이야기는 인간이 하늘을 날고자 하는 열망을 극명하게 보여준다. 다이달로스는 새의 깃털과 밀랍을 이용해 날개를 만들어 아들과 함께 크레타섬을 탈출하려 했다. 하지만 이카로스는 아버지 다이달로스의 당부를 어기고 태양에 너무 가까이 다가가다가 밀랍이 녹아 추락하고 말았다. 이 이야기는 인간의 비행 시도가 얼마나 위험할 수 있는지를 경고하는 동시에, 끝없는 도전과 탐구의 정신을 상징한다.

중세에는 레오나르도 다빈치가 새의 날개를 모방해 하늘을 나는 기계를 설계했다. 다빈치의 '항공 기계 설계도'는 날개의 구조와 공기역학에 대한 깊은 이해를 보여준다. 다빈치의 항공 기계 설계도는 새의 비행을 자세히 관찰하고 이를 바탕으로 날 수 있는 장치를 고안한 것으로, 비록 그 설계가 실제로 제작되지는 않았지만, 그의 연구는 후세에 큰 영향을 미쳤다. 이는 인간이 과학과 기술을 통해 하늘을 날 수 있다는 가능성을 처음으로 진지하게 고려하게 만든 계기였다.

19세기 말과 20세기 초에는 오토 릴리엔탈과 라이트 형제와 같은 비행의 선구자들이 등장했다. 릴리엔탈은 새의 비행을 연구하며 글라이더를 개발했고, 수많은 시험 비행을 통해 비행의 원리를 탐구했다. 그의 실험은 동시대와 후세의 비행기 개발에 큰 영향을 미쳤다. 라이트 형제는 1903년에 인류 역사상 최초로 동력 비행에 성공했다. 이들은 엔진과 날개의 설계를 개선해 조종할 수 있고 사람이 탈 수 있는 비행기를 만들어냈다. 그들의 성과는 하늘을 나는 인간의 오랜 꿈을 현실로 바꾸는 중대한 전환점이 되었다.

레오나르도 다빈치의 비행 기구를 묘사한 파리 필사본 B, 폴리오 83v의 한 페이지(1486-1490)_
프랑스 국립박물관 소장
The page of Paris Manuscript B, folio 83v, that depicts Leonardo's aerial screw, held by the Institut de France

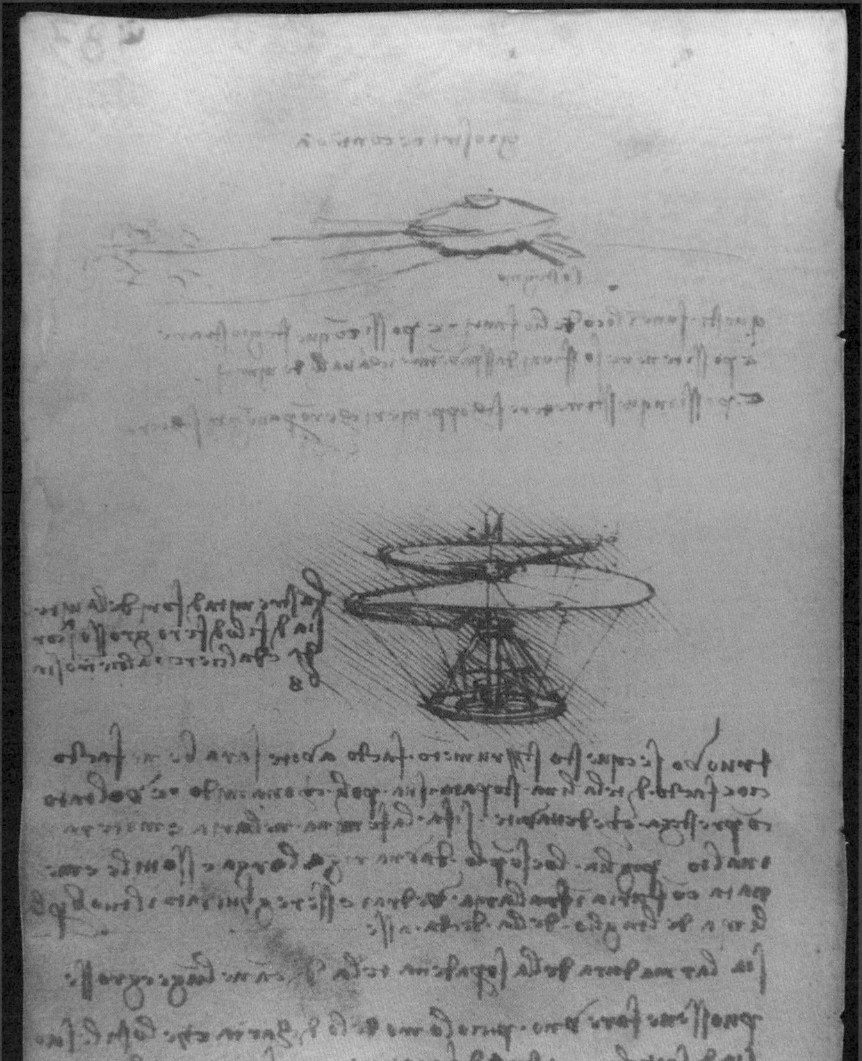

날개는 종교와 예술에서도 중요한 상징으로 등장한다. 기독교에서 천사는 하늘과 땅을 연결하는 존재로 묘사되며, 날개는 이 신성함과 보호를 표현하는 상징이다. 르네상스 시기의 예술 작품에서는 인간의 영적 갈망과 구원을 표현한 날개를 단 천사와 신들이 자주 등장한다. 동양 문화권에서도 날개는 중요한 의미를 지닌다. 중국 신화의 봉황은 하늘을 나는 신성한 새로서, 조화와 평화를 상징하며, 일본의 텐구는 날개를 가진 신비한 존재로, 인간과 신의 중간자로 묘사되어 자연과 인간의 경계를 넘나드는 능력을 상징한다.

현대에 들어서면서 날개의 의미는 더욱 다양해졌다. 비행기는 전쟁 도구로, 여행과 이동의 매개체로서 중요한 역할을 한다. 항공 기술의 발전은 세계를 더욱 가깝게 연결하고, 문화와 경제의 글로벌화를 촉진했다. 우주 탐사에서 사용되는 로켓과 우주선의 날개는 인류의 시야를 지구를 넘어 우주로 확장했다. 날개는 이제 단순한 비행의 도구를 넘어, 인간의 도전과 탐험의 상징으로 자리 잡았다.

〈날개; 중력을 거스르고픈 인간의 욕망〉은 날개와 비행에 관한 역사, 문화, 신화, 종교, 문학, 예술에 관한 문화사 책으로, '날개'를 총망라한 최초의 책이다. 날개와 나는 행위인 비행에 관한 의미와 상징은 인간 역사의 중요한 한 축을 이루며, 앞으로도 계속해서 새로운 의미와 가능성을 의미할 것이다.

스웨덴 왕들의 위대한 업적에 대한 우화(1693)_데이비드 클뢰커 에렌스트뢸
Allegory of the illustrious achievements of Swedish kings_
David Klöcker Ehrenstrahl

바쿠스와 아리아드네(1640년경)_프랑스 학교
Bacchus and Ariadne_French School

날개의 상징성

고대부터 날개는 신비롭고 초월적인 특성 때문에 인류의 상상력을 사로잡으며, 문화적, 정신적, 예술적 맥락에서 강력한 상징으로 자리를 잡아 왔다. 인간은 하늘을 날고자 하는 욕망과 자유로움을 표현하기 위해 날개를 이상화해 왔다. 이러한 이유로 '날개'는 상징적으로 깊은 의미를 지닌다.

날개는 신성, 자유, 꿈, 창의성, 영감, 발전, 성장, 소식, 자연 등을 상징한다. 비행하는 천사는 신이 인간에게 보내는 메시지를 전달하는 거룩하고 영적인 존재로 여러 문화권에서 나타난다. 신화, 이야기, 예술 작품, 문학 등에서 주인공이 날개를 얻거나 잃는 모티프는 매우 자주 등장하며, '나는 행위'니 '비행'은 바람이나 구름 같은 자연 현상에도 은유적으로 사용된다. 날개는 개인의 창의성과 상상력을 나타내는 상징으로 자주 사용된다.

날개를 가진 상상의 존재인 천사나 요정에 대한 묘사는 인간이 초월적이고 이상적인 존재에 대한 열망을 담고 있다. 이러한 상상력을 바탕으로 인간은 다양한 이야기와 캐릭터를 만들었다. 이처럼 날개는 인류의 문화와 예술에서 중요한 역할을 하며, 우리에게 많은 영감을 준다.

날개의 상징

신의 영적 상징

고대 문화권에서 날개는 신과 천상의 존재 속성으로 여겨져 신성과 신의 보호를 상징한다. 고대 이집트에서 날개를 지닌 이시스나 마아트 같은 여신들은 보호, 정의, 우주의 질서 유지를 상징하며, 종교에 등장하는 천사는 하늘과 땅을 연결하는 신의 사자로, 신과 인간을 오가며 신의 영광과 권위, 영혼의 자유와 진화를 상징한다. 이처럼 날개의 영적인 의미는 여러 문화에서 공유되며, 인간의 영적 욕망과 연결된다.

독일 평화_루드비히 크나우스
German peace_Ludwig Knaus

자유와 해방의 상징

새가 하늘을 나는 모습은 인간이 물리적인 제약에서 벗어나 자유롭게 이동할 수 있는 이상적인 상태를 상징한다. 날개는 중력의 구속을 뛰어넘어 높은 곳에 도달할 수 있게 하는 도구이기 때문에, 구속으로부터의 자유와 해방, 깨달음을 상징한다.

승천과 초월의 상징

날개는 인간의 한계를 초월하여 영적, 지적, 육체적으로 더 높은 존재로 확장됨을 상징한다. 승천은 고귀한 존재가 신성화되어 하늘로 올라가는 것을 의미하며, 예수의 승천처럼 인간이 신이 되는 과정을 시각적으로 나타낸다. 날개는 더 높은 영적 수준으로 발전하고 깨달음을 이루는 영혼의 과정을 담고 있다.

창조와 존재의 원천

창조 신화는 하늘과 땅을 분리 또는 생성하는 행위로부터 시작되는 경우가 많다. 하늘과 땅은 우주적 세계관을 의미하기 때문에, 날개가 있는 신이나 천사는 세계의 창조자이며 존재의 기원으로 묘사된다. 날개라는 기관을 초월자에게 반영함으로써 창조적 힘과 영원한 존재의 특성을 강조한 것이다.

권위와 지배의 상징

날개가 있는 존재들은 신성이나 권위 있는 인물로 묘사되어 권력과 통치력을 상징한다. 날개는 시각적으로 위엄을 보이거나 거룩하게 보이도록 하는 장치이며, 감싸거나 보호하는 이미지로 표현되어 신의 은총과 보호를 나타내기도 한다. 많은 국가에서 날개는 엠블럼과 상징으로 채택되어 권위와 지배, 보호를 의미한다.

종교와 문화적 의미

날개는 권위적인 인물이나 초월적 존재의 기관으로, 종교가 가진 고유한 신념과 가치를 나타낸다. 기독교에서 천사와 성자들의 날개는 신의 보호와 권능을 상징하며, 그리스와 로마 신화에서 신들이 날개를 가지고 비행하는 모습은 신성한 힘과 권능을 나타낸다. 동양 신화에서는 날개가 없더라도 비행할 수 있는 속성을 가지고 있는 모습으로 묘사되지만, 신성과 권능이라는 측면에서는 유사하다.

아담의 창조(1511)_미켈란젤로
(프레스코 시스티나 성당)
The Creation of Adam
Michelangelo Buonarroti

영감(1883-1898)_구스타브 모로
L'Inspiration (1883-1898)
Gustave Moreau

예술과 상징적 표현

회화, 조각, 문학 등 다양한 분야의 예술에서 날개는 자유, 아름다움, 권위를 상징한다. 날개가 있는 존재들은 주로 영적인 존재로 묘사되며, 예술가들에게 영감을 불러일으켜 회화와 조각, 문학작품에 등장한다. 예술 작품에서 날개는 영적인 메시지와 감정을 전달하며 감동과 영감을 주는데, 영감은 갑자기 찾아오기 때문에, 날개 달린 모습으로 묘사되기도 한다.

심리적 및 개인적 상징

개인적인 차원에서 날개는 열망과 자유, 표현을 상징한다. 현대 심리학에서 날개나 비행을 꿈꾸는 것은 제약에서 벗어나고 싶은 욕망이나 현재의 위치에서 더 높은 곳으로 도달하고자 하는 욕망을 반영하고 있다. 이상의 소설 '날개'에서도 나타나는 상징성이다.

비행과 꿈의 실현

고대부터 인간은 하늘을 날고자 하는 꿈을 품어왔다. 새나 곤충의 날개를 모방한 다양한 비행 시도는 지상에서 벗어나 하늘을 탐험하고자 하는 욕망을 반영한다. 이것은 한계를 넘어 새로운 경험을 찾고자 하는 모험과 더불어 현재의 영역을 확장하려는 인간의 욕망을 나타낸다.

기술 발전의 상징

연과 풍선 같은 원시적인 비행 도구에서 시작하여, 정교한 항공기와 우주 왕복선으로 발전한 비행 기술은 인간 능력의 비약적인 발전을 의미한다. 더 넓은 탐험, 더 빠른 여행, 더 효과적인 환경 자원 활용을 가능하게 하며, 인간의 독창성과 끊임없는 진보를 상징한다.

악을 응징하는 비르투스 천사의 우화_작자미상
Allegory Of Virtues Overcoming Vice_Anonymous

날개와 관련된 단어와 용어

날다(fly)

한국어의 '날다'는 공중에 떠서 어떤 위치에서 다른 위치로 움직이는' 행동을 의미하는 동사로, 원형인 놀다는 15세기 문헌에서부터 나타난다.(국립국어원 출처) 영어의 'fly'는 '파리, 날개 달린 곤충'이라는 뜻의 고대 영어 'fleoge', '날아다니는 곤충'이라는 뜻의 원시 게르만어 'fleugon'에서 유래한다. '비행(flight), 날다(fly)'라는 의미로 정립된 것은 15세기 중반부터이다.

비행(飛行)

'공중으로 날아가거나 날아다니다'라는 뜻의 동사 '비행하다'의 명사형으로, 한자어에서 유래했으며, 한자 '날 비(飛)'와 '다닐 행(行)'이 결합한 단어이다. '날아다니는 행위'를 뜻하는 고대 영어 'flyht'는 원시 게르만어 'flukhtiz'에서 유래되었다가 14세기 후반 철자가 변경되었다.

깃털(feather)

새의 조류의 몸 표면을 덮고 있는 털로, 깃, 우모(羽毛)라고도 한다. 한국의 15세기 문헌에서부터 나타나는 '깇'아 팔종성법에 따라 '깃'으로 변형되었고, 받침이 다른 여러 단어로 나타나다가 19세기 이후 현대 국어와 같은 '깃' 형태가 나타난다. '깃'과 '털'이 합쳐져 같은 의미의 깃털이 되었다.(국립국어원 출처) 고대 영어 'feðer'는 단수형으로는 '깃털' 혹은 '펜'을 뜻하며, 복수형으로 쓰일 때 '날개'의 의미이다. '돌진하다(to rush)', '날다(to fly)'라는 뜻의 'pet-ra-'를 어근으로 한다.

28

chapter 2.
날개와 역사

날개의 역사

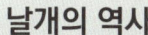

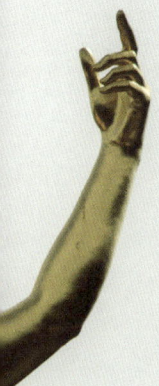

인간에게 없는 날개를 염원하는 것은 중력을 거스르고픈 인간의 본성적인 욕망과 연관되어 있다. 인간은 태초부터 자유로움과 확장을 추구하며 하늘을 탐험하고자 하는 열망을 품어왔다. 이러한 염원은 문화, 예술, 종교, 철학에서 다양한 형태로 표현되었으며, 고대 신화 속 날개를 가진 신이나 영웅들에게서 나타난다. 날개는 무한한 자유를 상징하며, 비행은 인간의 욕망을 기술적으로 실현하려는 노력의 결과로 항공 기술 발전에 큰 영향을 미쳤다.

런던 버킹엄 궁전의 빅토리아 기념관의
날개를 단 승리의 여신 빅토리아
Winged Victory at The Victoria
Memorial with Buckingham Palace
in London

고대 그리스와 로마의 날개

고대 그리스에서 날개는 영적인 측면과 연결되어 있다. 그리스 신화에서는 신들이나 영웅들이 날개를 가진 모습으로 나타나는 경우가 많으며, 이 날개는 그들의 영적인 힘과 신성한 존재로서의 측면을 강조한다. 날개는 신성의 영향력과 특별한 지위를 상징하여, 그리스인들에게 인간과 신들과의 관계, 즉 영적 탐구에 대한 열망을 반영한다.

날개는 신성한 메시지나 예언의 전달을 표현하기도 한다. 그리스 신화에서는 신들이 날개를 가진 모습으로 예언을 전하는 모습이 나타나는데, 이는 신의 지식과 영적인 지혜를 상징하는 것으로 해석된다.

A relief depicting the Giganthomachia, a battle against the gods
Olympus Relief of Alchioneus and Nike_Pergamon Museum
올림포스 신들과의 싸움인 기간토마키아을 묘사한
알키오네우스와 니케의 부조_베를린 페르가몬 박물관

이카로스(Icarus)와 다이달로스(Daedalus)

황소 머리에 사람의 몸을 가진 괴물 미노타우로스(Minotaur)는 크레타의 왕비 파시파에(Pasiphae)가 포세이돈이 보낸 황소 사이와의 부적절한 관계에서 나온 사생아이다. 크레타의 왕 미노스(Minos)는 뛰어난 건축가이자 발명가인 다이달로스에게 미노타우로스를 가둘 미궁을 만들라고 지시한다. 하지만 후에 파시파에의 간음을 방조한 것이 탄로가 나, 다이달로스는 그의 아들 이카로스와 함께 자신이 만든 미궁에 갇히고 만다.

발명가인 다이달로스는 깃털과 밀랍으로 날개를 만들어 자신과 아들 이카로스가 크레타의 미궁에서 탈출할 수 있는 날개 장치를 만든다. 다이달로스는 날개가 밀랍으로 만들어졌기 때문에 태양열에 녹아내릴 수 있음을 경고하면서 이카로스에게 너무 높이 날지도, 너무 낮게 날지도 말라는 당부한다.

하지만 비행의 짜릿함에 흥분한 이카로스는 아버지의 경고를 무시하고 태양에 너무 가까이 날아가다, 날개의 밀랍이 녹아내려 에게해에 빠져 익사하고 만다.

이카루스를 위한 애도 (1898)_허버트 제임스 드레이퍼
The Lament for Icarus_
Herbert James Draper

에게해 북서부의 작은 섬 사모트라케에서 목과 팔이 없는 상태로 발굴된
사모트라케의 니케_루브르 박물관_파리
Nike of Samothrace_Louvre Museum, Pari

니케(Nike)

　　승리의 여신 니케는 고대 그리스 신화에서 그리스인들이 승리와 영광을 상징하는 인물이다. 니케는 날개 달린 여성으로 묘사되는데, 니케가 승리의 여신이기 때문에 유명 스포츠 브랜드 '나이키'의 이름으로 차용되었다.

　　니케는 그리스 신들의 주요 전쟁과 전투에서 승리를 가져다주는 여신으로 표현된다. 그녀는 힘차고 자신감 넘치는 모습으로, 날개가 달린 신성한 존재로 묘사된. 그리스인들은 전통적으로 전쟁이나 스포츠에서 승리를 기원할 때 니케를 찬양하였다.

　　페르시아와의 전쟁에서 승리한 후 니케는 그리스의 승리를 상징하는 중요한 신으로 주목받았다. 니케를 승리와 영광의 상징으로 존경하며, 신전을 건축하고 조각상을 장식하여 승리의 여신을 숭배했다.

　　니케는 다른 신이나 영웅과 함께 승리를 축하하는 장면에 등장하기도 하는데, 황금색 옷을 입고, 날개를 펼친 모습으로 승리의 영광으로 둘러싸여 표현된다. 니케는 그리스인들에게 희망과 승리의 상징으로 여겨지며, 존재 자체가 그리스 문화와 역사의 핵심적인 부분이다. 로마 신화에서는 승리의 여신 빅토리아(Victoria)로 니케의 역할이 이어진다.

헤르메스(Hermes)

헤르메스는 그리스 신화의 전형적인 신으로, 인간과 신의 영역을 연결하는 중재자의 신이다. 날개 달린 샌들과 날개 달린 모자를 쓴 헤르메스의 모습은 신들의 메시지를 신속하게 전달하는 전달자였다. 헤르메스가 신들과 인간의 세계 사이를 자유롭고 빠르게 이동할 수 있는 능력은, 신이 그리스인들의 삶에 직접적인 영향을 미쳤으며, 신들이 인간과 동떨어진 세계의 초월적 존재가 아닌 인간의 삶 속으로 적극적으로 참여하는 존재임을 의미한다.

그리스에서의 헤르메스의 날개는 소통을 상징하기도 한다. 신탁과 예언이 중심적인 역할을 하는 그리스 문화에서 신성한 메시지를 전달하는 헤르메스의 역할은 매우 중요했다. 헤르메스의 발 빠른 움직임으로 신의 뜻은 신속하게 인간에게 전달되었는데, 그리스 사회가 시의적절하고 효과적인 커뮤니케이션을 중시하는 사회였음을 말해준다.

또한, 영혼을 지하세계로 인도하는 헤르메스의 역할은 항상 이세계(異世界)로의 전환과 교류의 안내자로 인식되어 그리스 사회에서는 매우 중요한 인물이기도 하다. 로마에서는 머큐리(Mercurius)와 같은 신이다.

아케론의 영혼들 (1898)_아돌프 히레미-히르슐
The Souls At The Acheron_
Adolf Hirémy-Hirschl

하피의 목판화(1582)_멜키오르 로치
Woodcut of a harpy(1582)
Melchior Lorch

하피(Harpy)

하피는 그리스 신화에서 머리는 여성, 몸은 새의 형상을 하고 있으며, 날개를 가지고 있다. 이들은 주로 폭풍과 바람을 상징하며, 때로는 신들의 명령을 전달하는 역할을 맡기도 한다. 하피의 이름은 '강탈하는 자'라는 뜻을 가지는데, 하피들이 사람이나 물건을 납치하거나 훔쳤기 때문이다.

하피는 대개 부정적인 존재로 여겨졌는데, 주로 혼란과 파괴를 불러일으킨다. 하피는 트로이(Troy) 전쟁에서 트로이의 왕 프리아모스(Priamos)의 아들인 트로일로스(Troilos)를 납치한 것으로 알려져 있다. 하피는 또한 왕실의 잔치를 망쳐놓거나, 음식을 훔쳐 가는 모습으로 등장하기도 한다. 하피는 사람들에게 공포와 경외를 동시에 불러일으키는 존재이다.

하지만, 하피는 그리스 신화에서 단순히 나쁜 존재로만 그려지는 것이 아니라, 때로는 신들의 도구로서 중요한 역할을 하기도 한다. 하피는 제우스의 명령을 받아 특정 인물에게 벌을 내리거나, 신성한 메시지를 전달하는 임무가 있다. 이러한 모습은 하피가 그리스 신화에서 단순히 악한 존재가 아닌, 신과 인간 사이의 복잡한 관계를 상징한다.

하피는 또한 그리스 신화에서 영혼을 저승으로 인도하는 역할을 하기도 한다. 이들은 죽은 자의 영혼을 붙잡아 저승으로 끌고 가는 역할을 맡아, 사후 세계와의 연결고리 역할을 한다. 이는 하피가 단순한 물리적 존재가 아닌, 영적 세계와의 연결을 상징하는 존재임을 보여준다.

에로스(Eros)

에로스는 고대 그리스 신화에서 사랑과 성애의 신으로 널리 알려져 있다. 에로스 이름 자체가 '욕망' 또는 '갈망'을 의미하며, 로마 신화에서 큐피드(Cupid)로 이어진다. 시대와 작가들에 따라 다르게 묘사되었지만, 에로스가 사랑의 화살을 쏘아 사람들에게 사랑의 감정을 일깨운다는 특징은 공통으로 나타난다.

에로스는 보통 날개 달린 아름다운 소년의 모습으로 묘사되는데, 날개는 빠른 행동, 소년은 예측할 수 없는 행동을 상징한다. 갑작스럽고, 예기치 않은 사랑의 속성을 의미한다. 에로스는 황금 화살과 납 화살을 함께 가지고 다니는데, 황금 화살은 사랑과 욕망을 일으키고, 납 화살은 반대로 사랑과 욕망을 사라지게 하고 상대를 증오하게 만든다. 에로스는 이 화살로 신들과 인간들 사이에서 사랑과 갈등을 불러일으키며 이야기의 전환점을 만든다.

에로스와 관련된 가장 유명한 이야기 중 하나는 '에로스와 프시케(Psyche)' 이야기로, 아름다운 이미지 때문에 상당히 많은 예술 작품에서 그려졌다. 미의 여신 아프로디테는 프시케의 아름다움을 질투한 나머지, 에로스에게 프시케에 사랑의 화살을 쏘아 흉측한 괴물과 사랑에 빠지도록 만들라고 지시하지만, 에로스는 프시케를 보는 순간 자신이 프시케와 사랑에 빠지고 만다. 이후 에로스와 프시케는 온갖 시련을 겪지만, 제우스(Zeus)의 도움으로 프시케는 신이 되어 에로스와 영원히 함께한다.

사랑과 프시케(1899)_윌리엄 부게로
Love And Psyché_William Bouguereau

죽은 사르페돈을 운반하는 힙노스(왼쪽)와 타나토스(오른쪽),
날개 달린 모자를 쓴 헤르메스가 지켜보고 있다.(기원전 515년)
붉은 크라테스 화분의 그림

타나토스(Thanatos)

타나토스는 고대 그리스 신화에서 죽음을 의인화한 신으로, 이름 자체가 그리스어로 '죽음'을 의미한다. 폭력적이고 갑작스러운 죽음을 담당하는 케레스(Keres)와는 대조적으로 평화롭고 자연스러운 죽음을 상징한다. 타나토스는 밤의 여신 닉스(Nyx)와 어둠의 신 에레보스(Erebus)의 아들로, 쌍둥이 형제로는 잠의 신 힙노스(Hypnos)가 있다.

타나토스는 날개 달린 남성의 모습으로 묘사되기도 하는데, 죽음이 갑작스럽고 피할 수 없는 것임을 말해준다. 타나토스의 역할은 사람들의 삶을 거두고, 그들의 영혼을 지하세계의 신 하데스(Hades)에게 데려가는 것이다. 손에 나비나 횃불을 거꾸로 든 모습으로 표현되기도 하는데, 나비는 영혼을, 거꾸로 든 횃불은 생명의 끝을 상징한다.

타나토스는 시지프스(Sisyphus)의 신화와도 관련이 있다. 코린토스(Corinth)시를 건설한 시지프스는 교활하고 영리한 자였다. 죽음의 신 타나토스가 자신을 데리러 오자 그는 타나토스를 속여 쇠사슬로 묶어버린다. 타나토스의 부재로 세상의 죽음이 없어지자, 저승의 신 하데스의 일이 사라져 혼돈이 일어났다. 그러나 전쟁의 신 아레스(Ares)가 타나토스를 구출한 후, 시지프스에게 커다란 바위를 언덕 위로 굴려 올리는 형벌을 내린다. 이 바위는 정상에 도달하기 전에 다시 굴러떨어지는 바위여서, 시지프스는 영원히 이 대가 없는 노동의 형벌을 받게 된다. 프랑스의 작가 알베르 카뮈(Albert Camus)는 철학적 에세이인 〈시지프스의 신화〉의 마지막 장에서 이 신화를 언급하며 인간의 부조리를 설명하였다.

힙노스(Hypnos)

힙노스(Hypnos)는 고대 그리스 신화에서 잠의 신으로, 이름 자체가 '잠'을 의미한다. 타나토스와 같이 힙노스는 대개 날개 달린 모습으로 묘사되는데, 날개는 빠르게 찾아오고 사라지는 잠의 특성을 나타낸다. 힙노스는 잠의 평온함과 달콤함을 상징하여 황금 막대나 양귀비꽃을 들고 있는 모습으로 그려지기도 한다. 힙노스와 타나토스는 쌍둥이 형제로, 긴밀한 관계를 맺고 있는데, 그리스 사람들은 잠과 죽음이 유사한 상태라고 생각했기 때문이다.

힙노스는 모르페우스(Morpheus)의 아버지로 알려져 있다. 모르페우스는 꿈의 신으로, 힙노스의 역할을 보완하며 인간들에게 꿈을 통해 메시지를 전달한다. 모르페우스 역시 커다란 날개를 가진 존재로 묘사되기도 하며, 미국 드라마 〈샌드맨〉의 주요 모티브가 되었다. 영화 〈매트릭스〉의 '모피어스'도 모르페우스의 영어식 발음이다.

드레스덴 시각예술대학
지붕 테라스에 있는 파마의 조각상
_로버트 헨제(Robert Henze)

잠은 고대 그리스인들에게 중요한 개념이었다. 잠은 단순한 휴식 이상의 의미를 지녔으며, 힙노스는 이를 상징하는 신으로서 중요한 위치를 차지했다. 일부 그리스 유적지에는 수면을 위한 공간인 힙노스의 방이 남아 있기도 하다. 최면(Hypnosis)이라는 단어 또한 힙노스에서 유래되었고, 로마의 신화에서는 솜누스(Somnus)로 이어졌으며, 불면증이라는 영어단어 '인섬니아(insomnia)'와 연결된다.

파마(Fama)

파마는 고대 로마 신화의 소문과 소식의 여신으로, 그리스 신화의 퓌메(Pheme)와 같은 인물이다. 정보의 전파와 소문의 확산을 주관하며, 사람들의 명성과 평판을 관리하는 중요한 역할을 맡고 있다. 영어단어의 '명성'을 뜻하는 'fame'은 이 여신의 이름에서 유래되었다.

'날개를 단 소문'의 표현처럼, 파마는 날개를 가진 여신으로 묘사되는데, 파마가 매우 빠르게 움직이며 소문을 퍼뜨리는 능력이 있음을 나타낸다. 파마는 모든 것을 보고 듣고 말할 수 있는 능력을 상징하는 여러 개의 눈, 귀, 입을 가지고 있는 모습으로 그려지기도 한다.

그리스의 시인 헤시오도스(Hesiodos)는 파마를 '쉽게 선동되고 진정시킬 수 없는 악신'으로 묘사했다. 로마의 비르길리우스(Vergilius)는 파마를 '깃털만큼이나 많은 눈, 입술, 혀, 귀를 가진 날렵한 새와 같은 괴물'로 묘사하기도 했다. 독일 드레스덴 시각예술대학교 지붕에는 날개를 가지고 긴 나팔을 부는 파마의 조각상이 있다.

로마의 성 사도 대성당 바깥 현관에 있는 서기 2세기 로마 황실 독수리
Roman imperial eagle from the 2nd century AD, possibly from Trajan's Forum

아퀼라(Aquila)

아퀼라는 독수리 형상의 로마 군대의 휘장이다. 로마에서 독수리는 새의 왕으로, 위엄, 전사, 재생, 부활, 태양의 빛 등을 상징한다. 고대 로마의 군사 및 제국의 도상에서 아퀼라 또는 독수리, 독수리의 날개는 로마 제국의 정체성 및 운영 철학과 관련이 깊다. 로마의 중요 상징인 독수리는 로마의 군사 전통과 국가의 종교적 신념과 깊이 얽혀 있는 힘과 신성을 상징하는데, 로마의 군사력뿐만 아니라 군사들의 결속력과 사기를 다지는 구심점이 되었다.

날개를 편 독수리의 이미지는 로마의 동전, 기념비, 황실 예복에도 스며들어, 로마가 영원하고 무적의 존재라는 이데올로기를 강화했다. 개선문과 광장, 복합종합 시설인 포럼에는 독수리가 눈에 띄게 묘사된 기념비적인 조각과 부조가 흔히 등장하여 로마의 광대한 힘과 신들의 지원을 상기시키는 역할을 했다. 영화 〈더 이글〉에서는 주인공 마르쿠스가 갑자기 사라진 로마의 히스파나(Hispana) 제9군단의 황금 휘장 아퀼라를 찾는 내용을 담고 있다.

밀교 미트라(Mithra)교

미트라교는 로마 제국 시대에 널리 퍼진 신비 종교로, 주로 로마 군인들 사이에서 인기가 많았다. 미트라교는 원래 페르시아의 미트라(Mithra) 신을 중심으로 한 종교로 로마에 전파되었고, 기원전 1세기에서 기원후 4세기까지 로마 제국 전역에서 추종자가 많았다는 기록과 예술 작품이 남아 있다.

미트라 신은 일반적으로 날개를 가지고 있는 모습으로 묘사되지는 않지만, 로마 미트라교 성지인 미트라움(Mithraeum)에서 다수 발견되는 사자머리 석상 중 일부에서는, 미트라 신을 두 마리의 뱀이 휘감고 있는 인간의 몸, 사자머리, 네 개의 날개를 가진 모습으로 표현하기도 한다. 네 개의 날개는 사계절을 의미한다. 레온토케팔린(leontocephaline)이라고 불리는 독특한 사자머리 석상과 미트라교와의 직접적인 연관성은 아직 연구 중이기는 하지만, 적어도 날개가 신성과 권능을 강조하는 데 사용되었음을 의미하고 있다.

페르시아 조로아스터교에서 파생된 미트라교의 미트라 신은 인도-유럽계통의 아리안족 신화의 공통 요소를 공유하고 있다. 미트라교는 알렉산더의 동방 원정 이후 헬레니즘 문화와 섞여 로마에 전파된 이후, 계약, 우정, 태양의 신의 신이라는 속성 때문에 로마 제국의 군인들 사이에서 인기를 끌었으며, 미트라교의 엄격한 계급 구조와 비밀 의식은 강한 유대감을 형성하고 로마 군대의 조직력과 결속력을 높이는 역할을 했다. 미트라교는 동쪽으로도 전파되어 대승불교 사상에도 영향을 준 종교이다.

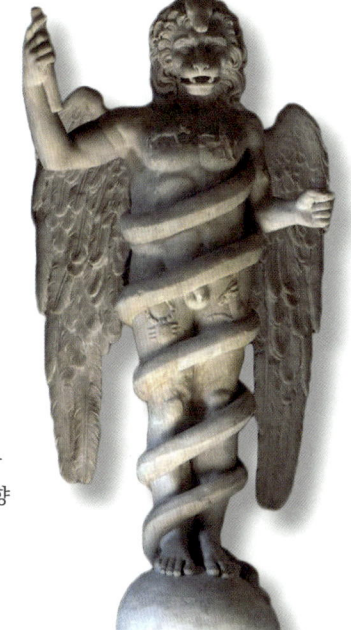

미트라교의 레온토케팔린

고대 이집트의 날개

이집트에서 날개는 신성하고 초월적인 존재의 특성을 나타낸다. 이집트 신화에서는 여러 신들이 날개를 가진 모습으로 나타나는 경우가 많은데, 토트(Thoth)와 호루스(Horus)가 대표적인 날개 달린 신이다. 토트의 머리는 따오기의 모습으로, 신성함과 권능을 상징하며, 토트가 신성한 신이자 우주의 창조주의 임무를 수행한다는 것을 의미한다. 호루스의 독수리 머리는 신성한 힘과 지혜를 상징하며, 호루스가 이집트인들의 보호자이자 전쟁의 신으로서의 역할을 강조한다.

이집트에서의 날개는 영적인 측면과도 연결되어 있다. 이집트인들은 삶과 죽음을 넘어 인간의 영혼이 하늘로 상승하고 새로운 차원으로 이동할 수 있다고 믿었다. 날개는 인간의 영혼이 비상하여 초월적인 영역으로 향하게 하는 중요한 도구였다.

이시스(Isis)

이시스는 고대 이집트 신화에서 매우 중요한 여신으로, 생명과 출산, 사랑과 마법의 신으로써 많은 존경을 받는다. 이시스는 거의 모든 이집트 신들과 관련이 있으며, 시간이 지날수록 중요도도 확장되었다.

마법과 모성애의 여신인 이시스는 질투심 많은 오빠 세트(Set)에게 살해당한 남편 오시리스(Osiris)의 토막 난 신체 부위를 찾는 과정에서 날개를 달고 있는 모습으로 묘사되기도 한다. 이시스는 곳곳에 흩어져 있던 남편 오시리스의 신체 부위를 모은 후 동생이자 보호의 신 네프티스(Nephthys)의 도움으로 날개 달린 여신으로 변신하여 오시리스의 시신 위를 맴돌며 날개를 펴서 시신을 보호하며 부활의 의식을 한다. 이시스는 오시리스를 성공적으로 부활시키고, 이후 사후 세계의 지배자가 된다. 날개를 가진 이시스의 모습은 신성한 힘과 보호, 망자의 수호자로서의 역할을 상징하며, 이집트 신화에서 다산과 재생, 삶과 죽음의 순환을 상징하는 영원한 존재로 남게 된다.

토트(Thoth)

토트는 이집트 신화의 남신으로, 지식과 지혜, 마법, 정의, 달 등 광범위한 범위를 관장하는 신이다. 토트는 가장 흔히 따오기의 머리를 가진 인간의 형태로 묘사되고, 완전한 따오기의 모습으로 묘사될 때도 있다. '토트'라는 이름 또한 따오기의 고대 이집트 고어로부터 유래되었다. 따오기 혹은 이집트검은따오기는 고대 이집트에서 신성한 새로 여겨졌으며, 주로 지혜와 학문, 서기관의 상징으로 사용되었다. 따오기의 긴 곡선형 부리는 토트의 지혜와 지식의 깊이를 상징하는데, 문서와 기록을 다루는 토트의 역할과 잘 맞아떨어진다.

토트는 따오기의 모습으로 손에 서판과 서기 도구를 들고 있는 모습으로 묘사되기도 한다. 고대 이집트 문헌에서는 토트가 신들의 회의에서 결정된 내용을 기록하고, 죽은 자의 심판에서 영혼의 행위를 저울질하는 역할을 한다고 기록하고 있다. 토트는 상형문자도 발명했다고 한다.

날개 달린 원반과 호루스, 토트 트리스메기스투스 또는
헤르메스 2세(1823~1825)의 상징 _ 레옹-장-조셉 뒤부아
Le disque ailé et l'épervier, emblêmes de Thoth Trismégiste, ou le I-er Hermès 2_
Léon-Jean-Joseph Dubois

호루스(Horus)

호루스는 고대 이집트 신화에서 가장 중요한 신 중 하나로, 주로 매 또는 매의 머리를 가진 인간의 모습으로 묘사된다. 하늘과 태양, 왕권의 신이며, 이집트의 왕들과도 깊은 연관이 있다.

호루스는 이시스(Isis)와 오시리스(Osiris)의 아들로, 이시스가 세트(Set)에 의해 살해된 남편 오시리스를 되살리기 위해 토트(Thoth)의 도움을 받았고, 이후 호루스를 낳았다. 세트는 오시리스를 살해하고 이집트의 왕권을 찬탈하려 했기 때문에, 호루스는 삼촌 세트와 늘 대립 관계에 있었다. 세트와 호루스의 싸움은 혼돈과 질서의 싸움을 상징한다. 호루스가 세트의 찬탈을 막고 아버지의 복수를 하는 내용은 여러 신화에서 다양한 형태로 나타난다.

신화에 따르면, 호루스와 세트의 싸움은 80년 동안 지속되었으며, 이 과정에서 호루스는 여러 번 상처를 입었다. 세트와의 치열했던 한 전투에서 호루스는 한쪽 눈을 잃게 되는데, 그래서 우제트(Wadjet)라고 알려진 '호루스의 눈'은 신성한 상징이 되었다. 호루스의 눈은 보호와 치유, 왕권의 상징으로 여겨져, 부적과 장례용품, 파라오의 장신구 등에 많이 사용되었다. 호루스의 눈인 우제트는 아직도 이집트인들에게 보호와 행운을 가져다주는 부적이다.

호루스는 이집트 전역에서 광범위고 오랫동안 숭배되었다. 호루스의 신화는 수많은 조각과 벽화에 묘사되고 있으며, 이집트 종교의 중요한 요소로, 고대 이집트의 왕들은 물론 현대의 이집트인들에게 깊은 영적 의미를 준다.

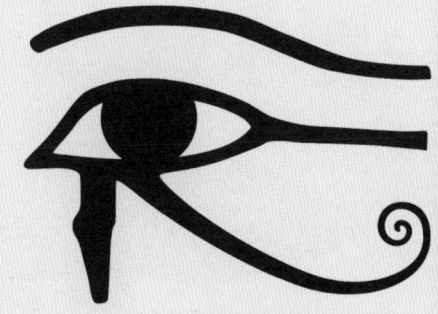

호루스의 상징인 우제트(Wadjet)

마아트(Maat)

마아트는 신성한 양팔에 길고 커다란 독수리의 날개를 달고, 머리에 타조 깃털 장식을 한 모습으로 그려지는 여신이다. 이집트인들은 사람이 죽으면, 그 혼은 죽음과 부활의 신 오시리스의 법정으로 인도되어 마아트의 심판을 받는다고 믿었다. 사후 세계에서 죽은 자의 심장은 마아트의 깃털과 저울에 달아져 심판받는다. 심장의 무게가 마아트의 깃털과 같거나 가벼워야만 죽은 자의 영혼은 영원한 생명을 얻을 수 있다. 이러한 내용은 이집트 상형문자와 이집트 〈사자의 서〉에 기록되어 있다.

마아트는 단순한 여신이 아니라, 이집트 문명 전체에 걸쳐 중요한 철학적 개념이기도 하다. 마아트는 우주의 조화와 균형을 상징하며, 이집트인들의 삶과 죽음, 그리고 그들이 추구하는 모든 가치의 중심에 있었다. 마아트의 존재는 고대 이집트인들에게 질서와 정의, 그리고 진리의 이상을 상기시킨다. 이집트인들은 마아트가 존재하지 않으면 우주의 안정이 깨져 혼돈이 만연하고 세계가 소멸할 것이라고 생각했다. 진실, 균형, 질서, 조화, 법, 도덕, 정의의 개념을 구현하는 여신이기도 하여, 그래서 고대 이집트 전역의 신전에서는 마아트를 기리는 의식이 필수적이었다.

마아트의 날개는 양쪽으로 넓게 퍼져 있어, 포용하며 보호하는 것처럼 보인다. 이 날개의 이미지는 마아트가 질서와 균형을 담당하는 보편적 수호자임을 강력하게 각인시킨다.

머리에 타조 깃털 장식을 꽂은 마아트
(이집트 벽화)

케프리(khepri)

이집트의 유물에는 이집트어 '케프리(khepri)' 또는 '케페레르(kheperer)', 영어 '스카라베(scarab)'라고 불리는 곤충 장식과 부적이 다수 발굴된다. 이 곤충은 쇠똥구리로, 이집트 벽화나 장식품, 부장품에서 많이 사용된다.

쇠똥구리는 배설물을 공 모양으로 굴려서 애벌레의 먹이와 번식에 사용하는 곤충으로, 이집트인들은 태양신 라(Ra)가 쇠똥구리처럼 태양을 굴려 세상을 유지한다고 믿었다. 라 자체를 케프리로 여기기도 했다. '케프리'는 고대 이집트어로 '생성'이라는 뜻이다.

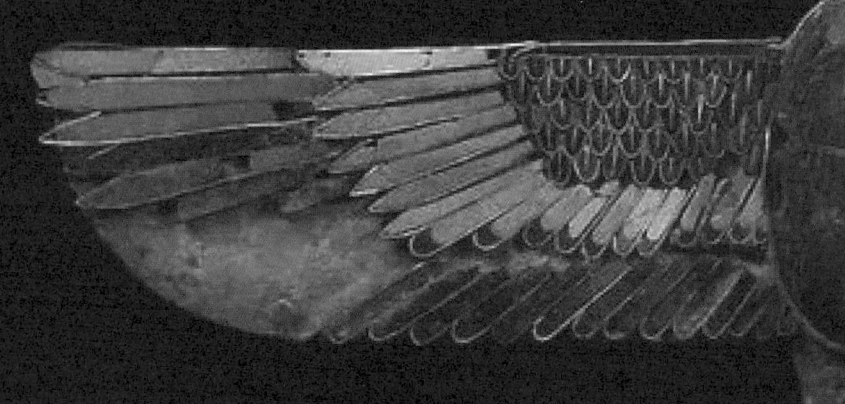

태양신 라는 태양과 관련이 있을 뿐만 아니라 창조, 보호, 존재, 생명 등을 관장하는 신으로, 이집트의 신계에서 가장 중요한 신이다. 라는 새, 인물 등 여러 모습으로 묘사되지만, 태양의 원반 아래에 있는 쇠똥구리로도 자주 묘사된다. 라와 독수리 머리로 묘사되는 호루스는 별개의 신이었지만, 후대에는 두 신의 개념이 합쳐져 강력한 태양신인 '라 호라크티(Ra-Horakhty)'로 불렸다.

케프리는 죽은 자가 오시리스의 법정에서 영혼의 심장이 무게 재어질 때, 부적의 역할을 해, 부장품으로 발굴되는 경우가 많다.

은빛 날개 스캐럽 부적
덴데라 보물, 프톨레마이오스 시대, 기원전 305-30년경, 카이로 이집트 박물관 소장
Silver Winged Scarab Amulet

고대 중국의 날개

중국에서 묘사되는 날개는 서양의 크고 하얀 새의 날개 이미지는 아니지만, 하늘을 날 수 있는 존재에게 신성과 권위를 강조하는 것은 서양의 날개 의미와 비슷하다. 중국 신화나 예술에서 비행, 즉 하늘을 날아다니는 행위는 구름, 비, 바람 등 자연에서 모티브를 가져오는 경우가 많으며, 용, 새, 하늘하늘한 날개옷 등에 날개 이미지를 투영하여 영적 존재들을 날 수 있게 한다.

고대 중국 문화에서도 날개와 비행은 힘과 천상의 영향력, 영적 승천과 보호에 이르기까지 다양한 개념을 상징하는 풍부한 상징적 의미가 있다. 날개의 상징들은 중국의 철학적인 사고체계와 종교적 신념에 근간을 두고 있으며, 날개의 모티브는 중국 신화, 예술, 문학 전반에 걸쳐 다양한 형태로 나타나며 각각 고유한 의미를 지닌다.

서양에서와 같이 중국에서 날개 또는 비행은 신이나 영웅, 영적인 존재들과 연결되어 있다. 중국의 고대 신화와 이야기에서는 신이나 영웅들이 비행하는 모습으로 자주 묘사된다. 특히 도교에서는 신선이나 선녀들이 하늘

도교의 불멸신 허시앙구_장루
The Taoist Immortal He Xiangu
(early 16th century, Ming dynasty)
Zhang Lu

을 날거나 비행하는 능력을 갖췄다고 믿었는데, 이들은 날개가 달려있진 않지만 주로 구름이나 학을 타고 날아다닌다.

　　　　날개의 이미지는 중국에서 발견되는 토템이나 무덤, 사원을 지키는 조각품에도 자주 등장한다. 새와 같은 날개가 달린 형상을 사자나 다른 신화 속 동물과 결합하여 날개 달린 상상 속의 동물을 만들어내기도 했다. 이 형상을 모티브로 한 유물들은 무덤이나 부장품으로 사용되어 죽은 자의 영혼을 해치거나 신성한 공간을 방해할 수 있는 악령이나 침략자로부터 보호하는 역할을 한다고 믿었다.

　　　　날개 모티브는 중국 민속과 문학에서도 널리 퍼져 있으며, 빠른 움직임과 자유를 상징하기도 한다. '서유기'에서 손오공은 날 수 있는 구름인 근두운을 가지고 있는데, 근두운은 한 번에 10만 8천 리를 날아갈 수 있다고 한다. 손오공의 근두운은 반항적인 정신과 지상의 속박으로부터의 자유를 상징한다.

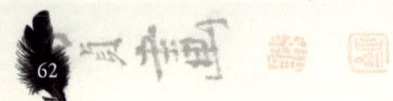

용(龍)

중국에서 용은 깊이 숭배되는 복잡한 상징으로, 자연 및 영적 영역과 얽혀 있다. 동양의 용은 파괴, 힘, 악을 상징하는 서양의 용과는 크게 다르며, 힘과 자비, 자연의 상서로움을 상징하는 매혹적인 존재이다.

중국의 용은 뱀의 몸, 물고기의 비늘, 독수리의 발톱, 사슴의 뿔을 가지고 있는 모습으로 묘사된다. 다양한 동물의 특징을 결합한 용이 모든 형태의 자연을 지배하는 능력을 상징하는데, 특히 용은 물, 날씨, 바다를 지배한다. 용은 비와 폭풍을 소환할 수 있어서 농업에 매우 중요한 역할을 하며, 농경사회에서는 용을 숭배하는 문화가 짙은 경향이 있은 경우가 많다.

용은 보통 날개가 없는 모습으로 묘사되지만 자유롭게 하늘을 날아다닐 수 있다. 비를 내리거나 구름을 관장하는 등 초자연적인 능력이 있으며, 하늘과 밀접하게 연결되어 있다고 여겨졌다. 용은 구름과 함께 묘사되는 경우가 많고, 용의 이미지는 비, 물, 강, 바다로도 확장된다. 중국의 용 이미지는 한국, 일본, 동남아시아 일부에서도 공유된다.

미야자키 하야오의 〈센과 치히로의 행방불명〉에서 나타난 하쿠(ハク)는 원래 강의 신으로, 후반부에서는 소년의 모습에서 백룡으로 변한다. 용이 강을 의미하고 있음을 표현한 것이다. 한국의 바닷가 마을에서는 선박이 출항하기 전에 무탈을 기원하는 용왕제를 지낸다. 바다를 관장하는 용왕은 이 제사를 받고 선원들을 무사 귀환시킨다고 믿는다. 반대로 용왕이 노하면 폭풍이 온다고 생각한다.

구름 속의 용 (1788)_민젠
Dragon amid Clouds_Min Zhen

중국의 황제는 하늘의 아들이라고 여겨져 용으로도 불렸다. 황실의 예복은 용 문양으로 장식되었고, 왕좌와 궁전도 최고의 힘과 권위를 상징하는 용 이미지로 장식했다. 평민이 용의 상징을 사용하면 중한 형벌이 내려졌을 정도로 중국 문화에서 발굴되는 용의 유물들은 거의 모두 왕을 상징한다.

용은 중국의 명절에서도 춤으로 등장한다. 용춤은 한 팀이 용의 길이를 따라 일정한 간격으로 배치된 장대를 사용하여 길고 유연한 용의 형상을 조종하며 추는 춤으로, 행운을 가져다주고 악귀를 쫓아낸다고 믿어져, 중국에서는 축제나 명절 때마다 용춤이 공연된다.

머리 아홉 개 달린 봉황 산수화
(청나라 채색판)
Classic of Mountains and Seas illustration of a nine-headed phoenix
(colored Qing Dynasty edition)

九鳳 九首人面鳥身居 北極天樻之山

봉황(鳳凰)

봉황은 중국 신화에서 깊은 상징성과 천상계와 연관이 있는 신화 속의 새이며, 우아함, 덕, 음양의 균형 등 다양한 미덕을 상징한다. 서양의 불사조인 피닉스와 비슷한 이미지이지만, 불사조가 일반적으로 불 또는 재생과 관련이 있다면, 봉황은 하늘과 땅을 중재하고 신의 축복을 인간 세계로 가져오는 신성하고 고귀한 새이다.

봉황은 수탉의 머리, 오리의 몸통, 공작의 꼬리 등 여러 새의 요소를 합성한 형태로 묘사된다. 독특하고 우아한 외관은 다양한 미덕의 통합을 상징하는데, 중국 사람들은 봉황이 아름다운 외모뿐 아니라 선하고 청렴한 내면도 가지고 있다고 생각한다.

화려한 깃털로 장식된 봉황의 날개는 천상의 기원과도 연관이 있으며, 지상과 천상 사이의 메신저로서의 역할도 한다. 중국에서는 황제를 용에, 황후를 봉황에 비유하였다. 봉황의 이미지는 황후의 거처, 황후와 관련된 물건과 의복의 장식으로 사용되어 황후의 지위와 신성한 은혜, 권위를 강조하였다. 봉황이 황후를 상징하는 이유는 봉황이 음양의 균형과 밀접한 관련이 있다. 음양 이론에서 양은 용, 음은 봉황으로 짝을 맞춰, 평화와 번영에 필수적인 완벽한 균형과 조화를 이루기 때문이다.

봉황은 중국의 다양한 이야기와 시에서 행운을 가져다주거나 새로운 시대의 전령으로 등장하기도 한다. 새로운 황제의 통치가 시작될 때 봉황이 나타나는 것은 평화와 번영의 시대를 예고하는 상서로운 징조로 여겨졌다. 중국 예술에서 봉황은 천체와 함께 묘사되어 하늘과 연결되어 있다고 묘사되기도 한다. 봉황의 이미지는 주변 국가들에도 전해져 한국과 일본에서도 상서로운 새로 여긴다.

한쌍의 비휴

비휴(貔貅)

비휴는 중국 문화에 등장하는 전설의 동물로, 용의 아홉 자식 중 하나이다. 용의 머리, 말의 몸, 기린의 다리, 봉황의 꼬리를 가지고 있으며, 날개가 있어 하늘을 날며 옥황상제를 호위하는 상상의 동물이다. 비휴는 매우 용맹하여 불행과 악으로부터 보호하는 역할을 하여, 전쟁 시 깃발에 비휴를 그려 넣기도 했다.

비휴는 식탐이 많고 황금이나 금은보화를 먹고 사는데 항문이 없어 먹은 금은보화를 배설할 수 없다고 한다. 재물을 삼키지만 내보내지 않는 습성 때문에 재물 운과 연결되어, 중국의 가게나 사무실에는 한 쌍의 비휴 장식을 진열하는 곳이 많다. 비는 수컷, 휴는 암컷으로 보통 쌍으로 비치한다.

이철괴(李鐵拐)

중국 도교의 신선 중 대표적 여덟 선인인 팔선(八仙) 중 하나로, 힘과 영적 성취로 존경받는 인물이다. 호리병을 들고 발을 절룩거리는 노인의 모습으로 묘사되는데, 이철괴는 병자들을 치유하는 능력이 있다.

이철괴는 외출할 때 학을 타거나 사슴 등이 끄는 하늘을 나는 수레를 타고 다닌다. 학은 정수와 순결, 천상 세계와의 연결을 상징하는 중요한 상징으로, 학을 타고 날아다니는 이철괴는 지상과 신의 틈새를 메워 우주와 조화를 이루게 한다는 도교의 정신을 반영하고 있다.

공수반(公輸般)

기원전 507년, 고대 중국 춘추시대 노나라의 유명한 실존 인물인 공수반은 역사적이고 전설적인 혁신가로, 그의 발명적 혁신은 여전히 공학계에서 회자되고 있다. 출신 나라의 이름을 따서 노반(魯班)이라고도 불린다.

공수반의 전설적인 발명품 중 가장 혁신적인 것은 '나무새'이다. 역사적 기록에 따르면 이 나무새는 비행이 가능하다고 적혀있는데, 공기역학과 기계공학에 대한 이해의 기초를 담고 있다고 한다. 현대 항공 원리를 담은 수천 년 전 발명품으로 평가받고 있으며, 오늘날 항공 분야를 이끄는 혁신과 탐험의 정신을 구현했다는 점에서 주목받고 있다.

공수반은 실제 인물이지만, 그의 혁신적인 발명품들에 전설이 가미되어 도교적 신화 요소를 함께 가진 인물이다.

중국 산둥성 웨이팡(濰坊)에 있는 공수반의 동상

승천(1490-1500)
프랑스 학교
The Ascension
French School

중세 시대의 날개

약 5세기~15세기 중반까지 르네상스가 일어나기 전의 중세 유럽은 기독교의 종교적인 신념이 전반적인 사회에 깊은 영향을 미친 시기였다. 기독교는 지배적인 종교였고, 교회가 사회, 정치, 문화, 경제의 중심으로 작용했다. 기독교는 종교의식과 제도, 사회 질서와 행동 규범, 교육 및 도덕은 물론이고 예술과 건축, 문학 등의 분야 등 사람들의 삶에 깊은 영향을 미쳤다.

따라서 중세 시대의 날개는 당연히 상당 부분 기독교적인 의미를 지니고 있다. 날개는 천사나 성자들, 그리스도의 부활과 승천, 영광의 상징으로 주로 표현되었다.

신의 메신저인 천사는 주로 날개를 가진 모습으로 그림이나 조각, 기록에 묘사되었는데, 신성한 존재인 천사에 날개의 이미지를 부여함으로써, 천사가 신성함과 영적인 존재로서의 특별한 지위를 가졌음을 강조한다.

기독교 미술에서는 예수 그리스도가 십자가에서 내려올 때 날개 달린 천사들에게 인도되거나, 예수가 승천할 때 천사들이 호위하는 모습으로 그리스도의 부활과 영광이 묘사된다. 날개는 이처럼 인간의 영적인 삶과 구원에 대한 신앙을 상징하는 데 사용된다.

수도사들이 기도를 통해 신에게 다가가는 과정에서도 날개의 이미지가 투영되었다. 수도사들은 날아가는 천사들과 함께 묘사되거나 성인이나 성자들이 날개를 펼치고 하늘로 상승하는 모습으로 묘사되는데, 이 날개 역시 영적인 성장과 구원의 이르는 과정에 신성을 부여한다.

수태고지의 천사_14세기_기울리아노 다르리고
The Angel of the Annunciation_Giuliano D'Arrigo
* 수태고지 : 마리아가 성령에 의하여 잉태할 것임을 천사 가브리엘이 마리아에게 알린 일

천사와 동정녀와 아기예수_1460년경_프란체스코 델 코사
Virgin and Child with an Angel _
Francesco del Cossa

수태고지의 천사(약 1485~1490년경)_
브루즈 마스터
Angel of the Annunciation (ca. 1485 -
1490)_Bruges Master

수태고지의 천사(1524)_요스 반 클레브
Angel of the Annunciation (1524)_Joos
Van Cleve

르네상스 시대의 날개

중세 시대가 막을 내리고, 14~16세기의 르네상스 시대는 인간 중심의 새로운 패러다임으로 가득 찬 시대였다. 예술과 과학은 꽃피고, 학문이 만발하던 시기로, 예술, 건축, 철학, 문학, 과학, 기술, 정치, 종교 등 전반적인 분야에서 지적인 탐구와 인간의 감정을 우선시했다. 르네상스 시대의 지적 기반은 로마의 인간주의 개념과 인본주의에 있다. 날개에 대한 표현도 그리스와 로마 시대의 묘사가 부활한 듯한 모습이다.

기독교에 대한 믿음이 완전히 사라진 것은 아니기 때문에 르네상스 시대에도 날개는 여전히 영적인 상징이었다. 이 시기는 고전 문화를 재조명하고, 기독교 신앙을 재해석했는데, 중세 시대와 달라진 점이 있다면 천사와 성인을 더 인간답게 묘사하는 화풍이 생겨났고, 인체 비례에 근거하여 세밀하게 그리거나 조각했다는 것이다. 이 시기, 레오나르도 다 빈치(Leonardo da Vinci)는 날개 비행 도구를 설계하여 비행을 꿈꿨다. 날개는 중세 시대에도 천사와 성인의 영적인 존재를 나타내는 데 사용되었다. 르네상스 예술가들은 천사가 날개를 펴고 하늘로 비행하는 모습을 인간적일 모습으로 표현하여 신성한 존재의 숭고함과 영원성을 더욱 섬세하고 사실적으로 표현했다.

　　　　　　르네상스 예술가들은 고전문학과 고전미술을 재조명하고, 새로운 기법과 스타일을 탐구하며 혁신적인 작품을 창조했으며, 작품에서 인간의 궁극적인 욕망과 영적인 성장을 다루길 원했다. 그래서 고대 그리스와 로마 신화 속에서 인간의 세속적인 욕망을 다룬 이야기들에 다시 주목했다. 르네상스 예술가들은 그리스와 로마 신화의 신들이나 영웅들을 날개를 가진 모습을 그림이나 조각, 예술 작품에 더 사실적으로 묘사하여 인간적인 면모와 욕망을 강조했다.

　　　　　　르네상스 시대의 날개는 지적인 발전과 탐구의 상징이기도 했다. 이 시기는 인간의 지식과 학문적인 열망이 높은 시기였으므로, 르네상스 시대의 예술가들은 뛰어난 학자나 철학자들을 날개가 달린 존재로 묘사하기도 하

늙은 토비트와 그의 아들 토비야를 떠나는
천사 라파엘(1618)_피터 라스트만
The Angel Raphael Takes Leave of Old
Tobit and his Son Tobias (1618)_Pieter
Lastman

여, 그들의 지식과 통찰에 권위와 존경을 담았다. 이 상징은 인간의 지적인 잠재력과 창의성을 강조하며, 지식의 확장과 탐구에 대한 열정을 표현한 것이다.

르네상스 시대의 날개는 자유와 예술적 창조성의 발전, 인간의 탐구와 탐험과도 연결되어 있다. 개인의 자유와 창의성을 존중하고, 예술가들과 학자들이 새로운 아이디어를 탐구하면서 이룩한 눈부신 성과들은 날개에 비유되었다. 날개는 또한 예술가들이 새로운 아이디어와 혁신적인 작품을 창조하는 과정에 영감을 불어넣었으며, 작품을 아름답게 하도록 자주 사용되던 이미지이기도 했다. 이 시기에는 지리학과 천문학, 자연과학 등의 분야에서 많은 발견과 탐구가 이루어졌는데, 새로운 지식과 발견을 통해 지적 경지를 넓히는 과정을 날개에 비유하기도 했다.

1850년 7월 7일, 샹 드 마르스에서 열린 푸아트뱅의 첫 승마 승천 포스터(1922년)_작자미상
Affiche de la première Ascension équestre de Poitevin au Champ de Mars, le 7 juillet 1850. (1922)_Anonymous

르네상스 이후와 산업혁명 시기의 비행

　　　　　르네상스 이후와 산업혁명 시기에 비행의 개념은 크게 변화했다. 르네상스 시기에는 인간의 상상력과 과학적 탐구가 결합하면서 비행에 관한 관심이 높아졌다. 레오나르도 다빈치는 1505에 기술한 〈새들의 비행에 관해〉라는 자료에 비행 기계와 관련된 여러 가지 스케치를 남겼는데, 이것은 인간이 하늘을 날 수 있다는 과학적으로 가능성을 탐구한 초기 시도였다. 이 비행 기계는 오늘날의 헬리콥터와 비슷한 구조로, 현대 항공 기술의 기초를 제공했다.

　　　　　산업혁명 시기에 들어서면서 비행의 연구와 실험은 더욱 활발해졌다. 과학과 기술의 발전은 비행 기계의 개발을 촉진했고, 그 결과 18세기 말, 몽골피에(Montgolfier) 형제는 최초의 유인 열기구를 성공적으로 띄웠다. 이 열기구는 하늘을 향한 인간의 꿈을 실현하게 하는 중요한 전환점이 되었으며, 사람들에게 비행의 가능성을 현실로 보여주었다.

19세기 후반에는 독일의 기술자 오토 릴리엔탈(Otto Lilienthal)가 글라이더를 이용한 실험을 통해 공기역학에 대한 이해를 확장했다. 그의 연구는 이후 라이트 형제에게 큰 영향을 주었다. 라이트 형제는 1903년, 인류 최초로 동력 비행에 성공하면서 현대 항공의 시대를 열었다. 이들의 비행기는 단순한 기계적 장치가 아니라, 비행의 꿈을 현실로 만든 획기적인 발명품이었다.

비행의 의미는 이 시기에 크게 변화했다. 르네상스 시기에는 비행이 주로 상상력과 과학적 호기심의 산물이었으나, 산업혁명 시기에는 실제적인 기술적 성취로 자리 잡았다. 비행 기계의 발명과 발전은 인간의 이동 수단에 혁신을 가져왔으며, 세계를 더 가깝게 연결하는 중요한 역할을 했다. 특히 항공 산업의 비약적인 발전은 상업, 군사, 과학 등 여러 방면에서 비행기를 활용하게 했다.

산업혁명 이후의 비행은 화적, 사회적 변화에도 큰 영향을 미쳤다. 비행기의 등장은 시간과 공간의 개념을 변화시켰으며, 지리적 장벽을 허물고 글로벌화의 촉매제가 되었다.

비행은 인간의 상상력과 도전 정신을 상징하는 요소로 자리 잡았다. 이는 예술과 문학에도 영향을 미쳐, 비행을 주제로 한 작품들이 많이 등장하게 되었다.

르네상스 이후와 산업혁명 시기의 비행은 인간의 꿈과 기술적 진보가 결합한 결과였다. 비행 기계의 발명과 발전은 단순한 이동 수단의 혁신을 넘어, 인류의 삶과 문화를 변화시키는 중요한 요소로 작용했다. 비행은 인간의 상상력, 도전 정신, 그리고 기술적 성취의 상징으로서 오늘날에도 계속해서 중요한 의미를 지닌다.

라이트 플라이어 II를 타고 허프만 프레리 상공을 비행하는 오빌 라이트. 85편, 40+1/5초 동안 약 1,760피트(536m) 비행(1904년 11월 16일)
Orville in flight over Huffman Prairie in Wright Flyer II. Flight 85, approximately 1,760 feet (536 m) in 40+1/5 seconds

현대의 날개

라이트 형제의 최초 비행 이후, 비행 기술은 눈부시게 발전했다. 비행은 이제 어려운 일이 아니라, 마음만 먹으면 항공권을 사고 원하는 날짜에 육지와 바다 위를 날아 어디든지 날아갈 수 있다. 비행기로 대표되는 현대의 비행은 인간이 하늘을 날 수 있다는 꿈을 실현하게 했고, 이제 그 꿈은 우주로 확장되어 가는 중이다.

비행기의 날개는 현대 사회에서 중요한 역할을 한다. 항공 여행은 사람들을 빠르게 이동시켜 세계를 더욱 가깝게 만들었다. 항공 기술의 발전은 경제적, 문화적 교류를 촉진하고, 세계를 글로벌화하는 중요한 요소이다. 항공 산업의 발전은 물류와 교통의 혁신을 가져왔으며, 전 세계 경제에 큰 영향을 미쳤다. 항공기 날개는 이러한 변화의 중심에 있다.

현대의 전투기는 국방력의 상징이며, 국가의 안전과 방어에 매우 중요하다. 군용 항공기는 신속하고 효율적인 대응을 가능하게 하여, 국가 간의 갈등에서 중요한 전략적 도구로 사용된다.

풍력 터빈의 날개는 청정에너지와 지속 가능한 발전을 가능하게 한다. 자연의 바람을 이용한 풍력 발전은 화석 연료의 연소와 같은 환경 오염으로부터 자유로운 대체 에너지로 주목받고 있다.

날개는 영화에서도 다양한 방식으로 표현된다. 슈퍼히어로 영화에서는 날개를 가진 캐릭터들이 자주 등장하는데, 이들은 초인적인 능력을 가진 존재들로 묘사된다. 마블의 팔콘이나 DC의 호크맨은 힘과 용기를 상징하는 날개로 자유롭게 비행하며, 관객들에게 영웅적 모험과 자유로운 영혼을 상기시키는 역할을 한다. 애니메이션에서도 날개는 중요한 요소로 사용된다. 디즈니의 '피터 팬'의 피터와 팅커벨의 날개와 같이 여러 작품에 등장하여 끝없는 상상력을 준다.

게임에서도 날개는 중요한 역할을 한다. 많은 판타지 게임에서 날개는 플레이어가 새로운 능력을 획득하거나 더 높은 스탯을 부여하는 아이템이다. 특히 MMORPG 게임에서는 날개를 가진 탈것 아이템, 캐릭터들이 등장하여, 플레이어에게 이동의 자유와 전투의 이점을 제공한다. 게임에서의 날개는 플레이의 다이나믹함을 증가시키고, 플레이어들의 캐릭터 진화나 변신을 해주어 강력한 캐릭터로 만들 수 있다.

문학에서는 날개가 영적인 성장을 은유하는 도구로 쓰인다. 현대 소설과 시에서 날개는 개인의 내면적 변화를 나타내거나, 새로운 시작을 암시하는 도구이다. 날개는 꿈과 희망을 표현하는데, 날개의 모습은 독자들에게 투영되어 깊은 감동을 주기도 한다. 작가들은 인간의 무한한 가능성과 희망을 상징적으로 그려내기 위해 날개를 사용하기도 한다.

현대 예술에서도 날개는 중요한 소재다. 조각과 회화에서 날개는 자유로움과 해방을 표현하는 상징으로 자주 사용된다. 예술가들은 날개를 통해 인간의 열망과 꿈을 시각적으로 나타내며, 강렬한 인상을 준다. 패션 디자이너들은 날개 모티브를 통해 독특한 디자인을 창조하며, 패션쇼나 광고에서 시선을 끌고 있다. 란제리 브랜드 빅토리아 시크릿(Victoria's Secret)의 패션쇼는 거의 모든 모델이 화려한 날개의 패션 오브제를 착용하는 쇼로 유명하다.

빅토리아 시크릿의 패션쇼에서 엔젤의 상징인 날개를 달고 워킹 중인 모델 재스민 툭스(Jasmine Tookes)_ 2014년 런던 쇼

chapter 3

날개의 종류

천사들의 노래(1881)_윌리엄 부게로
The song of the angels_William Bouguereau

천사

천사(Angel, 天使)

천사는 기독교, 불교, 이슬람교, 조로아스터교 등 여러 종교에서 천계 계층의 중심인물로서 신성한 힘과 영성을 갖추고, 신과 인간을 연결하는 날아다니는 존재이다. 신의 뜻을 전하는 메신저, 수호자, 지도자로서의 역할은 종교적 이야기에서 빼놓을 수 없는 요소로, 세상에 신성한 영향력이 활발하게 존재한다는 것을 상징한다. 신학, 예술, 문화에서 묘사되는 천사의 모습은 하늘과 땅의 영역 모두에서 중요하고 다면적인 역할을 한다.

천사가 인간의 형태를 띠며 날개를 가진 모습으로 묘사되는 것은 천사가 하늘과 지상의 매개체임을 강조하는 것이다. 예술 작품에서는 천사가 신의 명령을 수행하거나 인간을 보호하는 장면으로 자주 등장하는데, 이러한 묘사는 천사가 단순한 상징적 존재를 넘어 실제로 세상에 영향을 미치는 존재임을 나타낸다.

기독교에서의 천사

기독교에서 천사는 일반적으로 새의 형상을 한 날개 달린 인간의 모습으로 묘사되는데, 천사의 커다란 날개는 신의 메신저로 하늘과 지상을 오가며 하느님과 인간을 연결하는 도구이다. 천사들은 기독교 신앙의 교리를 전달하고, 인간을 보호하며, 하느님의 명령을 수행하는 존재이다. 순수한 영적 피조물인 천사들은 지성과 의지를 가지고 있으며, 인격적이고, 죽지 않는 불사의 존재로 묘사되고 있다. 성경에는 천사들이 매우 여러 번 등장하며, 그들의 다양한 역할과 임무가 명확히 드러난다.

기독교 천사의 기원과 본질

천사는 하느님에 의해 창조된 영적 존재로, 물질적인 몸을 가지지 않지만 형상은 존재한다. 천사들은 인간보다 뛰어난 지혜와 능력이 있으며, 하느님을 숭배하고 명령을 수행한다.

기독교 천사의 역할과 임무

- 메신저의 역할 : 천사는 하느님의 메시지를 인간에게 전달하는 역할을 한다. 가브리엘은 마리아에게 예수 그리스도의 탄생을 예고(수태고지)한 천사이다.

- 보호자의 역할 : 천사는 인간을 보호하고 지키는 역할을 한다. 성경에서는 천사가 사자 굴에서 다니엘을 보호한 이야기가 기록되어 있다.

- 심판자의 역할 : 하느님의 심판을 집행하는 역할도 한다. 요한계시록에서는 천사들이 하느님의 심판을 수행하는 장면이 묘사되어 있다.

주요 천사

- 미카엘(Michael) : 대천사로서, 하느님의 군대를 이끄는 전사 천사이다. 한국의 공동번역 성경에서는 '미가엘'로 표기된다.

요한의 묵시록 12장 7절 : 그 때 하늘에서는 전쟁이 터졌습니다. 천사 미가엘이 자기 부하 천사들을 거느리고 그 용과 싸우게 된 것입니다. 그 용은 자기 부하들을 거느리고 맞서 싸웠지만

유다의 편지 1장 9절 : 대천사 미가엘도 모세의 시체를 차지하려고 악마와 다투며 논쟁할 때에 차마 악마를 모욕적인 언사로 단죄하지는 않고 다만 "주님께서 너를 책망하실 것이다." 하고 말했을 뿐입니다.

다니엘 10장 13절 : 이리로 오는 길에 나는 페르시아 호국신에게 길이 막혀 이십일 일이나 지체해 있었다. 마침 일곱 수호신 가운데 한 분인 미가엘이 도우러 왔기에 나는 그를 거기 남겨두어 페르시아 호국신과 겨루게 하고는

다니엘 10장 21절 : 나는 반드시 이루어질 일을 기록한 책에 있는 것을 너에게 일러준다. 그들과 대항하는데 지금은 너희의 수호신 미가엘 외에 나를 도울 이가 없다.

악마를 정복하는 성 미카엘_크리스토발 데 비야판도
Saint Michael vanquishing the Devil_Cristóbal De Villalpando

- 가브리엘(Gabriel) : 하느님의 메시지를 전달하는 메신저 천사로, 중요한 예언과 계시를 전달하는 역할을 한다.

루가의 복음서 1장 19절 : 천사는 이렇게 대답하였다. "나는 하느님을 모시는 시종 가브리엘이다. 이 기쁜 소식을 전하라는 분부를 받들고 너에게 와 일러주었는데,

루가의 복음서 1장 26절 : 엘리사벳이 아기를 가진 지 여섯 달이 되었을 때에 하느님께서는 천사 가브리엘을 갈릴래아 지방 나자렛이라는 동네로 보내시어

다니엘 8장 16절 : 울래 강 너머에서 웬 사람이 말하는 소리가 들려왔다. "가브리엘, 너는 저 사람에게 환상을 풀이하여 주어라."

다니엘 9장 21절 : 내가 이렇게 기도를 올리고 있는데 지난번 환상에서 본 가브리엘이라는 이가 저녁 제사 무렵에 날아오더니 나를 흔들며

▶
대천사 가브리엘, 성모 성화
(1510년경)_제라드 데이비드
Archangel Gabriel; The
Virgin Annunciate (ca.
1510)_Gerard David

◀
대천사 가브리엘(1430년경)_
마솔리노 다 파니칼레
The Archangel Gabriel
Masolino da Panicale

- 라파엘(Raphael) : 치유의 천사로, 아포크리파서인 토비트서에서 등장하여 토비트의 아들을 치유한다.

토비트 5장 10절 : 라파엘이 그 집에 들어가자 토비트가 먼저 인사하였다. "기쁨이 충만하시기를 빕니다." 하고 라파엘이 답례를 하자 토비트가 이렇게 말하였다. "내가 이제 무엇을 가지고 기뻐하겠습니까? 나는 눈이 먼 사람으로서 하늘의 빛을 보지 못하고 빛을 보지 못하는 죽은 자처럼 암흑 속에 잠겨 있습니다. 나는 살아 있으나 죽은 사람이나 다름없습니다. 사람의 말소리는 들어도 그들의 얼굴은 보지 못합니다." 그러자 라파엘이 "기운을 내십시오. 멀지 않아 하느님께서 당신을 고쳐주실 것입니다. 어서 기운을 내십시오." 하고 격려하였다. 토비트는 "내 아들 토비아가 메대로 가려고 하는데 당신이 함께 가며 그의 길을 인도해 줄 수 있겠습니까? 보수는 드리겠습니다." 하고 청하였다. 라파엘이 대답하였다. "예, 함께 갈 수 있습니다. 나는 모든 길을 잘 알고 있습니다. 메대에는 여러 번 가보았고 그 곳 들과 산을 두루 다녀보았기 때문에 어느 길이고 모르는 길이 없습니다."

토비트 12장 15절 : 나는 영광스런 주님을 시중드는 일곱 천사 중의 하나인 라파엘입니다."

토비트 12장 20절 : 주 하느님을 찬양하고 감사를 드리시오. 나는 나를 보내신 분에게로 올라갑니다. 당신들에게 일어난 일들을 낱낱이 기록하시오." 이 말을 남기고 라파엘은 하늘로 올라갔다.

대천사 라파엘을 둘러싼 날아다니는 푸토들(1631-32)_콘라드 마이어
Flying Putti, Surrounding Archangel Raphael (1631-32)_Conrad Meyer

* 푸토 : 날개 달린 통통한 남자아이의 모습을 한 아기천사

마리아가 성령에 의하여 잉태할 것임을 천사 가브리엘이 마리아에게 알린 일인
'수태고지'를 그린 그림(1886-1894)_제임스 티소
The Annunciation_James Tissot

성경 속 천사가 언급된 구절

성경에서는 미카엘, 가브리엘, 라파엘과 같이 정확한 이름이 묘사된 구절이 있다. 하느님의 명령을 전하거나, 요한 묵시록에서 최후의 심판일에 하느님의 일을 수행하는 역할을 한다는 구절처럼 천사가 언급된 구절은 매우 많지만, 에제키엘(에스겔서)에서는 특히 케루빔과 천사들의 모습이 자세하게 묘사되어 있다.

성경에 묘사된 천사의 모습은 현재 익숙한 천사의 이미지와 완전히 다르다. 초기 천사는 순수한 영적 피조물로 묘사되어, 날개가 강조된 신성한 이미지였다. 에제키엘(에스겔서)에 의하면 천사들은 네 개의 얼굴을 가지고 있고, 네 개의 날개를 가지고 있으며, 두 개의 날개는 서로 연결되어 있고, 다른 두 날개는 몸을 덮고 있는 모습으로 묘사된다. 천사들은 사람의 손을 가지며, 바퀴 안에 바퀴가 있는 구조의 바퀴와 함께 움직인다. 바퀴는 빛나며, 눈이 가득 차 있어 천사들이 어디로 가든지 따라 움직이며, 번개처럼 빠르게 이동할 뿐 아니라 모습 또한 불꽃과 번개로 둘러싸여 있다고 표현된다.

다니엘서에서는 천사 가브리엘이 인간의 모습으로 나타난다(다니엘 8:15-16). 신약성경에서는 천사들이 하얀 옷을 입고 빛나는 모습으로 묘사되며(마태복음 28:3), 주로 하나님의 메시지를 전달하거나 인간을 보호하는 역할을 한다.

무섭거나 낯설게 느껴지는 초기 천사의 이미지는 시간이 지남에 따라 점차 인간을 닮은 이미지로 변형되었으며, 르네상스 시대를 거쳐 더욱더 인간적이고 아름답게 표현되었다.

EZEKIEL'S VISION.

Ezekiel *Chap. 3. Ver. 2.*

So I opened my mouth & he caused me to eat that roll.

에제키엘(에스겔)이 본 천사의 환상을 그린, 19세기 성경 해설서

에제키엘(1:6) : 저마다 얼굴이 넷이고, 날개도 저마다 넷이었다.

에제키엘(1:7) : 다리는 곧고 발굽은 소 발굽 같았으며 닦아놓은 놋쇠처럼 윤이 났다.

에제키엘(1:8) : 네 짐승 옆구리에 달린 네 날개 밑으로 사람의 손이 보였다. 넷이 다 얼굴과 날개가 따로따로 있었다.

에제키엘 1장 10절 : 그 얼굴 생김새로 말하면, 넷 다 사람 얼굴인데 오른쪽에는 사자 얼굴이 있었고 왼쪽에는 소 얼굴이 있었다. 또 넷 다 독수리 얼굴도 하고 있었다.

에제키엘 1장 11절 : 날개를 공중으로 펴서 두 날개를 서로 맞대고, 두 날개로는 몸을 가리고

에제키엘 1장 13절 : 그 동물들 한가운데 활활 타는 숯불 같은 모양이 보였는데 그것이 마치 횃불처럼 그 동물들 사이를 왔다갔다 하고 있었다. 그 불은 번쩍번쩍 빛났고, 그 불에서 번개가 튀어나왔다.

에제키엘 1장 15절 : 그 짐승들을 바라보자니까, 그 네 짐승 옆 땅바닥에 바퀴가 하나씩 있는 게 보였다.

에제키엘 1장 16절 : 그 바퀴들은 넷 다 같은 모양으로 감람석처럼 빛났고 바퀴 속에 또 바퀴가 있어서 돌아가듯 되어 있었는데

에제키엘 1장 19절 : 그 짐승들이 움직이면 옆에 있던 바퀴도 움직이고 짐승들이 땅에서 떠오르면 바퀴도 떠올랐다.

에제키엘 1장 22절 : 그 짐승들의 머리 위에는 창공 같은 덮개가 수정같이 환히 빛나며 머리 위에 펼쳐져 있었다.

　　　에제키엘 1장 23절 : 그 창공 밑에서 짐승들은 날개가 서로 맞닿게 두 날개를 펴고 나머지 두 날개로는 몸을 가리고 있었다.

　　　에제키엘 1장 26절 : 머리 위 덮개 위에는 청옥 같은 것으로 된 옥좌같이 보이는 것이 있었다. 높이 옥좌 같은 것 위에는 사람 같은 모습이 보였다.

　　　에제키엘 1장 27절 : 그 모습은 허리 위는 놋쇠 같아 안팎이 불처럼 환했고, 허리 아래는 사방으로 뻗는 불빛처럼 보였다.

산티시모 살바토레 체팔루 대성당의 천사
The Cathedral Santissimo Salvatore Cefalu

세 천사와 일곱 대천사의 차이

미카엘(Michael), 가브리엘(Gabriel), 라파엘(Raphael)을 지칭하는 세 천사는 주로 전통 라틴 기독교와 초기 가톨릭교회와 루터교, 성공회 교회에서 언급되지만, 네 번째 천사인 우리엘(Uriel)까지 인정하는 경우도 많다. 우리엘을 포함한 네 천사를 가장 인정하는 이유는 이 천사들의 이름이 성경에 직접적으로 등장하기 때문이다. 특히 라파엘은 토비아와의 대화와 에피소드로 토비트서 전반에 등장하고 있다.

일곱 천사는 비잔틴의 기독교 전통을 이어받은 가톨릭과 동방정교회에서 인정하는 천사의 개념이다. 이들은 미카엘(Michael), 가브리엘(Gabriel), 라파엘(Raphael), 우리엘(Uriel), 셀라피엘(Selaphiel), 예후디엘(Jehudiel), 바라키엘(Barachiel)로, 기존의 네 천사에 세 천사가 더해진 구성이며, 초기 유대 문헌과 기독교 일부 작품에 등장한다. 일곱 천사는 하느님을 직접적으로 보좌하는 역할을 한다.

사실 대천사(大天使, Archangels)라는 용어는 히브리어 성경이나 기독교 구약성경에는 나오지 않은 단어이지만, '중요한'의 의미를 담아 대천사라고 표현되기 시작했다.

대천사 가브리엘과 성 유세비우스, 로흐, 세바스티안(1724-1725년경)과 함께한 성모의 영광_세바스티아노 리치
Glory of the Virgin with the Archangel Gabriel and Saints Eusebius, Roch, and Sebastian
Sebastiano Ricci

천사의 계층

천사는 여러 계층으로 나뉘어 있다고 알려졌지만, 사실 공식적인 가톨릭과 기독교의 성경에는 천사의 계급이 없다. 교황청과 한국천주교주교회의, 한국천주교중앙협의회의 가톨릭교회 교리서 제2판 16쇄의 제1편 신앙고백 중 천사의 부분에서는 '천사는 본성이 아니라 직무를 가리키며, 존재로서는 영(靈)이고, 활동으로는 천사'라고 설명한다.

천사여, 내가 주를 따르리라 (1901)_야첵 말체프스키
Angel, I shall follow thee
Jacek Malczewski

천사가 여러 계층으로 나뉘어 있다고 믿는 이론은 원래의 기독교 교리는 아니지만, 천사들이 9품계로 나뉜다는 내용은 6세기 초에 '위(僞) 디오니시오스'가 쓴 책으로부터 유래되었다. 위 디오니시오스는 사도 바오로의 연설을 듣고 기독교로 귀의하여, 사도행전 17장 34절에 등장하는 아레오파고의 재판관 디오니시오스(Dionysios)의 이름을 빌린 인물이다. 자신의 본명을 숨기고 디오니시오스의 이름으로 글을 썼기 때문에 현대에 와서는 진짜 저자가 누구인지 알 수 없어서 '가짜'를 뜻하는 '위(僞)' 자가 이름 앞에 붙어 '위(僞) 디오니시오스(Pseudo-Dionysius)'라고 부른다.

많은 사람은 위 디오니시오스가 서술한 천사의 계급 체계를 받아들이지만, 실제로는 '위 디오니시오스'의 천사 이론과 달라지는 경우가 많다. 위 디오니시오스가 언급한 천사의 주요 계층으로는 대천사 세라핌, 케루빔 등이 있으며, 각 계층은 특정한 임무와 역할을 맡고 있다.

위(僞) 디오니시오스가 분류한 천사의 계급

앞에서 언급한 것처럼 위(僞) 디오니시오스의 천사 계급은 가톨릭과 기독교의 공식적인 교리는 아니다. 하지만, 이미 9품으로 분류된 천사의 개념이 많이 퍼져 있으므로 설명한다.

위(僞) 디오니시오스의 천사 계급은 크게 9개의 계급으로 분류되며, 계급은 위에서부터 3천사씩 묶어 상급 천사, 중급 천사, 하급 천사로 세분된다.

- 제1계급 치천사(熾天使) 세라핌(Seraphim)

이사야 6장 2절 : 날개가 여섯씩 달린 스랍들이 그를 모시고 있었는데, 날개 둘로는 얼굴을 가리고 둘로는 발을 가리고 나머지 둘로 훨훨 날아다녔다.

이사야 6월 6절 : 그러자 스랍들 가운데 하나가 제단에서 뜨거운 돌을 불집게로 집어가지고 날아와서

: 치천사 세라핌은 기독교 천사론에서 천사 중 가장 높은 지위의 천사로, 신비롭고 영적인 존재로 묘사되며 신과 가장 가까운 곳에서 신을 끊임없이 경배하고 영광을 돌리는 천사이다. '세라핌'이라는 이름은 '불타는 자'라는 뜻의 히브리어 '세라프'에서 유래했으며, 한국의 성경에서는 '사랍' 또는 '스랍'으로 번역된다. 신성한 불에 둘러싸여 있는 모습으로 묘사되는데, 순결함과 헌신을 상징한다.

이사야서에 의하면, 세라핌은 여섯 개의 날개를 가진 것으로 묘사된다. 두 개의 날개로 얼굴을 가리고, 두 개의 날개로 발을 가리고, 나머지 두 개의 날개로 날아다닌다. 날개로 얼굴과 발을 가리는 것은 하느님의 절대적인 순결과 거룩함 앞에서 자신의 무가치함을 인정하는 것을 의미한다. 세라핌은 하느님의 완전한 사랑을 반영하는 사랑과 빛의 화신으로, 하느님 앞에서의 경건함과 겸손함, 그리고 봉사할 준비가 되어 있음을 강조하는 이미지로 표현된다.

계급의 천사들 - 세라핌 (1873)_
에드워드 콜리 번 존스 경
The Angels of the Hierarchy - Seraphim
Sir Edward Coley Burne-Jones

- 제2계급 지천사(智天使) 케루빔(Cherubim)

창세기 3장 24절 : 이렇게 아담을 쫓아내신 다음 하느님은 동쪽에 거룹들을 세우시고 돌아가는 불칼을 장치하여 생명나무에 이르는 길목을 지키게 하셨다.

에제키엘 10장 9절 : 또 보니, 거룹들 옆에는 바퀴가 네 개 있었다. 거룹마다 옆에 바퀴 하나씩 있는 셈이었다. 그 바퀴들은 감람석처럼 빛났는데

에제키엘 10장 19절 : 그러자 거룹들은 날개를 펴, 내가 보는 앞에서 땅에서 치솟아 떠나갔다. 바퀴들도 함께 떠나갔다. 거룹들이 야훼의 성전 동쪽 정문간에 멈추는데, 이스라엘 하느님의 영광이 거룹들 위에 머물러 있는 것이 보였다.

시편 18장 10절, 사무엘하 22장 11절 : 거룹을 타고 날으시고 바람 날개를 타고 내리덮치셨다.

계급의 천사들 - 케루빔 (1873)_
에드워드 콜리 번 존스 경
The Angels of the Hierarchy - Cherubim
Sir Edward Coley Burne-Jones

: 지천사 케루빔은 기독교 천사 계층에서 가장 높은 계급 중 하나로, 신성한 예배와 수호에서 중요한 역할을 하며, 신과 매우 가까운 천사이다. '케루빔'이라는 용어는 히브리어 '케루브'에서 유래되었는데, '중보하는 자' 또는 '가까이 다가가는 자'라는 뜻으로 하느님과 피조물 사이의 중개자 역할을 의미한다. 케루빔은 창세기, 에스겔, 요한계시록에 기록되어 있으며, 에스겔 10장에서는 사람, 사자, 소, 독수리 등, 네 개의 얼굴과 네 개의 날개를 가진 것으로 묘사된다. 이 다면적인 모습은 하느님의 모든 창조물과 자연계에 대한 그들의 지배를 상징한다.

창세기에서 케루빔은 불타는 검을 휘두르며 에덴동산의 생명나무로 가는 길을 지키고 있는 모습으로도 묘사되는데, 성스러운 장소와 신성한 비밀을 지키는 수호자로서의 역할을 강조한 구절이다. 케루빔은 에제키엘(에스겔서)에 묘사된 것처럼 하느님을 보좌하여 이동하는 장면과 관련이 있다. 케루빔은 매우 빠르게 움직일 수 있어 하느님이 인간에게 나타날 때 신성한 전차의 역할을 한다. 한국어 성경에서는 '거룹' 혹은 '커룹'으로 번역된다.

- 제3계급 좌천사(座天使) 오파님(Ophanim)

: '왕좌' 또는 '바퀴'라고도 불리는 좌천사는 기독교 천사론에서 천상의 존재 계층 중 독특한 위치를 차지하고 있다. 이런 속성 때문에 에제키엘에 등장하는 천사의 자세한 묘사가 오파님이라고 생각하는 사람들도 있다.

신학적인 맥락에서 좌천사들의 주요 역할은 하느님을 보좌하고 여러 영역에서 하느님의 뜻을 구현하는 신성한 전차의 역할을 띄고 있다. 바퀴 속의 바퀴, 바퀴에 가득 찬 눈으로 묘사되는 이유는 끊임없는 경계와 신성한 전지전능함을 상징하며, 우주에서 일어나는 모든 일을 파악하고 있음을 의미한다.

좌천사 오파님은 케루빔과 함께 움직이며, 생명체의 영혼이 가는 곳이면 어디든 좌천사들이 따라다닌다. 좌천사의 눈이 녹주석의 반짝이는 것으로 묘사되는 것은 숭고하고 경외심을 불러일으키는 좌천사의 본성을 의미한다.

- 제4계급 주천사(主天使) 도미니온스(Dominions)

: 주천사는 우주의 조화와 질서를 유지하기 위해 천사들의 기능을 감독하는 하느님의 사법 및 행정 권한을 구현하는 천사이다. 천사들의 의무를 규제하고, 천사가 인간 세계에 개입할 때 하느님의 정의가 부합되도록 규정하는 역할을 맡고 있다. 주천사는 권위와 통제의 상징인 구슬이나 홀을 들고 있는 모습으로 묘사되는데, 이 도구들은 하급 천사들에게 내리는 신성한 명령을 상징한다.

◀계급의 천사들 - 오파님 (1873)_
에드워드 콜리 번 존스 경
The Angels of the Hierarchy - Thrones
Sir Edward Coley Burne-Jones
▶계급의 천사들 - 도미니온스 (1873)_
에드워드 콜리 번 존스 경
The Angels of the Hierarchy - Dominions
Sir Edward Coley Burne-Jones

- 제5계급 역천사(力天使) 비르투스(Virtus)/디나미스

: 역천사는 자연법칙을 뛰어넘는 신의 개입을 실행하게 하여 지상에서 기적을 일으키는 데 관여하는 천사이다. 역천사의 역할은 자연과 우주의 요소와 밀접하게 연관되어 있다. 역천사는 강하고 대담한 캐릭터로 묘사되는데, 주로 신자들에게 용기와 인내심을 부여하는 임무를 맡는다. 신자들이 신앙에 대한 도전에 맞서 굳건히 맞서야 할 때 역천사의 존재감이 드러난다. 이들은 자연의 균형을 유지하여 우주가 하느님의 명령에 따라 조화를 유지하도록 하는 임무를 수행하기도 한다.

계급의 천사들 - 비르투스 (1873)_
에드워드 콜리 번 존스 경
The Angels of the Hierarchy - Virtutes
Sir Edward Coley Burne-Jones

- 제6계급 능천사(能天使) 포테스타테스(Potestates)

: 능천사는 세상을 혼란에 빠뜨리려는 악령에 맞서 싸우는 하늘의 천사 군단이다. 종교 문학이나 예술에서는 선과 악의 싸움에서 등장하기도 한다. 능천사는 우주 질서의 전사이자 수호자 역할을 함으로써 천사 계층 내에서 막강한 위치를 차지하고 있으며, 신의 정의, 영적 전쟁, 우주의 균형을 유지하기 위해 악과 끊임없는 전쟁을 벌이고 있는 존재들이다. 또한 상위 천사 계급의 법령과 하느님의 궁극적인 뜻을 수호할 뿐만 아니라 그 뜻을 집행하여 우주가 신성한 정의와 법에 따라 운영되도록 하는 역할을 한다.

계급의 천사들 - 포테스타테스 (1873)_
에드워드 콜리 번 존스 경
The Angels of the Hierarchy - Potentates
Sir Edward Coley Burne-Jones

- 제7계급 권천사(權天使) 프린치파투스(Principatus)

: 권천사는 인간의 국가와 주요 도시 등 물질세계의 다양한 요소를 관리하며 신성한 관리자의 역할을 담당한다. 권천사는 지상의 통치자들을 인도하고, 공정한 통치를 시행하는 데 필요한 지혜와 도덕적 강인함을 전한다. 홀이나 보주, 십자가를 들고 있는 모습으로 묘사되는데, 신성한 법과 질서를 대규모로 집행하는 역할을 상징한다.

계급의 천사들 - 프린치파투스 (1873)_
에드워드 콜리 번 존즈 경
The Angels of the Hierarchy - Principates
Sir Edward Coley Burne-Jones

- 제8계급 대천사(大天使) 아르칸젤루스(Archangelus)

: 대천사는 천사 계급의 리더로, 신의 뜻과 의도를 인류에게 전달하며, 자신의 지위 아래 있는 천사들의 활동을 감독하고 지휘하는 천사이다. 일반적으로 대천사는 큰 날개를 가진 장엄하고 강인한 인물로 묘사되며 칼이나 나팔과 같은 신성한 상징을 들고 있는 모습으로 묘사되기도 한다.

계급의 천사들 - 대천사 (1873)_
에드워드 콜리 번 존스 경
The Angels of the Hierarchy - Archangeli
Sir Edward Coley Burne-Jones

- 제9계급 천사(天使) 안젤루스(Angelus) /앙젤루스

요한의 묵시록 22장 6절 : 그 천사가 또 나에게 "이 말씀은 확실하고 참된 말씀이다. 예언자들에게 영감을 주시는 주 하느님께서 당신의 종들에게 곧 이루어져야 할 일들을 보여주시려고 당신의 천사를 보내셨다." 하고 말했습니다.

히브리인들에게 보낸 편지 13장 2절 : 그네 대접을 소홀히 하지 마십시오. 나그네를 대접하다가 자기도 모르는 사이에 천사를 대접한 사람도 있었습니다.

마태오의 복음서 26장 53절 : 내가 아버지께 청하기만 하면 당장에 열두 군단도 넘는 천사를 보내주실 수 있다는 것을 모르느냐?

마태오의 복음서 28장 3절 : 그 천사의 모습은 번개처럼 빛났고 옷은 눈같이 희었다.

베드로의 둘째 편지 2장 4절 : 하느님께서는 죄지은 천사들을 용서 없이 깊은 구렁텅이에 던져서 심판 때까지 어둠 속에 갇혀 있게 하셨습니다.

갈라디아인들에게 보낸 편지 3장 19절 : 그러면 율법은 무엇 때문에 있게 되었습니까? 그것은 약속된 그 후손이 오실 때까지 죄가 무엇인지 알게 하시려고 덧붙여 주신 것입니다. 그리고 이 율법은 천사들을 통하여 중재자의 손을 거쳐 제정된 것입니다.

: 일반적인 천사로, 가장 많으며 인간들의 모든 일들을 보호하고 인도한다. 메신저, 수호자, 지도자로서의 역할이 있다. 신학, 예술, 문화에서 가장 많이 묘사되는 천사로, 하늘과 땅의 광범위한 영역에서 여러 가지 임무를 수행한다.

귀스타브 도레_실낙원의 삽화
Gustave Doré_Illustrations of Paradise Lost

기독교 천사 날개의 특징

성경에서의 천사의 날개는 이사야, 에제키엘, 출애굽기 등에 묘사되어 있다. 현재의 천사의 이미지는 아름다운 인간의 모습의 크고 흰 날개가 달려있지만, 성경에 묘사된 천사의 모습은 매우 기괴하여 지금의 천사 이미지와 동떨어져 있다. 성경에 묘사된 치천사 세라핌(스랍)은 '두 날개로 얼굴을 가리고, 두 날개로 발을 가리며, 나머지 두 날개로 날아다닌다'라고 적었고, 다른 천사들도 '각기 네 개의 얼굴과 네 개의 날개를 가지고 있었고... 날개는 서로 맞닿아 있었으며, 그 생물들은 서로를 향해 날아다니며 돌아보지 아니하고 곧게 앞으로 나아갔다'라고 적혀있다.

천사의 이미지가 변형되어 현재와 같이 크고 흰 날개를 가진 인간의 모습으로 묘사된 것은 기독교 예술의 영향 때문이다. 다니엘서나 신약성경에서는 천사가 인간의 모습으로 나타나거나, 하얀 옷을 입고 빛나는 모습으로 묘사되는데, 이 구절은 아름다운 천사의 이미지를 만드는데 모티브가 된 구절들이다. 그래서 중세 기독교 예술에서는 천사의 날개가 주로 백색 깃털로 덮인 날개로 묘사되며, 천사의 순수함과 신성함을 강조한다.

르네상스 시대의 예술에서는 천사의 날개가 더욱더 사실적이고 자연주의적으로 표현된다. 레오나르도 다 빈치(Leonardo da Vinci), 미켈란젤로(Michelangelo), 라파엘(Sanzio Raffaello) 등의 작품에서 천사의 날개는 새의 깃털처럼 세밀하게 표현되었는데, 이 모습은 천사가 이질감 없이 인간과 더 가깝게 느껴지도록 만든다. 이 시기에는 천사들이 더 인간과 닮은 모습으로 아름답게 묘사되며, 날개 역시 현실적인 비율과 형태를 띠게 된다.

바로크와 로코코 시대에는 천사의 날개가 매우 화려하고 장식적으로 묘사된다. 이 시기의 예술 작품에서 천사들은 역동적인 자세를 취하며, 화려한 곡선과 세밀한 장식으로 표현된다.

천사의 날개가 주로 백색으로 표현되는 이유는, 백색 깃털이 천사의 깨끗하고 순결한 본성을 상징한다고 생각했기 때문이다. 새는 신과 인간을 연결해주는 매개체로 여겨지기 때문에, 이런 속성을 반영하여 독수리나 백조의 날개와 같은 큰 날개가 천사에게 투영되었다. 천사는 예술에서처럼 아름다운 인간의 모습을 하였지만, 크고 흰 날개를 달아 인간과 확연히 구분 짓게 만들기도 한다.

천사의 속삭임(1894)_그레이트 웨스턴 서플라이 하우스
The angel's whisper_Great Western Supply House

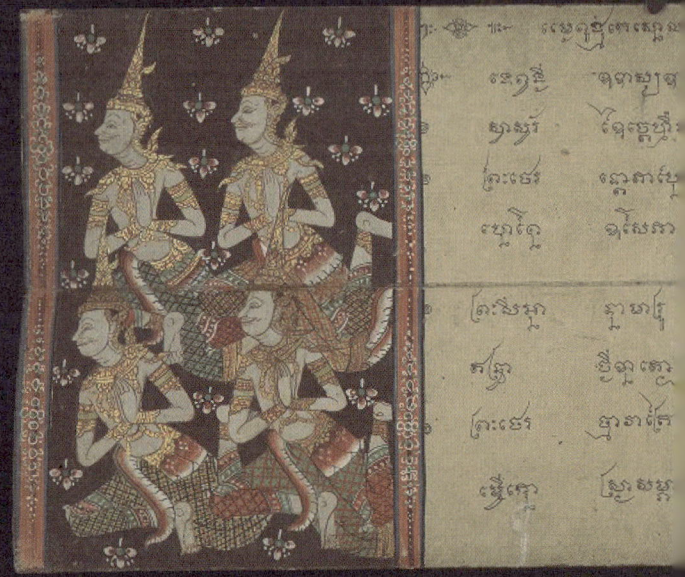

불교에서의 천사

불교에서 천사는 '데바(Deva)' 또는 '천(天)'으로 불리며, 신적 존재나 천상의 존재로, 기독교와는 다른 모습으로 표현된다. 데바는 고대 힌두어로 '빛나는 존재, 신성한'이라는 뜻의 어원을 가지고 있는데, 불교 이전인 기원전 1500년~500년 인도의 베다 시대 초기부터 출발한 개념이다.

힌두교에서 유래된 데바가 불교에서도 통용되는 이유는, 두 종교가 문화적, 역사적 배경을 공유하기 때문이다. 불교는 기원전 5세기경 인도에서 힌두교(당시에는 브라만교)의 영향을 받으며 발생했으며, 초기 불교의 교리는 힌두교의 많은 개념을 차용하였다. 불교와 힌두교는 인도 아대륙이라는 같은 지리적, 문화적 배경을 공유하고 있으므로 두 종교는 초기부터 많은 철학적, 신학적 개념을 공유하게 되었고, 데바도 이러한 문화적 배경 속에서 자연스럽게 불교에 스며들었다.

경건한 표정의 데바와 세 명의 데비, 금박 장식
Deva and three devis in reverence, with gold leaf

불교의 천사인 데바는 선행과 공덕을 쌓은 결과로 태어나는데, 이 개념은 윤회와 업(業) 개념과 잘 맞아떨어져 불교에 자연스럽게 녹아들었다. 불교에서는 공덕을 쌓아 좋은 결과를 얻는다는 가르침이 매우 중요한데, 데바는 이러한 공덕의 결과의 상징과 부합된다. 따라서 힌두교에서 비롯된 데바의 개념은 불교의 교리와도 논리적으로 일관성을 유지하게 되었다.

그러나 불교는 힌두교의 많은 개념을 차용하면서도, 불교의 교리에 맞게 재해석하고 적응시켰다. 힌두교에서 데바는 신적인 속성을 띠지만, 불교에서는 윤회의 굴레 속에 있는 존재로 해석된다. 불교에서도 데바에 신성을 인정하고 있으나, 힌두교와는 달리 윤회의 법칙을 벗어나지 못하며 궁극적으로 해탈을 추구해야 한다고 본다.

124

데바의 기원과 본질

불교에서는 여섯 가지 존재계인 육도윤회(六道輪廻)라고 하는 지옥(地獄), 아귀(餓鬼), 축생(畜生), 인간(人間), 아수라(阿修羅), 그리고 천계(天界)의 여섯가지 윤회의 세상이 있다. 데바는 그 중 천계에 거주하는 천상의 존재들로, 선행과 공덕을 쌓은 결과로 태어나며, 물질적 욕망이 적고, 행복하고 즐거운 삶을 산다. 하지만 윤회의 고리를 벗어나지 못하며, 결국에는 다시 윤회의 과정으로 들어가야 한다.

데바의 역할과 임무

데바는 인간을 보호하고, 불법(佛法)을 수호하는 역할을 한다. 불교 경전에서 특히 사천왕(四天王)은 불법을 수호하는 중요한 데바이다. 사천왕은 북방의 다문천(多聞天), 동방의 지국천(持國天), 남방의 증장천(增長天), 서방의 광목천(廣目天)으로 구성되며, 이들은 각각 네 방향에서 불법을 수호하는 데바이다.

데바는 수행자에게 영감을 주고, 영적 성장을 돕는 역할을 한다. 불자가 깨달음을 향한 수행을 하고 있다면 데바의 도움을 받을 수도 있다. 또한 데바는 인간의 선행을 감시하고, 선행에 대한 보상을 주거나 악행에 대해 경고하기도 한다.

육도윤회(六道輪廻)
2018, 다쭈석각박물관, 다쭈, 중국 ©tripfull
大足石刻博物館

데바의 종류와 계층

불교에서는 우주가 육욕천(欲界天), 색계천(色界天), 무색계천(無色界天)의 삼계(三界)로 이루어진 우주론이 있다. 각 계에서는 각기 다른 수준의 즐거움과 고통을 경험할 수 있는데, 이 우주마다 각각 다른 계층의 신들과 데바가 존재한다.

- 육욕천(欲界天) : 육욕천은 욕망의 세계로, 여섯 가지 하위 천계로 나뉜다.
  · 사천왕천(四天王天) : 세상을 감시하고 보호하는 사천왕이 거주하는 세계이다.
  · 도리천(忉利天) : 제석천(帝釋天)이 거주하는 세계로, 도리천은 33개의 천국으로 이루어져 있다.
  · 야마천(夜摩天) : 야마천은 신들이 즐거움과 쾌락을 경험하는 세계이다.
  · 도솔천(兜率天) : 도솔천은 미륵보살(彌勒菩薩)이 거주하는 세계로, 미래의 부처가 탄생할 곳이다.
  · 화락천(化樂天) : 화락천은 스스로 기쁨을 창조할 수 있는 세계이다.
  · 타화자재천(他化自在天) : 타화자재천은 다른 존재의 즐거움을 즐길 수 있는 세계로, 마왕 파순(波旬)이 거주하는 곳이다.

- 색계천(色界天) : 색계천은 물질적 형태가 있는 세계로, 더 높은 수준의 정신적 즐거움을 경험하는 세계이다. 색계천은 18개의 하위 천계로 나뉜다.

- 무색계천(無色界天) : 무색계천은 물질적 형태가 없는 세계로, 순수한 정신적 존재만이 존재하는 세계이다. 무색계천은 4개의 하위 천계로 나뉜다.

육욕천, 색계천, 무색계천을 그리고 있는
불교의 우주론 그림
(티벳 사캬 사원)

주요 데바

- 사천왕(四天王) : 사천왕은 고대 힌두에서 숭배되는 귀신들의 왕이지만, 부처에 귀의하여 불법을 수호하는 데바가 되었다. 이들은 각각 네 방향에서 불법을 수호하며, 불교 경전에 자주 등장하거나 사찰의 입구를 지키는 존재이다.

사천왕은 북쪽의 다문천왕(多聞天王), 남쪽의 증장천왕(增長天王), 동쪽의 지국천왕(持國天王), 서쪽의 광목천왕(廣目天王)으로, 다문천왕은 비사문천왕(毘沙門天王)이라고도 불린다. 〈파묘〉를 만든 장재현 감독의 오컬트 영화 〈사바하〉에서는 이 사천왕의 개념이 차용되었는데, 배우 박정민 씨가 광목천왕 역할을 연기하였다.

사천왕 다문천왕(多聞天王)   사천왕 증장천왕(增長天王)

- 제석천(帝釋天) : 도리천의 왕으로, 불법을 옹호하며, 불법에 귀의하는 사람들을 보호할 뿐 아니라, 아수라의 군대를 정벌하는 등 불교에서 중요한 역할을 한다. 제석천은 천상의 왕으로, 신들과 인간을 보호하고, 불법을 수호한다.

- 미륵보살(彌勒菩薩) : 미륵보살은 도솔천에 거주하며, 미래에 세상에 출현할 부처이다. 미륵보살은 인간 세상을 관찰하며, 미래에 중생을 구제할 준비를 하고 있다.

사천왕 지국천왕(持國天王)　　　　　　사천왕 광목천왕(廣目天王)

페르시아 세밀화에 그려진 천사의 모습(이란, 1555년)
Depiction of an angel in a Persian miniature

이슬람교에서의 천사

이슬람교에서 천사(말라익(mala'ik), 또는 말라카(mala'ikah))는 신에 의해 빛나는 근원에서 창조된 천상의 존재로, 하느님(알라)의 명령을 수행하는 순수한 영적 존재이다. 이슬람의 천사는 인간과는 달리 자유 의지가 없으며, 오로지 하느님의 뜻만을 따른다.

이슬람교는 '알라(Allah)'라는 별도의 신을 믿는 종교가 아니라 유대교, 기독교에서 믿는 유일무이한 신 '하느님(하나님)'을 똑같은 신을 믿는 종교이다. 아랍어의 '알라'는 '하느님'이라는 뜻이다. 같은 신을 믿는 종교이므로, 구약성서에 대한 믿음을 공유하고, 구약에 등장하는 선지자들을 거의 인정하며, 하느님의 속성과 천사 또한 중요시한다. 기독교와 이슬람교의 가장 큰 차이점은 선지자와 예언자들에게 신성이 없으며, 예수 또한 신성이 없는 위대한 인간 선지자로 생각한다는 것이다.

이슬람은 믿는 무슬림은 '5주 6신'이라는 다섯 개의 행동 의무를 반드시 키기고, 여섯 가지를 꼭 믿어야 하는데, 이 6신은 하느님(알라), 천사들, 경전들, 예언자들, 마지막 심판, 운명론이다.

이슬람 천사의 기원과 본질

이슬람에서 천사는 빛으로 창조된 영적 존재로, 사악한 악마 또는 모호한 '진(Jinn)'과 대조된다. 이슬람에서의 '진'은 정령의 개념으로, '램프의 지니'는 이 '진'에서 유래되었다. 이슬람의 천사는 하느님의 충실한 하인으로 묘사되는데, 인간과 같은 자유 의지가 없으며, 오직 하느님의 명령에 따라서만 행동한다. 천사는 순수하고 죄를 범할 수 없는 존재이다.

이슬람의 천사는 인간에게 신앙의 교리를 전달하고 인간을 보호하지만, 반드시 좋은 소식을 전하는 것은 아니며, 때로는 잔혹하고 폭력적인 임무를 수행할 때도 있다. 이슬람 천사의 역할 중 하나는 심판의 날에 하느님의 심판을 돕는 일이다. 이슬람은 내세를 믿는 종교이지만, 기독교와는 달리 믿음을 통한 구원이 아닌 각자의 행동과 책임에 따라 구원받는다고 믿는다. 최후의 심판의 날, 모든 생명이 부활하여 현세에서 행한 행동에 책임을 지고 하느님의 심판을 받는데, 이때 천사들이 돕는다.

빛에서 태어났으므로, 날개를 지닌 존재로만 묘사되지는 않는다. 날개가 있는 의인화로 표현될 때도 있으나, 빛이나 영(靈)과 같은 추상적인 힘, 이 두 가지 개념이 혼재되어 있다. 이슬람의 천사는 신체의 구속이 없는 불멸의 존재로, 피곤하거나 배고프지 않고 분노하지 않으며 물질적인 욕망이 없는 순수한 존재이다.

대천사 이스라필
아지브 알 마크루카트(창조의 경이로움)의 세밀화(1370–80년경), 이라크 카즈비니
Archangel Israfil
Miniature from the 'Aja'ib al-makhluqat (The Wonders of Creation) of Qazvini, Iraq, c. 1370–80

이슬람 천사의 역할과 임무

- 메신저의 역할 : 천사는 하느님의 계시를 예언자들에게 전달하는 역할을 한다. 가장 중요한 천사 중 하나인 지브릴(가브리엘, Gabriel)은 무함마드에게 꾸란을 전달한 천사이다. 지브릴은 신의 말씀을 예언자들에게 전하는 메신저이며, 신의 뜻을 인간에게 곧바로 전달하기도 한다.

- 기록자의 역할 : 천사는 인간의 모든 행동을 기록하여, 심판의 날에 이를 바탕으로 인간의 운명이 결정되도록 한다. 이슬람교에서는 각 개인에게 두 명의 천사가 할당되어, 한 명은 선한 행동을, 다른 한 명은 악한 행동을 기록한다. 이 천사들은 키라문 카티빈(Kiramun Katibin)이라고 불리며, 최후의 심판 날에 이 기록이 사용된다.

- 인도자의 역할 : 천사는 인간의 영혼을 인도하고 보호한다. 인간이 태어날 때와 죽을 때, 천사는 인간의 영혼을 맞이하고 인도한다. 또한, 수호천사들은 인간을 위험으로부터 보호하고, 올바른 길로 안내한다.

- 기도 전달자의 역할: 인간의 기도를 신에게 전달하는 역할도 한다. 이슬람교에서 기도는 하루에 다섯 번을 해야 할 만큼 매우 중요한 행위로, 천사는 인간의 기도를 신에게 전달하여 그 기도가 이루어지도록 돕는다.

카펫 위에 앉아 있는 천사(1555년)의 페르시아 세밀화
부하라의 학교, 시바니 시대
Persian Miniature : An Angel seated on a carpet
Bukhara school

천사 지브릴, 미카엘, 이스라필, 아즈라일과 함께 메카로 진군하는 무함마드 (16세기)_시예르-이 네비
Muhammad advancing on Mecca, with the angels Gabriel, Michael, Israfil and Azrail_
Siyer-i Nebi, 16th century

이슬람교의 주요 천사들

이슬람교의 천사는 기독교의 천사의 개념과 공통되며, 천사의 이름 또한 공유된다. 기독교에서의 '하느님'은 이슬람교의 '알라(Allah)'와 동일한 신이다. 이 두 종교는 구약성서를 공유하고 있으며, 유일신 신앙을 기반으로 하는데, 이러한 공통점은 동일한 역사적, 종교적 뿌리를 가지고 있기 때문이다. 기독교 천사와 이름이 비슷한 이유는 이 때문이다.

- 지브릴(Gabriel, جبريل) : 가장 중요한 천사 중 하나로, 신의 계시를 예언자들에게 전달하는 역할을 한다. 무함마드에게 꾸란을 전달한 것도 지브릴이다. 신의 메신저로서, 예언자들에게 신의 말씀을 전한다.

- 미카엘(Michael, ميكائيل) : 미카엘은 자연 현상을 관리하고, 인간에게 자비와 풍요를 제공하는 역할을 맡고 있다. 비, 천둥, 번개 등의 자연 현상을 다스리며, 인간에게 풍요로움을 가져다준다.

- 이스라필(Israfil, إسرافيل) : 이스라필은 최후의 심판 날에 나팔을 불어 부활을 알리는 역할을 한다. 나팔을 세 번 불 예정인데, 첫 번째는 세상의 종말을, 두 번째는 모든 생명체의 부활을, 세 번째는 최후의 심판을 알린다.

- 말리크(Malik, مالك) : 말리크는 지옥의 수호자이며, 지옥을 관리하는 역할을 한다. 죄인들을 지옥에서 벌하는 임무를 맡고 있으며, 형벌을 잘 받고 있는지 감시한다.

- 라키브와 아티드(Raqib and Atid, رقيب و عتيد) : 라키브와 아티드는 인간의 선한 행동과 악한 행동을 기록하는 천사들이다. 이들은 항상 인간과 함께하며, 그들의 모든 행동을 기록하여 최후의 심판 날에 그 기록이 사용된다.

조로아스터교에서의 천사

조로아스터교의 천사들은 아후라 마즈다(Ahura Mazda)의 신성한 창조물로, 선한 존재로 여겨지며, 선을 장려하고 악을 물리치는 역할을 한다. 조로아스터교의 천사들은 무죄한 존재로 악을 행할 수 없도록 설정되어 있다. 이들은 항상 올바른 길을 따르며 인간이 선을 행하도록 돕는다. 천사들은 불멸의 존재로, 영원히 존재하며, 신의 명령을 순수하게 수행하는 존재이다.

조로아스터교의 천사는 아메샤 스펜타(Amesha Spenta)와 야자타(Yazata)라는 두 주요 그룹으로 나뉘며, 각각의 그룹은 고유한 역할과 속성을 가지고 있다.

아메샤 스펜타(Amesha Spenta)

아메샤 스펜타는 '거룩한 불멸자'라는 의미로, 최고신 아후라 마즈다의 주요 조력자들이다. 이들은 세계와 인간을 보호하고, 선을 증진하는 역할을 맡고 있다. 아메샤 스펜타는 일반적으로 여섯 존재로 구성되며, 각각의 존재는 특정한 속성과 역할을 가진다. 여섯 존재는 다음과 같다.

- 바후 마나(Vohu Manah) : '좋은 마음'을 의미하며, 선한 생각과 지혜를 상징한다. 인간이 올바른 길을 따르도록 인도하고, 인간의 도덕적 판단을 돕는다.

- 아샤 바히쉬타(Asha Vahishta) : '최고의 진리'를 의미하며, 진리와 정의를 상징한다. 질서와 조화를 유지하며, 인간이 진리를 추구하도록 격려하는 역할을 한다.

조로아스터교 천사의 부조_
타크에 보스탄
Relief of Angel, Taq-e Bostan

- 크샤트라 바이리아(Khashathra Vairya) : '바람직한 왕국'을 의미하며, 권력과 정의로운 통치를 상징한다. 인간 사회에서 정의로운 통치와 사회적 정의를 증진하는 역할을 한다.

- 스펜타 아르마이티(Spenta Armaiti) : '신성한 헌신'을 의미하며, 헌신과 신앙을 상징한다. 인간이 신에 대한 헌신과 사랑을 유지하도록 돕는다.

- 하우르바타트(Haurvatat) : '완전함'을 의미하며, 건강과 완전성을 상징한다. 인간의 신체적, 정신적 건강에 도움을 주는 역할을 한다.

- 아메르타트(Ameretat) ; 아메르타트는 '불멸'을 의미하며, 불멸과 영생을 상징한다. 인간이 영원한 생명을 얻을 수 있도록 돕는다.

야자타(Yazata)

야자타는 '숭배받을 자'를 의미하며, 아후라 마즈다와 아메샤 스펜타 외에도 숭배받는 신적 존재들이다. 이들은 다양한 자연 현상과 인간의 활동을 주관하는데, 각각의 야자타는 특정한 역할과 속성을 가지고 있으며, 특정 자연 현상이나 도덕적 개념을 상징하기도 한다. 야자타의 역할은 다음과 같다.

- 미트라(Mithra) : 미트라는 계약과 우정을 주관하는 야자타로, 인간 사회에서 신뢰와 정의를 강화한다. 전쟁과 평화에서 중요한 역할을 하는데, 알렉산더 왕의 원정 이후 미트라는 로마에 전해져 고대 로마의 군대에서는 정의와 우정을 중시하는 밀교인 미트라교가 성행하기도 했다.

- 사로쉬(Sraosha) : 사로쉬는 복종과 순종을 상징하는 야자타로, 인간이 신의 명령을 따르고 올바르게 살도록 돕는다. 또한 죽은 자의 영혼을 보호한다.

- 라쉬누(Rashnu) : 라쉬누는 진실과 정의를 주관하는 야자타로, 인간이 진리를 추구하고 정의로운 행동을 하도록 격려한다. 특히 최후의 심판에서 중요한 역할을 한다.

로마 후기 미트라교에 등장하는
타우록토니의 대리석 부조(기원전 2~3세기)
A marble relief of the tauroctony in later Roman Mithraism

- 아나히타(Anahita) : 아나히타는 물과 풍요를 주관하는 야자타로, 인간에게 생명과 풍요로움을 가져다주며, 생명과 건강과 연관되어 있다.

- 티쉬트리아(Tishtrya) : 티쉬트리아는 별과 비를 주관하는 야자타로, 농업과 풍요를 증진한다. 가뭄과 싸우는 역할을 한다.

악마

악마(Devil, 惡魔)

악마는 다양한 문화와 종교에서 등장하는 초자연적 존재로, 일반적으로 악행과 혼란을 일으키는 것으로 묘사된다. 이들은 대개 인간을 유혹하고 타락시키며, 선을 방해한다. 악마는 인간의 능력을 초월하는 힘을 가진 존재로, 신이나 천사와 대립하는 위치에 있다. 악마는 악과 혼란을 상징하며, 인간의 도덕적 타락과 죄를 부추기며, 인간을 유혹하여 올바른 길에서 벗어나게 만들고, 죄를 짓게 한다.

악마 또한 천사처럼 물리적인 존재가 아닌 영적 존재로, 인간의 마음과 영혼에 직접적인 영향을 미치는 악한 존재이다. 이들은 때로는 보이지 않는 형태로 존재하며, 인간의 정신과 감정에 관여한다. 악마는 근본적으로 악의 의도가 있으며, 인간과 세상에 혼란과 파괴를 가져오려는 목적이 있다.

피사 캄포산토의 프레스코화, 날개 달린 악마
데이비드 훔베르 드 수퍼빌
Winged devil, from a fresco in the Camposanto at Pisa
David Humbert de Superville

악마는 매우 교활하고 유혹적인 존재로 표현된다. 인간을 초월하는 강력한 힘을 가지고 있어, 신적인 힘이나 초자연적 능력을 사용하여 인간을 현혹하거나, 인간의 약점을 파고들어 타락시키려 하는데, 기독교 성경 창세기 3장의 사탄이 에덴동산에서 하와를 유혹한 이야기는 악마의 유혹적인 특성을 보여준다.

악마는 다양한 모습으로 변신할 수 있는 능력이 있다고 여겨진다. 이는 인간을 속이기 위해서이며, 때로는 무시무시하고 때로는 아름다운 모습으로 나타나기도 한다. 고대 그리스 신화에서도 악마는 아름다운 인간의 모습으로 변신하여 갖가지 유혹을 시도하는 이야기가 많다.

기독교에서의 악마

기독교에서 악마(Demon, Devil)는 사탄(Satan)과 그의 추종자들로, 하느님에게 대항하는 악한 세력이다. 원래 하느님에 의해 창조된 천사들이었지만, 사탄의 반란에 가담하여 타락하였다. 기독교 성경에서는 악마들의 기원, 역할, 영향 등에 대해 다양한 설명이 묘사되어 있다.

기독교에서는 사탄과 그의 추종자들이 불길한 모습으로 묘사된다. 사탄은 일반적으로 뿔, 꼬리, 뾰족한 날개를 가진 모습으로 그려지며, 지옥의 군주로서 공포스러운 이미지를 가지고 있다. 끔찍하거나 혐오스러운 형태, 날카로운 이빨과 발톱을 가진 괴물 같은 모습으로 그려지기도 한다.

악마는 인간을 유혹하여 죄를 짓게 만들고, 하느님과의 관계를 단절시키려 하는 목적이 있다. 악마는 인간의 마음속에 악한 생각과 욕망을 심어주며, 하느님을 향한 신앙을 약화하려 한다. 특히 사탄은 최후의 심판의 날에 큰 전투를 벌여 세상을 혼란에 빠뜨리려고 한다.

바람_〈존재의 재구성〉전시에 출품된 구 위에 날개를 단 존재_앙카라
Wind_A winged being on a sphere belonging to the exhibition 〈The Reconstruction of being〉 during his period in Cer Modern_Kuzu Effect, Ankara

귀스타브 도레_실낙원의 삽화
Gustave Doré_Illustrations of Paradise Lost

악마의 기원과 타락

: 기독교 전통에 따르면, 모든 악마의 왕인 사탄은 원래 루시퍼(Lucifer)라는 이름의 고귀한 치천사였다. 루시퍼라는 이름은 '빛을 지니는 자'라는 뜻이다. 루시퍼는 교만으로 인해 하느님에게 대항하게 되었고, 하늘에서 추방되었다. 루시퍼와 함께 반란에 가담한 천사들도 함께 타락하여 악마가 되었는데, 이 사건은 이사야서(14:12-15)와 에제키엘(28:12-17)에 암시되어 있다.

이사야 14장 12~14절 : 웬일이냐, 너 새벽 여신의 아들 샛별아, 네가 하늘에서 떨어지다니! 민족들을 짓밟던 네가 찍혀서 땅에 넘어지다니! / 네가 속으로 이런 생각을 하지 아니하였더냐? '내가 하늘에 오르리라. 나의 보좌를 저 높은 하느님의 별들 위에 두고 신들의 회의장이 있는 저 북극산에 자리잡으리라. / 나는 저 구름 꼭대기에 올라가 가장 높으신 분처럼 되리라.'

에제키엘 28장 12~18절 : "너 사람아, 너는 띠로 왕의 죽음을 애도하여 이렇게 읊어라. '주 야훼가 말한다. 너는 슬기가 넘치고 더할 나위 없이 멋이 있어 정밀하게 판 옥새를 받아 가지고 / 하느님의 동산 에덴에 있었다. 홍옥수, 황옥, 백수정, 감람석, 얼룩마노, 백옥, 청옥, 홍옥, 취옥, 온갖 보석들로 단장했었다. 네가 생겨나던 날, 이미 금패물과 보석이 마련되어 있었다. / 나는 빛나는 거룹을 너에게 붙여 보호자로 삼고 하느님의 산에 두어, 불붙은 돌들 사이를 거닐게 하였다. / 너는 생겨나던 날부터 하는 일이 다 완전하였다. 그러나 마침내 너에게서 죄악이 드러났다. / 너는 정신없이 무역을 하다가 남을 억울하게 하는 일을 넘치게 저질렀다. 그리하여 나는 너를 하느님의 산에서 쫓아내었다. 보호자 거룹은 불붙은 돌들 사이에서 너를 사라지게 하였다. / 너는 스스로 잘났다 하여 거만해졌다. 영화를 누리다가 슬기를 쏟아버렸다. 그리하여 나는 너를 세상으로 쫓아내어 세상 왕들의 구경거리로 만들었다. / 네가 목구멍까지 찬 악과 불공평한 무역으로 너의 성소들을 더럽혔으므로 너에게서 나온 불로 너를 삼키게 하리니, 너는 땅 위에 잿더미로 남아 모든 사람의 구경거리가 되리라.

주요 악마들

성경에서 악마들은 천사처럼 많은 구절에서 등장한다. 단, 성경에 의하면 악마의 직접적인 이름이 등장하는 경우는 없으며, 악의 세력은 '사탄(Satan)' 혹은 '악마'로 총칭된다. 기독교의 정식 교리는 아니지만, 악마와 악령을 연구하는 악마학(惡魔學, Demonology)에서는 솔로몬 왕을 봉인한 72악마를 분류하고 있다. 악마학은 중세 시대 〈마녀의 관〉이나 〈마녀 연구〉와 같은 다양한 책에서 등장한 각종 악마를 연구하는 학문으로, 르네상스 시대에 오컬트와 결합하여 유행했으며, 현재까지도 대중적으로 강력한 이미지가 되었다.

- 루시퍼(Lucifer) : 악마 루시퍼는 기독교와 유대교에서의 악마로 '빛을 지니는 자'라는 뜻을 지닌다. 루시퍼는 원래 천사였으며, 하느님의 빛의 아들로 묘사되기도 한다. 그러나 천국을 멸망시키려는 반역적인 행동을 통해 하느님의 은총을 거절하고 지옥으로 추방된 타락 천사다. 유대교와 기독교의 성경에서 루시퍼에 대한 직접적인 언급은 제한적이지만, 이승으로부터 추방된 천사들의 반란이나 루시퍼의 추락 등의 이야기는 다수 언급되어 있다. 이사야서 14:12-15는 루시퍼의 추락에 대한 비유적인 표현이 나타나며, 루시퍼가 하느님의 존엄을 원망하고 반역하는 태도를 보여준다. 루시퍼는 사탄이나 악마들의 수장으로 여겨지며, 지옥에서 죄악과 타락을 지배하는 존재로 묘사된다. 종교적 전통과 문학작품에서 루시퍼는 자유와 의지, 지식 등 인간의 가장 귀중한 가치들을 상징하는 인물로 그려지기도 한다. 이것은 루시퍼가 하느님의 통제를 거부함으로써 자유를 선택하고, 그 결과로 자유의 대가를 치러야 하는 심오한 상징으로 해석하는 시각 때문이다. 루시퍼의 이미지는 17세기 영국의 시인 존 밀턴(John Milton)의 〈실낙원〉과 같은 문학이나 그림, 조각 등 예술에서도 널리 다뤄지며, 소설과 영화, 게임 속에 등장하여 매력적인 캐릭터로 그려지기도 한다.

본델의 루시퍼 트루르스펠 포스터(1910)_리처드 니콜라우스 롤랜드 홀스트
Lucifer Treurspel van Vondel. N.V.Het Tooneel dir; Willem Royaards, Muziek van Hubert Cuypers, Ontwerp Decor en Costumes van R N Roland Richard Nicolaüs Roland Holst

R. Westal R.A. delt. J.P. Simon sculpt.

PARADISE LOST.

B.1.L.315.

Publish'd June 4, 1794, by J. & J. Boydell & G. Nicol Shakspeare Gallery Pall Mall, & Cheapside.

- 벨제붑(Beelzebub) : 벨제붑은 고대 페니키아(Phoenicia)의 신 바알(Baal)의 변형된 이름으로, 바알은 고대 근동에서 광범위하게 숭배되던 신이었다. 벨제붑(바알)은 성경의 열왕기하 1장 2절, 마태복음 12장 24절, 누가복음 11장 15절 등에서 등장하며, 악마의 왕 또는 마귀들의 우두머리로 묘사된다.

바알은 원래 기원전 5000년경의 고대 페니키아의 폭풍의 신으로 대지를 풍요롭게 하는 신이지만, 유일신인 기독교에서 배척되는 이단의 우상숭배로 분류되어 악마의 이미지로 변형된 것으로 보인다. 중세 시대에 벨제붑은 다양한 악마학 서적에서 중요한 인물로 등장한다. 이 시기에는 벨제붑이 지옥의 고위 악마 중 하나로 여겨졌으며, 루시퍼, 벨리알(Belial), 아스타로트(Astaroth) 등과 함께 지옥의 왕국을 지배하는 존재로 묘사된다.

존 밀턴의 〈실낙원〉에서 벨제붑은 지옥의 고위 악마 중 하나로 등장한다. 밀턴의 작품에서 그는 루시퍼의 충실한 부하로서, 천국에 반역하는 타락 천사 중 하나이다. 벨제붑은 지옥의 왕국에서 중요한 역할을 하며, 인간을 유혹하고 타락시키는 데 앞장서는 악마이다. 영화 〈콘스탄틴〉에서는 벨제붑이 강력한 지옥의 악마로 등장해, 파리떼의 형상으로 키아누 리브스와 대립한다. 퀸의 명곡 〈보헤미안 랩소디〉에서는 'Beelzebub has a devil put aside for me(벨제붑이 나를 위해 악마를 심었다)'라는 가사가 등장하여 벨제붑의 이름을 언급한다. 심리학에서는 벨제붑의 악마성을 투영하여 인간의 내면적 갈등과 악한 충동의 상징으로 해석하기도 한다.

사탄과 빌제붑
귀스타브 도레, 실낙원 삽화
Satan and Beelzebub
Gustave Doré_Illustrations of Paradise Lost
the captains of Hell in Paradise Lost by John Milton

- 벨리알(Belial) : 벨리알의 이름은 히브리어로 '가치 없는' 또는 '쓸모없는'을 의미한다. 초기 유대교 문헌에서 벨리알은 특정한 악마라기보다는 악이나 불경하고 타락한 자들을 상징하는 일반적인 용어로 사용되었는데, 이후 더 구체적인 악마적 존재로 발전하게 되었다.

성경에서도 벨리알은 신명기, 사무엘상, 고린도후서 등에서 여러 번 등장한다. 중세 악마학 서적에서 벨리알은 지옥의 왕자로 묘사되는데, 50~80개의 군단을 지휘한다고 전해진다. '악마학 개론'(Pseudomonarchia Daemonum)과 '악마의 열쇠'(The Lesser Key of Solomon) 같은 서적에서는 벨리알을 강력한 능력과 권력을 지닌 고위 악마로, 타락과 부패를 상징한다. 인간을 유혹하여 도덕적 타락과 부패로 이끄는데, 권력과 탐욕, 쾌락을 통해 인간을 타락시키는 능력이 있다. 게임 〈디아블로〉에 등장하여 익숙한 악마이기도 하다.

- 아바돈(Abaddon) : 아바돈은 히브리어의 '파멸' 또는 '파괴'를 의미한다. 초기 유대교 문헌에서 아바돈은 특정한 악마라기보다는 파멸의 장소나 상태를 가리키는 용어로 사용되었는데, 이러한 맥락에서 아바돈은 지옥이나 파멸의 구덩이와 관련이 있다. 구약성경 욥기나 잠언에는 멸망의 장소를 아바돈으로 명칭한다. 아바돈이 구체적인 인물로 등장하기도 하는데, 이때는 '파괴자'를 의미한다. 중세 악마학은 기독교 외에서 숭배되던 고대 신들을 악마로 재해석했다.

중세 악마학 서적에서 다른 악마들처럼 아바돈은 강력한 파괴자이자 지옥의 왕으로 변모한다. 아바돈 또한 지옥의 고위 악마 중 하나로, 지옥에 존재하고 있으며, 최후의 심판이나 종말에 중요한 역할을 한다.

귀스타브 도레_실낙원의 삽화
Gustave Doré_Illustrations of Paradise Lost

- 아스모데우스(Asmodeus) : '분노의 악마'라는 뜻인 페르시아어의 '아에슈마 데바(Aeshma Daeva)'에서 유래하였다. 아에슈마 데바는 조로아스터교에서 중요한 악마적 존재이지만, 이후 유대교와 기독교의 이원론적인 종교 교리로 넘어오면서 아스모데우스라는 이름으로 변형되었다. 중세 악마학 서적에서는 아스모데우스가 지옥의 일곱 왕자 중 하나로 묘사되며, 성욕과 쾌락의 악마로 알려져 있다. '악마학 개론'과 '악마의 열쇠'와 같은 서적에서는 아스모데우스를 강한 악마로 설명하며, 마법적 능력과 유혹의 힘을 강조한다. 아스모데우스는 인간을 유혹하여 성적 타락과 부패로 이끌고, 도박, 술, 춤 등의 쾌락을 통해 인간을 타락시킨다.

악마의 계급

- 일품악마(악마의 마왕, 고관, 대공 등) : 7대 악마(마왕), 판, 릴리트, 몰로크, 바알베리트 등
- 이품악마(장관) : 아스타로트, 네르갈, 아드라말레크 등
- 이품악마(대사) : 벨페고르, 벨리알, 림몬, 타무즈 등
- 이품악마(법관) : 알라스토스 등
- 이품악마(시종부) : 베르들레, 멜콤, 다곤, 샤모스 등
- 삼품악마(유혹) : 코발, 나바스, 앙테크리스트 등
- 삼품 이하의 하급 악마 : 아보림, 켈베로스, 오리아스, 발라파르, 크세즈베트, 우코바흐, 시드라가숨 등

7대 악마와 이름

- 루시퍼(Licifer) : 하느님에 쿠데타를 기도한 치천사의 지휘관
  (명칭 : 빛을 발하는 자)
- 벨제붑(Beelzebub) : 추방당한 이교도의 왕(파리 교단의 창시자)
  (명칭 : 파리의 왕)
- 벨리알(Belial) : 가장 악덕을 사랑한 타락 천사(명칭 : 무가치)
- 아스모데우스(Asmodeus) : 처녀를 범한 호색 마왕(명칭 : 파괴자)
- 마몬(Mammon) : 재능을 살린 지옥의 금광 채굴자(명칭 : 탐욕의 데몬)
- 레비아탄(Leviathan) : 공포스러운 마수의 왕(악어의 형태 악마해군대장)
  (명칭 : 교만의 왕)
- 베헤모스(Behemoth) : 칼도 들어가지 않는 육지의 마수(명칭 : 육지의 마수)

타락 천사 (1847)_알렉산드르 카바넬
Fallen Angel
Alexandre Cabanel

악마의 날개의 모양과 특징

악마의 날개는 사악함과 악마의 유혹적인 성격을 강조하는 데 사용되므로, 검은색이거나 어둡고 축축한 형태로 묘사된다. 부러진 형태로 묘사되기도 하는데, 악마의 타락과 죄악으로 인해 손상된 상태를 나타내며, 영적인 타락과 멸망을 상징하는 모습이다. 그러나 부러진 날개는 악마의 쇠약한 모습과 결함을 강조하기도 한다.

악마의 날개는 가시나 갈퀴와 같은 날카로운 형태로 표현되어 인간에게 상처를 주거나 해를 가하려는 의도를 상징한다. 악마의 날개가 날카롭게 표현되는 것은 그들의 악의적인 본성과 적대적인 태도를 시각적으로 보여주기 위해서이다. 어떤 악마는 박쥐와 흡사한 형태의 날개를 가진 것으로 묘사되는데, 동양의 박쥐가 복(福)을 의미한다면, 서양의 박쥐는 어둠, 죽음, 은밀함, 묘지 등 부정적인 이미지를 연상시키기 때문에 악마의 날개는 일반적으로 박쥐의 날개와 같은 형태로 표현된다. 불꽃이나 화염의 형상, 비늘로 덮인 모습으로 묘사되기도 한다.

귀스타브 도레_실낙원의 삽화
Gustave Doré_Illustrations of Paradise Lost

마라의 악마들_비하르, 인도
The demons of mara. Palm leaf manuscript.
Nalanda, Bihar, India

불교에서의 악마

불교에서 악마(Mara)는 인간의 깨달음을 방해하고, 고통과 욕망을 부추기는 존재이다. 마라는 고타마 싯다르타(Gautama Siddhartha, 부처)의 깨달음을 방해하려고 시도한 존재로, 불교에서는 악마가 인간의 마음속에 존재하는 번뇌와 욕망을 상징한다.

불료의 악마, 마라의 기원과 역할

마라는 인간의 번뇌와 욕망을 상징하는 존재로, 고대 인도 신화와 불교 초기 경전에 뿌리를 두고 있다. 마라는 '죽음의 군주' 또는 '유혹의 군주'로 불리며, 인간이 깨달음을 얻지 못하도록 방해하고, 인간을 번뇌와 고통 속에 머물게 한다. 마라는 다양한 형태로 나타나는데, 단순한 개인적 악마를 넘어서, 인간의 내면과 외부 세계에서 작용하는 모든 장애물을 상징한다. 마라는 생사윤회의 고통과 번뇌를 지속시키는 역할을 하며, 인간이 해탈과 깨달음에 이르지 못하도록 방해한다. 이는 마라가 불교에서 중요한 상징적 존재로 자리 잡게 한 큰 이유이다. 마라는 인간의 내면에서 일어나는 탐욕, 분노, 어리석음 등 삼독(三毒)을 자극하여 깨달음의 길을 막는다.

마라와 부처의 대결

불교에서 가장 유명한 이야기는 마라가 고타마 싯다르타의 깨달음을 방해하려고 시도한 이야기이다. 싯다르타가 보리수 아래에서 명상하며 깨달음을 얻으려 할 때, 마라는 여러 가지 유혹과 공포를 통해 싯타르타를 방해하려 했다. 마라는 자신의 딸들을 보내어 부처를 유혹했으며, 무서운 군대를 동원해 공포와 혼란을 일으키려 했다. 그러나 부처는 흔들리지 않고, 결국 깨달음을 이루어 마라를 물리쳤다.

마라의 의미와 상징성

마라의 본질인 불교의 마(魔)는 번뇌마(煩惱魔), 오온마(五蘊魔), 사마(死魔), 천자마(天子魔)로 분류된다. 천자마는 귀신, 번뇌마는 탐욕, 성냄, 어리석음 등 번뇌를 의미한다. 오온마는 몸과 마음이 합쳐진 오온이 마가 되는 것으로, 자아와 '내 것'이라는 관념을 의미한다. 사마는 죽음에 대한 두려움으로, 죽으면 아무것도 없다는 단견(斷見)을 의미한다.

마라는 불교에서 단순한 악마 이상의 상징적인 의미가 있다. 마라는 인간의 마음속에 존재하는 모든 부정적인 요소들, 즉 욕망, 집착, 분노, 무지 등을 상징하는데, 마라와의 싸움은 곧 자기 내면과의 싸움이며, 이를 극복하는 것이 깨달음의 길로 나아가는 중요한 과정이다.

불교에서의 마라의 모습

불교에서 마라는 주로 인간의 번뇌와 욕망을 상징하는 존재로, 특정한 물리적 형태보다는 상징적 의미가 강조되는 악마이다. 그러나 때로는 공포스러운 모습으로 나타나 깨달음을 방해하려고 시도하는 존재로 표현되기도 한다. 마라는 어두운 색상과 무서운 모습으로 묘사되며, 여러 팔과 다리를 가진 무섭거나 기괴한 모습으로 표현되기도 한다.

고타마 싯타르타의 수행을 방해하는 마라들(19세기)_루빈 미술 박술관

Adam honoured by Angels_Persian miniature

이슬람교에서의 악마

이슬람교에서 악마(Shaytan)는 하느님에게 대적하는 존재로, 인간을 유혹하고 죄를 짓게 만드는 존재이다. 이들은 진(jinn, 정령 등의 영적 존재) 중 일부로, 천사와는 달리 자유 의지가 있으며, 인간과 마찬가지로 선과 악을 선택할 수 있다. 가장 중요한 악마는 이블리스(Iblis)인데, 기독교의 사탄과 유사한 존재이다.

이블리스는 인간의 마음속에 의심과 악한 생각을 심어주며, 인간이 올바른 길에서 벗어나도록 만든다. 이블리스의 주요 목표는 인간을 유혹하여 신의 뜻을 어기게 하고, 인간을 타락시켜 신앙을 잃도록 만드는 것이다.

이블리스의 기원과 타락

이블리스는 원래 신에게 충성하던 진(정령, '램프의 지니'의 원형)이었지만, 진흙으로 만들어진 인간인 '아담'에게 절하라는 하느님의 명령을 거부하면서 타락했다. 그는 자신이 불로 만들어졌기 때문에 진흙으로 만들어진 아담보다 우월하다고 주장했다. 이 교만과 불복종으로 인해 이블리스는 천국에서 쫓겨났고, 하느님으로부터 저주받았다.

이블리스는 하느님에게 천국에서 쫓겨난 후, 인간을 유혹하고 타락시키겠다고 결심한다. 하느님은 이블리스에게 제한된 시간 동안만 인간을 시험할 수 있는 권한을 허락했지만, 최후의 심판 날에는 그의 추종자들과 함께 영원한 불의 형벌을 받게 될 것이라고 경고했다. 이후 이블리스는 악마의 역할을 맡아, 인간에게 죄와 불신앙을 부추기며 하느님과의 관계를 방해하는 존재가 되었다.

다음은 꾸란에서 이블리스가 묘사되는 구절이다.

알-카프(Al-Kahf) 18장 50절 : 그리고 우리가 천사들에게 말했을 때: "너희는 아담에게 엎드려라." 그래서 그들은 이블리스(사탄)를 제외하고는 스스로 엎드렸다. 그는 진 중 하나였으며 주님의 명령에 불순종했다. 그러면 이블리스와 그의 자손이 너희와 원수인데도 너희가 나 대신 보호자와 조력자로 받아들이겠느냐? 잘리무인(다신교도, 악을 행하는 자)과의 교환은 얼마나 악한 일인가.

وَإِذْ قُلْنَا لِلْمَلَٰٓئِكَةِ ٱسْجُدُوا۟ لِءَادَمَ فَسَجَدُوٓا۟ إِلَّآ إِبْلِيسَ كَانَ مِنَ ٱلْجِنِّ فَفَسَقَ عَنْ أَمْرِ رَبِّهِۦٓ ۗ أَفَتَتَّخِذُونَهُۥ وَذُرِّيَّتَهُۥٓ أَوْلِيَآءَ مِن دُونِى وَهُمْ لَكُمْ عَدُوٌّۢ ۚ بِئْسَ لِلظَّٰلِمِينَ بَدَلًا ٥٠

알-하즈르(Al-Hijr) 15장 32절 : 주님께서 물으셨다: "이블리스! 너는 왜 엎드린 자들과 함께하지 않느냐?"라고.

قَالَ يَٰٓإِبْلِيسُ مَا لَكَ أَلَّا تَكُونَ مَعَ ٱلسَّٰجِدِينَ ٣٢

알-하즈르(Al-Hijr) 15장 39절 : 이블리스(사탄)가 말했다. "오 나의 주여! 당신이 나를 잘못 인도했기 때문에 나는 참으로 지상의 인류를 위해 오류의 길을 장식할 것이며, 그들 모두를 잘못 인도할 것입니다.

قَالَ رَبِّ بِمَآ أَغْوَيْتَنِى لَأُزَيِّنَنَّ لَهُمْ فِى ٱلْأَرْضِ وَلَأُغْوِيَنَّهُمْ أَجْمَعِينَ ٣٩

이블리스와 인간

이블리스는 인간에게 끊임없이 죄를 짓도록 유혹하며, 인간의 마음속에 의심과 악한 생각을 심어준다. 이슬람교에서는 인간이 이블리스의 유혹에 저항하고, 신의 명령을 따르는 것이 중요하다고 가르친다. 이슬람에서는 신앙심을 유지하고, 꾸란의 가르침을 따르는 것이 이블리스의 유혹에서 벗어나는 방법이라고 강조한다.

شاهنامه의 한 장면에서 죽임을 당하는 아리만 디브
Ahriman Div being slain during a scene from the Shahnameh

다른 악마들

이슬람교에서는 이블리스 외에도 여러 악마가 존재하는데, 이들은 모두 인간을 타락시키고 하나님의 계획을 방해하는 존재들이다. 이들은 다양한 방법으로 인간을 유혹하며, 악행을 저지르게 만든다. 하지만 무슬림들은 '알라는 언제나 이들보다 강력하며, 신앙심을 가진 자들은 이블리스와 그의 추종자들을 물리칠 수 있다'고 믿는다.

- 샤이틴(Shayatin) : 이블리스의 추종자들로, 인간의 마음속에 악한 생각과 욕망을 심어, 하나님과의 관계를 방해하려고 한다.

- 카리인(Qarin) : 인간에게 배속된 개인적인 악마로, 사람의 나쁜 행동을 부추긴다. 각 인간에게는 하나의 카리인이 할당되어 있어, 사람을 죄로 유도하는 주요 역할을 한다.

- 마리드(Marid) : 강력하고 반항적인 악마로, 주로 바다에서 활동한다.

- 아프리트(Ifrit): 지능적이고 강력한 악마로, 주로 복수를 수행하거나 큰 악을 저지르는 존재로 묘사된다.

이슬람교에서의 이블리스의 모습

이슬람교에서 이블리스는 원래 정령인 진(Jinn)으로, 불로 만들어진 존재이다. 그는 인간과 유사한 형태를 취할 수 있지만, 무시무시한 모습으로 묘사되기도 한다. 이블리스는 인간을 유혹하기 위해 다양한 모습으로 변신할 수 있으며, 불길하고 공포스럽거나 흉측한 존재로 묘사된다.

이블리스를 제외하고 아담에게 경의를 표하는 천사들_알 타바리의 연대기(839-923)_아부 자파르 무함마드 이븐 자리르 알 아바리
Painting from a Herat manuscript of the Persian rendition by Bal'ami of the Annals/Tarikh (universal chronicle) of al-Tabari, depicting angels honoring Adam, except Iblis, who refuses.
Abū Ja'far Muḥammad ibn Jarīr al-Ṭabarī (839–923)
Held at the Topkapi Palace Museum Library.

조로아스터교에서의 악마

조로아스터교에서 악마(Daeva)는 최고의 신 아후라 마즈다의 대적자인 악신 앙그라 마이뉴(Angra Mainyu)의 추종자들로, 세계에 혼돈과 악을 가져오는 존재들이다. 이들은 선과 진리의 수호자인 아후라 마즈다와 그의 창조물에 대항하여 악행을 저지른다.

대바들은 혼돈과 악을 상징하며, 세계에 불화와 혼란을 가져온다. 이들은 인간의 내면에서 악한 속성을 자극하여 죄를 짓게 만든다. 대바들은 아후라 마즈다의 계획을 방해하려 하며, 인간이 올바른 길을 따르지 못하게 유혹한다.

앙그라 마이뉴(Angra Mainyu)

앙그라 마이뉴는 조로아스터교에서 악의적인 신적 존재로, 선과 악의 이원론적 대립에서 악을 대표한다. 조로아스터교는 세계에서 가장 오래된 일신교 중 하나로, 기원전 2천년 경 이란 지역에서 창시된 종교이다. 창시자인 조로아스터(Zoroaster)는 선한 신인 아후라 마즈다(Ahura Mazda)와 악한 신인 앙그라 마이뉴(Angra Mainyu)의 대립을 중심으로 교리를 전파했다. 이 이원론적인 대립은 후에 태동한 일신교인 유대교와 기독교, 이슬람교의 교리에 지대한 영향을 미쳤다.

앙그라 마이뉴는 문자 그대로 '파괴적인 정신'을 의미하며, 세계를 혼란과 부패로 이끄는 힘이다. 조로아스터교 경전인 아베스타(Avesta)에서 앙그라 마이뉴는 악의 화신으로, 아후라 마즈다의 창조 질서를 방해하고, 인간에게 고통과 불행을 가져오는 존재로, 아후라 마즈다와 그의 선한 창조물들을 끊임없이 공격하고 훼손하려 한다.

조로아스터교의 우주론에 따르면, 세계는 선과 악의 끊임없는 투쟁의 장이다. 인간은 자유 의지를 통해 선과 악 중 하나를 선택할 수 있으며, 올바른 선택을 통해 아후라 마즈다의 편에 설 수 있는데, 이 과정에서 선한 사상과 행위는 앙그라 마이뉴의 힘을 약화시키고, 궁극적으로 세상을 정화한다.

아리만(Ahriman)으로도 불리는 앙그라 마이뉴는 후대의 조로아스터교 문헌과 다양한 문화적 영향을 통해 더욱 발전된 개념으로, 앙그라 마이뉴의 악한 속성과 파괴적인 힘은 조로아스터교가 중세 페르시아와 그 이후에 형성된 이슬람 세계에 영향을 미치면서도 지속적으로 강조되었다. 대바들은 앙그라 마이뉴를 추종하는 악의 세력으로, 인간을 유혹하여 악행을 저지르게 하고, 세계에 불화와 혼란을 가져온다.

아후라 마즈다에 대적하는 사자 모습의 앙그라 마이뉴
2010, 페르세폴리스, 이란
Persepolis, Shiraz, Iran
ⓒtripfull

청옥석 원반에 새겨진 날개달린 황소의 부조 조각(기원전 5~4세기)
2010, 레저압바시 박물곤, 테헤란, 이란
Part of Lapis-Lauzli disc_Showing a winged bull in relife
Raza Abbai Museum, Tehran, Iran
©tripfull

조로아스터교의 악마 대바의 역할과 영향

대바들은 인간의 마음속에 악한 생각을 심어주고, 선을 방해한다. 인간이 올바른 길에서 벗어나도록 유혹하며, 아후라 마즈다의 계획을 방해하는 악한 세력이다. 조로아스터교에서는 인간이 대바의 유혹을 물리치고, 아후라 마즈다의 가르침을 따르는 것이 중요하다고 가르치고 있다.

주요 대바들

조로아스터교에서는 여러 대바들이 존재하며, 이들은 각각 특정한 악행을 상징한다. 드루즈(Druj)는 진리를 왜곡하고 인간에게 거짓을 퍼뜨리는 악마이며, 아에쉬마(Aeshma) 사람들에게 분노와 증오를 일으킨다. 자히(Zaehka)는 '더러움' 또는 '부패'를 의미하는 악마로, 육체와 정신을 오염시킨다. 타로마티(Taromaiti)인간에게 오만함과 자만심을 심어주며, 인간이 자신을 과대평가하고, 신과의 관계를 망각하게 만든다. 인드라(Inra)는 사람들에게 폭력적이고 공격적인 성향을 부추기고, 사루(Sauru)는 사회와 개인의 삶에 혼란을 일으키는 악마이다. 이들 모두 질서를 무너뜨리고, 혼돈과 불안을 퍼뜨린다.

조로아스터교의 유일신과 이원론적인 종교론이 유대교, 기독교, 이슬람교 형성에 많은 영향을 미쳤던 것처럼, 주요 대바들의 상징들 또한 기독교 교리에 녹아들어, 교만, 질투, 분노, 나태, 탐욕, 식탐, 색욕인 7대 죄악의 모티브가 된다.

조로아스터교에서의 대바의 모습

조로아스터교에서 대바들은 앙그라 마이뉴의 추종자로, 혼돈과 악을 상징하여 무서운 모습으로 묘사된다. 대개 어두운 색상과 날카로운 이빨, 발톱을 가진 괴물 같은 모습으로 그려진다.

순간, 장막 뒤에서 나온 어린 요정 (1922)_해리 클라크
At this very instant the young fairy came out from behind the hangings_Harry Clarke

요정

요정(Fairy, 妖精)

요정은 동물이나 사물에 인격이 깃들거나 형성된 초자연적인 존재들로, 동화나 판타지 문학에서 자주 묘사되는 종족이다. 요정들은 인간들에게 도움을 주거나 장난을 치는 경우가 많은데, 요정이 자연을 의인화한 속성을 지니고 있기 때문에 자연의 특성을 반영한 모습으로 자주 표현된다.

서양에서 요정(fairy)은 주로 유럽 신화와 민속에서 등장하는 초자연적인 존재들이다. 이들은 주로 작은 크기의 인간형 생명체로 묘사되며, 날개를 가지고 있어 자유롭게 날아다닌다. 요정들은 자연과 밀접한 관련이 있으며, 숲, 강, 호수와 같은 자연환경에 서식한다고 여겨진다. 요정들은 긍정적이거나 부정적인 힘을 가지고 있어서, 인간을 돕고 행운을 가져다주는 긍정적인 요정도 있지만, 부정적인 요정들은 장난을 치거나 해를 끼치기도 한다.

동양에서 요정은 주로 신선(仙)이나 도깨비와 같은 초자연적인 존재들을 가리킨다. 중국 신화와 도교에서는 신선들이 불로장생하며 자연과 조화를 이루며 사는 존재로 묘사되기도 한다.

"You shall not be called Thumbelisa, that is such an ugly name, and you are so pretty. We will call you May"

요정의 역할

중재자로서의 요정

자연의 요소와 현상을 인격화한 요정들은 산, 강, 숲 등 자연환경과 직접적으로 연결되어 있으며, 자연과 인간 세계 사이의 중재자로, 인간의 삶에 직접적인 영향을 준다. 요정은 자연의 아름다움과 동시에 그 위험성을 나타내며, 켈트 신화의 페어리(Faeries)나 그리스 신화의 드리아드(Dryads)와 같이 때로는 보호자로, 때로는 시험에 들게 하는 자로, 때로는 친구로 등장한다.

사회 질서를 위한 요정

여러 문화권에서 요정은 행동 규범을 가르치고, 도덕적 교훈을 전달하는 존재로 등장한다. 요정 이야기는 아이들과 젊은이들에게 책임감을 가르치거나, 선과 악에 대한 구분, 정직, 용기 등의 덕목을 강조하는데, 이러한 이야기들은 문화적 가치와 규범을 전승하는 매개체인 동시에, 개인의 성장과 사회화 과정에도 큰 영향을 미친다. 주인공의 근거리에서 조언을 하거나 도움을 주는 〈피터팬〉의 팅커벨(Tinker Bell), 〈신데렐라〉의 요정 대모(Fairy Godmother), 〈말레피센트(Maleficent)〉의 세 요정들이 여기에 해당한다.

한스 크리스티안 요정 동화 Pl.11 (1915)_듀갈드 스튜어트 워커
Fairy tales from Hans Christian Andersen Pl.11
Dugald Stewart Walker

인간의 내면을 보여주는 요정

요정은 욕망, 두려움, 희망과 같은 인간의 복잡한 감정을 대변하며, 내면의 갈등이나 심리적 고민을 외부로 표출하는 방법을 알려주기도 한다. 꿈과 환상의 영역을 대표하며, 현실을 초월한 경험을 통해 인간의 자아와 정체성을 확립하게 하는 조력자이다. 〈피노키오〉에 나오는 페어리들은 피노키오의 욕망과 두려움을 대신 말해주며 그것을 해결하는 데 도움을 준다. 신체적으로는 어른이 되었지만, 어린이의 심리 상태에 머무르고자 하는 심리적 퇴행 상태인 피터팬 신드롬(Peter Pan syndrome)의 피터팬도 비슷한 맥락이다.

마브, 여자 요정(1918)_말로 윈터
This is Mab, The Mistress Fairy_Milo Winter

문화적 교류의 산물

전 세계적으로 비슷한 특성이 있는 요정들의 이야기는 다양한 문화에서 서로 전파되고 영향을 주고받으며 변형되었다. 요정의 이야기는 각 문화에서 원래의 문화를 수용하고 재해석되기 때문에, 요정의 구전 연구는 고유한 문화적 정체성을 어떻게 유지하고 발전시키는지의 과정을 보여주는 연구 사례 사용되기도 한다.

요정 군대의 동원(1920)_듀갈드 스튜어트 워커
The Mobilization of the Fairy Army_Dugald Stewart Walker

마법에 걸린 요정 나무, 또는 윌리엄 셰익스피어_
리처드 도일의 템페스트에 기반한 판타지
The enchanted fairy tree,
or a fantasy based on The Tempest
by William Shakespeare_Richard Doyle

대표적인 요정들

팅커벨(Tinker Bell)

영국의 작가 제임스 매슈 배리(J.M. Barrie)의 〈피터 팬〉에 등장하는 요정으로, 작은 몸에 반짝이는 날개를 가지고 있으며, 녹색 드레스를 입고 있다. 피터 팬과 함께 네버랜드에 살며 금빛 먼지를 뿌려 사람들을 날게 한다. 성격이 다채롭고 감정이 풍부해 때로는 질투심이 강하지만, 피터 팬에 대한 충성심이 깊다. 디즈니 애니메이션 영화 〈피터 팬〉을 통해 더욱 유명해졌으며, 귀엽고 사랑스러운 모습으로 많은 사랑을 받고 있다. 팅커벨은 꿈과 상상력, 우정과 모험의 상징적인 캐릭터이다.

픽시(Pixie)

영국과 켈트 신화에서 유래한 작은 요정으로, 주로 숲이나 들판에 산다. 이들은 장난기 많고 쾌활한 성격으로 알려져 있는데, 사람들에게 장난을 치거나 길을 잃게 만들기도 한다. 픽시는 날개가 달린 작은 인간형으로 묘사되며, 마법의 힘을 지니고 있다. 이들은 자연과 밀접한 관련이 있으며, 숲과 초원을 보호하는 역할을 한다. 픽시는 동화와 판타지 문학에서 자주 등장하며, 독자들에게 상상력과 모험의 상징으로 인식된다.

페리(Peri)

페르시아 신화와 문학에서 등장하는 요정으로, 아름답고 매력적인 천상의 존재로 묘사된다. 원래는 불멸의 생명을 지녔으나, 선과 악의 경계에서 인간 세계로 추방된 존재들이다. 페리는 날개를 가지고 있으며, 선행을 통해 천국으로 돌아갈 기회를 얻으려고 한다. 이들은 주로 선한 행동으로 인간을 돕는 역할을 하는데, 때로는 인간과 사랑에 빠지기도 한다.

피그위전(Pigwidgeon)

영국 민속 신화에 등장하는 작은 요정으로, 피스키(Pisky)나 픽시(Pixie)와 유사한 존재이다. 장난꾸러기 성격을 지녔으며, 집안 물건을 숨기거나 사람들을 놀리는 것으로 알려져 있다. 날개가 있어 인간 사이를 날아다니며, 인간과 인간 또는 인간과 자연 사이에서 장난스러운 중재자 역할을 한다. 〈해리포터〉 시리즈에서는 론의 부엉이 이름이기도 하다.

페어리(Fairy)

유럽 민속 신화에 등장하는 초자연적인 존재로, 주로 작은 크기의 인간 형태에 날개를 가진 모습으로 묘사된다. 이들은 자연과 밀접한 관련이 있으며, 마법과 장난스러운 성격을 지니고 있는데, 인간에게 도움을 주거나 시험에 들게 하며, 도덕적 교훈을 전달하는 역할도 한다. 가장 일반적으로 떠오르는 요정의 원형이기도 하다.

시실리 메리 바커의 요정들(Flower Fairies)

시슬리 메리 바커(Cicely Mary Barker)의 〈플라워 페어리즈(Flower Fairies)〉라는 책에서 유래한 요정들로, 각각의 특정한 꽃에 연결된 요정들이다. 이들은 꽃의 특성과 계절에 따라 등장하는데, 자연의 아름다움과 마법을 상징한다. 각 꽃에 맞는 성격과 능력을 지니고 있다.

▶
유명한 브라우니의 이야기 책(약 1890-1920년)_팔머 콕스
The famous brownie books
Palmer Cox

브라우니(Brownie)

스코틀랜드와 잉글랜드 민속에서 등장하는 작은 요정으로, 집안일을 도와주거나 가사를 돕는 착한 존재이다. 주로 밤에 활동하며, 인간 가정에 도움을 주지만, 만약 감사의 표시가 부족하면 장난을 치기도 한다. 일부 이야기에서는 날개가 있다고 묘사된다.

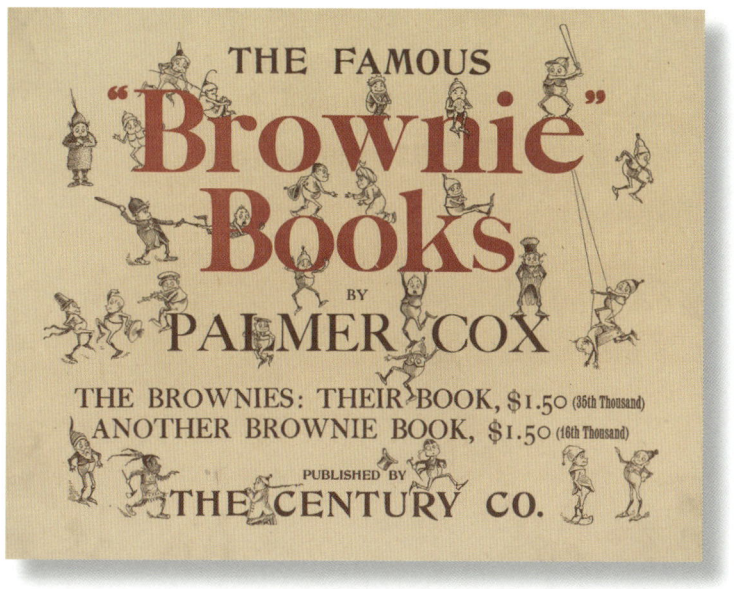

레프리콘(Leprechaun)

아일랜드 민속에서 나오는 작은 요정으로, 금화와 함께 보물을 지키는 장난꾸러기 성격을 지키며, 작은 노인의 모습으로 묘사된다. 무척 신중하며, 자신을 발견한 사람에게 행운을 주거나, 자신만의 비밀을 숨기려는 특성이 있다. 날개의 형태는 없지만, 마법으로 날아다닐 수 있다.

슈가 플럼 페어리(Sugar Plum Fairy)

차이콥스키의 발레 〈호두까기 인형〉에서 등장하는 요정으로, 설탕 자두의 요정이다. 화려한 의상과 마법적인 춤으로 주인공 클라라와 함께 꿈의 세계를 안내하며, 공연에서 상징적이고 환상적인 역할을 맡고 있다.

나이아드(Naiad)

그리스 신화의 물의 요정으로, 주로 샘, 강, 호수와 같은 담수에 산다. 아름다운 여성 형태로 묘사되며, 물의 생명과 정수를 상징하고, 인간과 자연의 조화를 유지하는 역할을 한다. 날개는 없지만 물 위를 날 듯이 이동한다.

스프리건(Spriggan)

영국 콘월과 웨일스 민속에서 나오는 요정으로, 작은 크기에 장난꾸러기 성격을 지니고 있다. 고대 유적지나 돌 더미를 지키며, 탐욕스럽고 악의적인 성향을 가진 경우가 많은데, 강력한 바람을 일으키며 비행한다.

실프(Sylph)

유럽의 민속과 문학에서 등장하는 공기의 요정으로, 주로 바람과 공기 속에서 살아가며, 가볍고 우아하고 투명한 날개를 가진 존재로 묘사된다. 자연의 신비와 공기의 흐름을 상징하며, 공기의 정수를 다루는 능력을 지닌 것으로 알려져 있다.

요정의 춤 (1895)_카를 빌헬름 디펜바흐
The Fairy Dance
Karl Wilhelm Diefenbach

엘프(Elf)

북유럽 신화와 민속에서 유래한 초자연적 존재로, 주로 아름답고 영원한 생명을 지닌 인간형 생명체로 묘사된다. 초기 북유럽 신화에서는 엘프가 자연의 정령으로 숲, 산, 물가 등 자연 속에 거주하며, 인간에게 도움을 주거나 해를 끼칠 수 있는 강력한 존재로 여겨졌다.

엘프는 주로 두 가지 유형으로 나뉜다. 하나는 밝고 선한 존재인 '라이트 엘프'(Light Elves)로, 이들은 아스신들의 나라인 '아스가르드(Asgard)'에서 신들과 함께 지내며 인간 세계에 긍정적인 영향을 미친다. 다른 하나는 어둡고 위험한 '다크 엘프'(Dark Elves)로, 지하 세계에 살며, 인간에게 해를 입힌다.

현대 판타지 문학과 영화에서는 엘프가 고귀하고 지혜로운 존재로 묘사된다. J.R.R. 톨킨의 〈반지의 제왕〉 시리즈에서 엘프는 뛰어난 궁술 실력과 자연과의 깊은 연결, 오래 축적된 지혜를 지닌 종족으로 그려진다. 이들은 아름다움과 불멸성, 숲과의 조화로운 삶을 상징하며, 인간과 다른 종족과의 협력과 갈등 속에서 중요한 역할을 한다. 영화 〈호빗〉에서도 스토리를 구성하는 중요한 종족으로 출현한다.

켈피(Kelpie)

스코틀랜드 전설의 물의 요정으로, 주로 말의 형태를 하고 있다. 물가나 강에서 나타나 사람을 물속으로 끌어들여 익사시키는 위험한 존재로 알려져 있는데, 모양을 변화시킬 수 있다. 물 위를 날 듯이 이동한다.

오베론(Oberon)

셰익스피어의 희곡 〈한여름 밤의 꿈〉에서 등장하는 요정의 왕이다. 그는 요정의 여왕 타이타니아의 남편으로, 숲 속의 요정들을 지배한다. 오베론은 강력한 마법의 능력을 지니고 있으며, 작품에서 인간과 요정 사이의 갈등을 중재하는 중요한 역할을 한다.

〈한여름 밤의 꿈〉에서 오베론은 타이타니아와의 갈등을 해결하기 위해, 요정 퍽을 시켜 마법의 꽃즙을 사용하여 여러 혼란스러운 상황을 만드는 장면이 나온다. 그의 장난스러운 행동은 이야기의 중심 갈등을 일으키지만, 결국 사랑과 조화를 회복시키는 데 기여하는 존재이다.

춤추는_요정(1866)_어거스트 말름스트롬
Dancing_Fairies
August Malmstrom

"Three spirits mad with joy
 Come dashing down on a tall wayside flower."

모르가나(Morgana)

모르가나(Morgana)는 아서왕 전설에서 중요한 역할을 하는 요정이자 마법사이다. 모르간 르 페이(Morgan le Fay)로도 불리며, 강력한 마법 능력을 지닌 인물로 묘사된다. 그녀는 아서왕의 이복자매로, 아서왕과 원탁의 기사들에게 도전과 위협을 가하는 존재로 등장한다. 아서왕의 적으로서 음모를 꾸미며, 그의 왕국을 위협하지만, 일부 이야기에서는 아서왕을 치유하거나 돕는 역할을 하기도 한다. 전설마다 다른 성격으로 등장한다.

퀸 마브(Queen Mab)

켈트 신화와 영국 민속에서 등장하는 요정의 여왕이다. 꿈과 환상의 주관자로, 사람들의 꿈속에 나타나 다양한 환상을 보여준다. 셰익스피어의 〈로미오와 줄리엣〉에서 머큐쇼가 그녀를 언급하면서 유명해졌다.

퀸 마브는 작고 아름다운 요정으로 묘사되며, 구슬, 거미줄, 박쥐 날개 등으로 만든 마차를 타고 다닌다. 꿈을 통해 인간의 욕망과 두려움을 드러내며, 때로는 사람들을 장난스럽게 괴롭히기도 한다. 그녀는 꿈을 조종하고 상상의 세계를 지배하는 능력을 지녔다. 사람들의 꿈속을 날아다니기 위하여 날개가 있는 모습으로 묘사되기도 한다.

기쁨으로 가득차 키 큰 꽃으로 달려오는 세 요정(1920)_워릭 고블
Three spirits mad with joy come dashing down on a tall wayside flower.
Warwick Goble

새

비행은 새들이 자유롭게 공중을 날아다니는 특별한 능력으로, 새의 깃털 구조와 날개 운동, 그리고 공기역학적 원리의 조화로 가능한 행동이다. 인간은 새들을 보며 비행을 꿈꿔왔고, 새들의 날개를 흉내 내어 오랫동안 비행을 시도해다.

깃털은 새의 몸을 덮고 있는 특수화된 구조로, 매우 다양한 형태와 기능이 있다. 깃털은 새의 비행, 보온, 보호, 시각적 표현 등 다양한 생리학적 용도를 위해 발전해온 기관이다. 짐작건대, 인간이 새를 모방하여 비행을 시도한 최초의 행동은 새처럼 양팔을 푸드덕거리는 행위일 것이다. 그다음은 어쩌면 새들의 깃털을 모아 몸에 부착하는 방식이 아니었을까 싶다. 고대인들은 깃털에 특별한 능력이 있다고 믿었다.

인간은 새들을 보며 하늘을 날게 하는 공기의 흐름과 물리 법칙들을 깨우쳐 나갔다. 새의 연구는 비행의 물리법칙을 이용하고 효율적인 소재로 설계된 기술의 집약체인 비행기의 발명으로 이어진다.

새의 비행 원리

새들이 비행하는 원리는 네 가지의 물리적인 힘, 즉 중력, 양력, 추력, 마찰력으로 설명할 수 있다. 이 물리법칙이 조합되어 새들은 공중에서 자유롭게 날아다닐 수 있다.

중력(gravity, 重力)

지구가 끌어당기는 힘으로, 모든 물체는 지구의 중력에 의해 아래로 끌린다. 새들도 마찬가지로 중력의 영향에 놓인다. 하지만 새들은 날개를 통해 중력을 극복하고 비행할 수 있다.

양력(lift, 揚力)

공기나 물체 주변의 유체가 운동하는 물체에 가해지는 힘이다. 새들이 날개를 펼치고 움직이면, 날개의 형태와 운동으로 주변 공기의 압력이 변화하면서 양력이 발생한다. 이 양력은 새가 공중에서 일정한 고도를 유지하고 방향을 조절하는 힘이다.

추력(jet thrust, 推力)

새가 비행하는 동안 발생하는 힘이다. 새들은 날개를 힘껏 펴고 움직이면서 공기를 밀어내는 추력이 발생하는데, 이 추력은 새를 앞으로 밀어주는 힘으로 작용하며, 새들이 공중에서 전진하고 비행 속도를 유지하게 한다.

마찰력(frictional force, 摩擦力)

새의 몸과 공기 간의 마찰로 발생하는 저항력이다. 새들이 공중에서 움직일 때, 몸과 날개 표면은 공기와의 마찰로부터 저항을 받게 되는데, 이 저항은 새의 비행을 방해하지만, 새들은 이를 극복하여 비행할 수 있다.

이러한 기본적인 힘의 원리들이 조합되어 새들은 공중에서 비행할 수 있다. 새들은 날개로 공기를 힘껏 밀어내고, 양력과 추력을 이용하여 공중에서 자유롭게 날아다니는데, 이러한 원리는 새들이 다양한 환경에서 적응하고 생존하는 데 중요한 역할을 한다.

또한, 새의 날개 구조와 날갯짓 방식도 새가 비행하는 데 중요하게 작용한다. 새의 날개는 공기를 효과적으로 이동시키고 추력을 발생시키는 데 최적화되어 있으며, 새들은 다양한 날갯짓을 통해 비행 방향과 속도를 조절한다.

새가 비행하는 원리는 인류에게 영감을 주었으며, 항공 기술과 기계공학의 발전에도 큰 영향을 미쳤다. 인간은 새의 비행 원리를 모방하여 글라이더와 비행기 등의 항공 운송 수단을 개발하였고, 이를 통해 하늘에서의 이동과 탐사를 가능케 했다.

새 날개의 구조

비행은 새들이 자유롭게 공중을 날아다니는 특별한 능력으로, 새의 깃털 구조와 날개 운동, 그리고 공기역학적 원리의 조화로 가능한 행동이다. 비행은 새가 먹이를 찾거나, 서식지를 옮기거나, 경쟁 상대와의 교감을 위해 필수적이며, 이를 위해서 새는 자신의 날개를 효과적으로 조작하여 공중에서 안정적으로 날아다녀야 한다.

새의 날개는 복합적인 구조로 되어 있다. 대부분 곡선 형태인 날개는 새가 비행 중에 공기의 흐름을 효율적으로 제어할 수 있도록 도와주고, 공기를 상대적으로 더 빨리 통과시켜 유체 역학적인 효율을 높여 새가 더 멀리 비행할 수 있게 해준다.

새는 다양한 형태와 크기의 날개를 가지고 있으며, 종에 따라 다양하게 진화했다. 일반적으로 새의 날개는 긴 비행 깃털과 강력한 비행 근육으로 구성되어 있는데, 비행 깃털은 공기의 흐름을 조절하여 부력을 생성하고, 비행 근육은 날개를 움직여 비행을 제어한다.

새가 날개를 펴고 접어서 공중에서 움직이는 날개 운동은 새의 비행 속도와 방향을 제어하기 위해서이다. 새가 비행할 때, 날개는 위아래로 움직이면서 부력을 생성한다. 비행 중의 새는 날개의 움직임과 쓰는 근육을 조정하고, 날개를 펴고 공중을 나는 데 사용되는 상승 운동과 날개를 접고 내려오는 데 사용되는 하강 운동을 적절하게 사용하여 비행한다.

깃털의 비밀

새가 비행 중에 사용하는 주요 깃털은 비행 깃털과 꼬리 깃털이다. 비행 깃털은 주로 날개에 있는 깃털로, 공기의 흐름을 조절하여 부력을 생성하고, 비행 근육의 움직임과 조합되어 새의 비행 운동량을 증가시킨다. 꼬리 깃털은 비행 중에 방향을 조절한다.

깃털의 종류

- 제1 비행 깃털(Primary feathers) : 주로 날개의 외곽에 위치하며, 비행 중에 공기의 흐름을 제어하여 부력을 생성하고 비행을 도와준다.
- 제2 비행 깃털(Secondary feathers) : 비행 깃털의 바로 안쪽에 위치하며, 주로 부력을 생성한다.
- 꼬리 깃털(Tail feathers) : 꼬리에 위치하며, 비행 중에 방향을 조절하는 데 사용된다.

깃털의 구조

- 깃축(Shaft) : 깃털의 중앙 부분으로 강한 호흡과 혈액 공급을 위한 특별한 혈관이 포함되어 있다. 깃축은 깃털의 강도와 유연성을 결정한다.
- 깃가지(Barbs) : 깃축을 따라 나란히 배열된 가장 작은 깃털 부분으로, 주로 공기의 흐름을 제어하는 데 사용된다.

- 잔깃가지(Cross barbs) : 깃가지 사이에 있는 작은 가지로, 깃털의 강도를 높이고 형태를 유지한다.
- 작은갈고리(Hooklets) : 잔깃가지 사이에 서로 묶여있는 구조로, 깃털이 특별한 방식으로 엮이며, 부력을 생성하는 데 도움을 준다.
- 깃판(Vane) : 깃가지와 깃가지 사이에 서로 묶여있는 깃털의 외부 구조로, 부력을 생성하고 방향을 제어하는 데 사용된다.

깃털의 기능

- 비행 : 비행 깃털은 새가 공중에서 부력을 생성하고 비행을 제어하는 데 중요한 역할을 한다. 깃털의 구조와 배치는 새의 비행 능력과 성능에 큰 영향을 미친다.
- 보온 : 깃털은 새의 체온과도 관련이 있다. 깃털은 공기를 가둬 따뜻함을 유지하고, 추위로부터 보호한다.
- 보호 : 외부 충격으로부터 몸을 보호하고, 물에 젖지 않도록 한다.
- 시각적 표현 : 일부 새들은 깃털을 세우거나 부풀려 동료나 더 큰 위협에 대처한다. 구애 행동에 특정 깃털을 보여주거나, 깃털을 변형시키거나, 깃털을 선물하기도 한다. 동료나 가족 새에게 깃털을 펴고 늘어뜨리거나 수축시켜서 자신의 크기나 상태를 보여주는 등의 방법으로 소통하기도 한다.

날개로 구분하는 새의 종류

날개 길이와 모양으로 분류

- 긴 날개를 가진 새 : 백조(Swan), 독수리(Bald Eagle), 갈매기(Seagull) 등
- 짧고 둥근 날개를 가진 새 : 비둘기(Pigeon), 산새(Chickadee), 집참새(House Sparrow) 등

날개의 특징으로 분류

- 날개 끝에 돋쳐 나온 부분이 있는 새 : 부엉이(Owl) 등
- 날개가 완전히 둥글거나 평평한 새 : 타조(Ostrich), 펭귄(Penguin) 등
- 날개에 돋을이나 구멍이 있는 새 : 제비(Swift), 참새(Swallow) 등

비행 방식으로 분류

- 천천히 스며들 듯 비행하며 먹이를 찾는 새 : 매(Hawk), 독수리(Bald Eagle), 오리(Owl) 등
- 급격한 비행을 하는 새 : 제비(Swift), 제비(Albatross), 매(Merlin) 등

생태학적 특성으로 분류

- 수면에 서식하는 새 : 갈매기(Seagull), 해오라기(Tern), 펠리컨(Pelican) 등
- 숲에서 살아가는 새 : 참새(Swallow), 참새(Robin), 왜가리(Heron) 등

신과 인간을 잇는 새

새의 문화적 의미

새는 인간과 자연을 연결하는 상징적 존재로 여겨진다. 새의 비행 능력은 하늘과 땅을 넘나든다고 인식되어, 새가 영적 세계와 인간 세계를 연결하는 매개체로 믿어져 왔다. 새는 죽은 자와도 연관이 많다. 죽은 자의 영혼이 새에 의해서 하늘로 올라간다고 믿는 문화적 현상은 매우 흔하며, 많은 문화권에서 깃털로 장식한 사면이 죽은 자의 영혼과 만나는 문화 현상 또한 흔하다.

매의 머리인 호루스(Horus)

이집트 신화에서 호루스는 하늘과 태양의 신으로, 매의 모습을 하고 있거나 매의 머리를 지닌 형상으로 표현된다. 매는 하늘을 날아 하늘과 지상의 세계를 연결하는 신성을 가지고 있다고 여겨진다. 호루스의 눈은 태양과 달을 상징하며, 파라오의 권위를 강화하는 상징으로도 사용된다.

야타가라스(やたがらす)

일본 신화에서 야타가라스는 세 개의 다리를 가진 신성한 까마귀로, 태양신 아마테라스의 메신저이다. 야타가라스는 인간에게 신의 뜻을 전달하고 올바른 길을 안내하는 역할을 한다. 일본 고대 문헌에 따르면, 야타가라스는 진무 동정 때 진무 천황(神武天皇)에게 보내져 야마토국(大和国)으로 길잡이를 한 까마귀다. 야타가라스는 일본축구협회(JFA)의 엠블럼이기도 하며, 인기 애니메이션 〈유희왕〉에도 등장한다.

아테나(Athena)의 올빼미

올빼미는 야행성으로 어두운 곳에서도 사냥하는 능력 때문에 지혜와 진리를 상징한다. 아테나의 올빼미는 그리스 신화에서 지혜와 지식의 상징이다. 아테나는 지혜, 전쟁, 예술의 여신으로, 그녀의 상징인 올빼미는 고요한 밤에 모든 것을 꿰뚫어 보는 능력을 가졌다. 아테나의 올빼미는 명석한 통찰력과 지혜를 나타내며, 고대 그리스에서 아테나의 수호 도시인 아테네의 상징이기도 하여 아테나의 신전에는 올빼미 장식이 자주 등장한다.

올빼미는 또한 아테네의 동전에도 새겨져 있는데, 도시의 지적 능력과 현명한 통치를 상징한다. 고대 그리스 사람들은 올빼미를 아테나의 신성한 동물로 여기며, 학문과 지식의 수호자로 존경했다.

야타가라스(안다쓰 긴코, "진무 천황의 동방 원정")의 인솔을 받는 진무 천황(1891)_긴코 아다치
Emperor Jimmu being led by the Yatagarasu (Andatsu Ginkō, "Emperor Jinmu's Eastern Expedition")
Ginko Adachi

오딘의 까마귀

북유럽 신화에서 오딘 신은 두 마리의 까마귀, 후긴과 무닌을 통해 세상의 정보를 얻는다. 후긴(Hugin)은 생각을, 무닌(Munin)은 기억을 상징하는데, 이 까마귀들은 매일 세상을 여행하고 오딘에게 보고한다. 까마귀는 신의 지혜와 통찰력을 대변하는 메신저이자, 지혜와 예언의 상징으로, 미국 드라마 〈왕자의 게임〉에서 까마귀를 통해 정찰하는 '워그(Wargs)'와도 이어지는 개념이다. 브랜(Bran)이 세눈박이 까마귀인 이유는 세상의 모든 것을 알고 있는 지혜와 지식이 있는 캐릭터로 설정되었기 때문이다.

새에 의한 장례 의식, 조장(鳥葬)

조장은 시신을 독수리나 까마귀 같은 새들이 뜯어 먹게 하는 장례 방식으로, 조로아스터교와 티베트 불교 문화에서 있었던 장례 풍습이다. 조로아스터교에서는 사람이 죽으면 조장을 위한 특정 장소에 시신을 놓아둔 후, 일정 시간이 지나면 새들이 살점을 뜯어먹어 남겨진 부위들을 모아 다시 장례를 치른다. 조로아스터교의 잔재가 아직 많이 남아 있는 이란 야즈드(Yazd)의 침묵의 탑(Dakhma)에서는 불과 50여 년 전까지도 조장 문화가 남아 있던 곳이다. 조장을 하는 이유는 새가 죽은 자의 육신을 뜯어먹음으로써 새에 의하여 영혼이 하늘로 인도된다고 믿었기 때문이다.

아메리카 원주민의 독수리

아메리카 원주민 문화에서 독수리는 하늘과 인간 세계를 연결하는 신성한 존재이자, 높은 하늘을 비행하며 영적인 깨달음과 자유를 상징하기도 한다. 독수리의 깃털은 의식에서 중요한 역할을 하며, 영적 보호와 축복을 기원하기 때문에, 전사들은 독수리의 깃털을 꽂은 깃털모자를 쓰고 전투에 참여했다.

1970년대까지 조장(鳥葬)이 이루어졌던 이란의 조장터 다크마(Dakhma)
2019, Dakhma, Yazd, Iran
ⓒtripfull

케찰(Quetzal) 새

케찰은 중앙아메리카에 서식하는 비단날개새과의 조류로, 녹색의 광택이 나는 깃털로 온몸이 덮여 있고, 몸길이보다 더 긴 꼬리깃을 가지고 있는 새이다. 마야 문명에서는 케찰의 꼬리깃으로 장식된 화려한 모자를 의례나 축제에 사용했다. 고대 마야 문화에서 케찰은 고귀함과 신성함을 상징하는 새로, 마야의 신화와 전설에서 중요한 역할을 하며, 신성한 메신저로 생각되었다. 마야, 아즈텍 등에서 숭배받는 뱀 신 케찰코아틀('깃털 달린 뱀'이라는 뜻)에 이 새의 이미지가 차용되었다.

봉황

동아시아 신화에서 봉황은 평화와 번영을 상징하는 신성한 새이다. 봉황은 황후나 왕비의 상징으로, 천상과 지상의 질서를 연결하는 존재로 여겨져, 남성적인 용과 짝을 이루어 조화를 이루며, 음양의 조화를 상징하기도 한다. 봉황은 또한 신성함의 상징으로, 중국에서는 통치를 잘 하게 될 황제가 새로 즉위를 하면 봉황이 나타나 머리 위를 맴돌았다고 한다.

무궁화와 함께 대한민국의 대통령을 상징하며 자유, 평화, 번영의 의미를 담고 있다.

◀중앙아메리카의 새 케찰
▼마야, 아즈텍의 신 케찰코아틀

상징으로서의 새

새는 자유와 영혼, 변화를 상징하며, 하늘을 날아다니는 능력 때문에 신과 인간을 연결하는 매개체로 여겨진다. 많은 문화에서 새는 영혼의 안내자나 메신저를 의미한다.

- 새의 비행과 하늘 :

하늘은 많은 문화권에서 공통적으로 신성하게 여겨지는 영역이다. 하늘은 신들이 거주하는 장소이므로, 세의 비행 능력은 자연스럽게 하늘과 연결되어 하늘 또는 신과 인간을 이어주는 매개체로 인식되었다. 이런 문화적 현상은 세계 전역에서 나타난다.

- 영혼과 영적 상징 :

새는 영혼과 관련이 있으며, 새의 자유로운 비행은 영혼의 자유를 상징한다. 영혼은 새에 의해서 하늘로 갈 수 있다고 믿었고, 죽은 자가 새로 부활한다는 믿음도 많다. 이러한 믿음은 장례 의식과 묘비 장식에 반영되기도 한다.

- 메신저로서의 새 :

새는 신의 의지를 전달하거나 신의 메시지를 인간에게 전하는 역할을 한다. 오딘은 두 마리의 까마귀를 통해 세상의 정보를 얻는다. 기독교의 비둘기는 성령의 상징으로, 예수의 세례 장면에서 하늘로부터 내려오는 성령의 형태로 나타난다.

- 재생과 변형의 상징:

재생과 변형의 상징은 나비와 같이 날개 달린 곤충에서 더 두드러지지만, 피닉스처럼 재생과 변형을 상징하는 경우도 있다. 피닉스는 불사조로 불리며, 불타오른 후 재탄생하는 신화적 존재로, 영원한 생명과 재생을 상징한다.

- 종교적 의례와 신성한 상징:

새의 상징은 새 전체가 아니라 몸체의 일부인 깃털에 투영되기도 한다. 북아메리카나 툰드라의 샤먼들은 새의 깃털을 머리나 옷에 장식하여 의식을 치르는데, 이때 샤먼들은 새가 되어 신의 뜻을 전하거나, 죽은 자와 산 자를 이어준다.

- 자연과의 조화 :

새의 생태는 인간 생활과도 밀접하게 연관된다. 새의 이동과 울음소리는 인간이 계절을 인식하는 표식이 되기도 한다. 제비는 봄이 왔음과 함께 농사가 시작되어야 함을 알린다. 철새의 이동은 계절이 바뀌는 것을 의미하여 계절이 바뀜을 인식하게 하는 이정표가 된다.

- 문학과 예술에서의 상징 :

많은 시인과 작가, 예술가들은 새를 통해 자유, 영혼, 영감을 표현한다. 영국 시인 윌리엄 블레이크나 한국의 시인 박남수는 새의 자유로움을 담아 시를 썼고, 조선시대의 화가 홍세섭은 새, 털이 있는 동물들을 그린 '영모화(翎毛畵)'를 주로 그렸다. 소설가이자 시인인 이상은 자신의 상황을 초월하고픈 염원을 담아 소설 〈날개〉를 썼다.

곤충

낫발이, 좀, 톡토기 목의 무시아강(apterygota, 無翅亞綱)을 제외하고, 유시아강(pterygota, 有翅亞綱)의 모든 곤충은 날개를 가지고 있다. 이 단어에서 '시(翅)'는 날개를 뜻하며, 날개의 유무는 곤충을 분류하는 1차 기준이 된다.

비행은 곤충이 생존과 번식할 수 있게 하는 핵심적인 활동 중 하나로, 곤충의 날개는 비행을 가능하게 하는 중요 기관이다. 곤충은 공중에서 움직이고 다양한 장소로 이동하며, 비행 이동을 통해 먹이와 짝짓기 상대를 찾는다. 안전한 서식지와 알을 낳을 수 있는 최적의 장소로 이동하고, 포식자의 위험으로부터 피할 수 있게 하는 중요한 기관이다.

슐쳐 박사의 곤충의 짧은 역사, Pl. 22 (1776)_요한 하인리히 슐쳐
Dr. Sulzer's Short History of Insects, Pl. 22
Johann Heinrich Sulzer

곤충의 비행 원리

곤충의 기본적으로 공기의 흐름을 이용하여 비행한다. 날개를 이용하여 공기를 밀어내고, 이에 따른 반작용으로 공기를 끌어당겨 부력을 생성한다. 이러한 물리적 힘은 뉴턴의 작용-반작용 법칙에 기반하며, 비행을 가능하게 하는 핵심 원리 중 하나이다.

곤충을 날개를 부드럽게 움직여 비행을 시작한다. 비행 근육이 축축하게 수축하면 날개를 위아래로 움직일 수 있게 되고, 이 과정에서 공기를 밀어내는데, 이때 공기는 날개 주변으로 밀려 나가면서 공기 압력이 낮아지고, 곤충은 상승하는 힘을 받게 된다.

비행 동작은 주로 날개의 움직임에 의해 조절된다. 곤충은 날개의 각도와 속도를 조절하여 비행 방향을 조절하고, 높이를 유지하며, 속도를 조절한다. 날개의 각도를 변화시키면 공기의 흐름도 변하므로, 이를 통해 상승, 하강, 좌우로 이동할 수 있다.

비행 중의 곤충은 공기의 저항을 이기기 위해 애를 써야 한다. 날개의 형태와 크기는 이 저항을 최소화하고 효율적인 비행을 가능하게 하며, 날개의 움직임은 곤충이 비행 속도와 방향을 조절하도록 진화했다. 날개의 움직임은 곤충의 생태학적 특성과 생활 습관 따라 달라진다.

비행은 곤충에게 매우 에너지 소모가 많은 활동이기 때문에, 곤충은 비행 시에 효율적으로 에너지를 사용하기 위해 최적화된 날개를 가지고 있다. 날개의 형태와 구조는 곤충이 비행 속도와 거리를 최대화하면서도 최소한의 에너지를 사용할 수 있도록 진화하였다.

곤충 날개의 구조

곤충의 날개는 형태와 구조가 매우 다양하다. 일반적으로, 곤충의 날개는 가늘고 투명한 막으로 이루어져 있으며, 강력한 근육과 연골로 지지되어 있다. 이러한 구조는 공기의 압력과 유속을 통제하여 비행을 가능케 한다.

날개 구조

- 막 : 곤충의 날개는 주로 막으로 구성되어 있다. 이 막은 투명하거나 변형되어 딱딱하기도 하며, 곤충의 가슴 구조에 연결되어 있다. 막은 곤충이 공중에서 움직일 때 공기의 압력을 생성하고 부력을 유지하는 데 중요한 역할을 한다.

- 시맥과 연골 : 날개 내부에는 주요한 시맥과 연골이 있다. 이들은 날개를 강하게 지지하여 곤충이 비행 중에도 안정적으로 날개를 조절할 수 있도록 도와준다. 시맥의 형태에 따라 곤충을 분류하기도 한다.

- 앞면 : 날개의 앞면은 일반적으로 부드럽고 평평하며, 공기 흐름을 유도하고 비행 중에 공기 저항을 최소화한다.

- 뒷면 : 날개의 뒷면은 복잡한 구조로 되어 있다. 이 구조는 날개가 공기를 빠르게 통과하면서 부력을 생성하고 에너지를 최대한 효율적으로 사용할 수 있도록 한다.

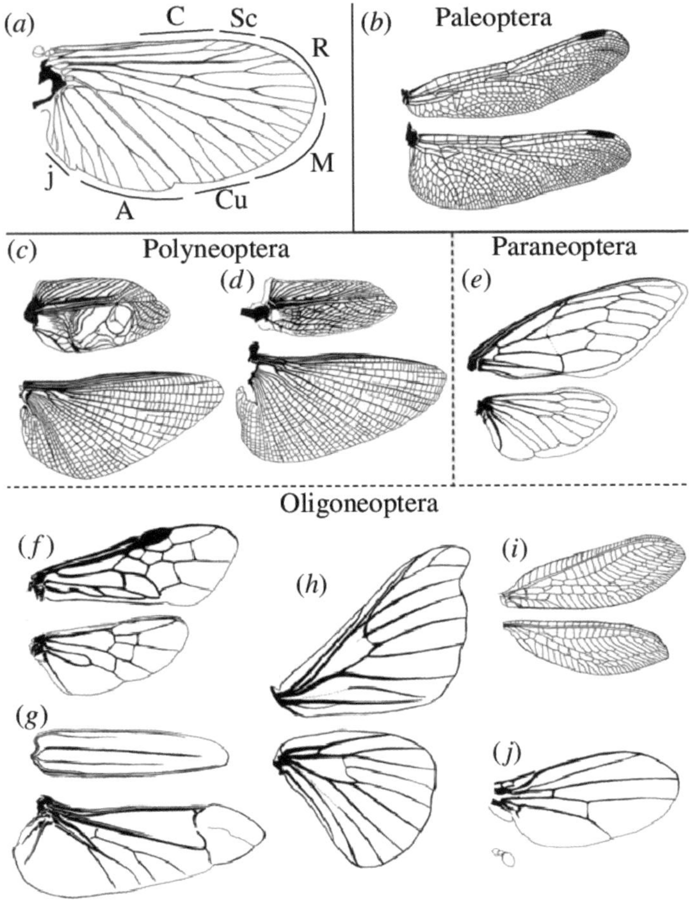

날개달린 곤충의 시맥 패턴 (유시아강)
(a) 날개 달린 곤충이 공유하는 기본 시맥 체계의 모식도
(b) 깃동잠자리 (잠자리목)
(c) 쌍별귀뚜라미 (메뚜기목) 수컷과 (d) 암컷
(e) 말매미 (매미목)
(f) 무잎벌 (벌목)
(g) 하늘소 (따정벌레목)
(h) 누에나방 (나비목)
(i) 어리줄풀잠자리 (풀잠자리목)
(j) 초파리 (파리목)

출처 : Osamu Shimmi, Shinya Matsuda 〈Insights into the molecular mechanisms underlying diversified wing venation among insects〉 The Royal Society

날개 근육

- 비행 근육 : 곤충의 날개는 몸체의 강력한 비행 근육에 의해 움직인다. 이 근육은 곤충의 가슴 부분에 있으며, 날개의 움직임을 조절하여 비행을 가능케 한다. 비행 근육은 곤충이 비행 속도와 방향을 조절하는 데 중요한 기관이다.

- 기타 근육 : 날개 주변에는 다양한 보조 근육이 있는데, 이 근육은 날개의 각도와 형태를 조절하며, 곤충이 비행 중에도 날개를 효과적으로 제어할 수 있게 해준다.

날개의 다양성

곤충의 날개는 종에 따라 형태와 크기가 매우 다양하다. 예를 들어, 파리류와 모기류는 작고 투명한 날개를 가지고 있으며, 빠른 속도와 민첩한 비행을 가능하게 한다. 반면에, 잠자리류와 같은 일부 곤충은 단단하고 두꺼운 날개를 가지고 있어서 상대적으로 느리지만 강력한 비행을 할 수 있다.

날개의 색깔과 무늬도 다양하게 나타난다. 이러한 다양성은 곤충의 생태학적 역할과 생존 전략에 영향을 미치며, 종 간의 구별과 상호작용에도 중요한 역할을 한다.

곤충 날개의 기능

비행

날개의 가장 기본적인 기능은 비행으로 곤충이 공중에서 이동할 수 있게 해준다. 모든 곤충이 날개를 가진 것은 아니지만, 날개 달린 곤충은 비행을 통해 먹이를 찾고, 포식자로부터 도망가며, 짝을 찾는다. 날개의 구조와 모양은 곤충의 비행 방식에 큰 영향을 미치는데, 나비는 넓고 평평한 날개를 사용하여 느리게 비행하며, 파리는 짧고 강력한 날개를 사용하여 빠르고 민첩하게 비행한다.

온도 조절

날개는 곤충의 체온 조절에도 중요한 역할을 한다. 일부 곤충은 날개를 사용하여 태양열을 흡수하여 체온을 높이며, 날개를 펼쳐서 몸의 열을 방출하기도 한다. 이러한 기능은 낮은 온도에서 활동하는 곤충에게 중요하다. 나비는 아침에 날개를 펼쳐 태양열을 흡수하여 몸을 따뜻하게 한다. 사회적 곤충인 벌은 벌집의 온도가 올라가면 그룹을 만들어 날갯짓으로 벌집을 식힌다.

의사소통

날개는 의사소통 수단으로도 사용된다. 곤충은 날개의 색상, 모양, 움직임 등을 통해 서로 신호를 보내기도 한다. 일부 나비는 짝을 찾기 위해 화려한 날개 패턴을 사용하며, 메뚜기는 날개를 비벼 소리를 내어 다른 개체와 소통한다. 또 다른 일부 곤충은 날개를 사용하여 포식자를 교란하거나 경고 신호를 보내기도 한다.

보호 및 위장

곤충의 날개는 보호와 위장에도 도움이 된다. 날개의 색상과 패턴은 곤충이 주변 환경에 잘 녹아들도록 보호색을 띠기도 한다. 일부 나비와 나방은 날개 자체에 나뭇잎이나 나무껍질과 유사한 색상과 패턴을 가지고 있어 포식자로부터 눈에 띄지 않게 한다. 또한, 어떤 곤충은 날개를 갑옷처럼 사용하여 물리적 손상이나 공격으로부터 몸을 보호한다. 날개의 패턴을 천적의 형태로 진화시켜 포식자로부터 피하도록 하는 곤충도 있다.

진화적 적응

곤충의 날개는 진화적 적응의 산물이다. 다양한 환경에서 생존하기 위해 곤충의 날개는 여러 가지 형태로 진화해 왔다. 물속에서 생활하는 곤충류의 날개는 수영에 적합하게 변형되었고, 건조한 환경에서는 날개가 비늘로 덮여 수분 손실을 방지하도록 진화하였다. 이러한 진화적 적응은 곤충이 다양한 서식지에서 성공적으로 살아남을 수 있게 한다.

생식

날개는 일부 곤충의 생식 과정에도 중요한 역할을 하는데, 수컷 잠자리와 같은 곤충은 날개를 사용하여 짝을 유인하고, 구애 행동을 한다. 이러한 구애 행동은 날개의 움직임과 색상 패턴을 통해 이루어지며, 날개의 움직임과 모양은 짝을 선택하는 데 중요한 역할을 한다.

이동과 확산

날개는 이동성 곤충이 넓은 지역을 이동하고 영역을 확장하는 데 필수적이다. 곤충은 이동을 통해 새로운 서식지를 탐색하고, 먹이를 찾으며, 활동 영역을 넓혀 유전적 다양성을 유지할 수 있다. 메뚜기 떼는 날개를 사용하여 장거리 이동을 하여 새로운 지역으로 이동하기도 하는데, 이러한 이동은 생태계에서 중요한 역할을 하며, 곤충의 생존과 번영과도 관련되어 있다.

사회적 구조의 유지

일부 사회적 곤충, 특히 벌과 개미와 같은 종에서는 날개가 사회적 구조를 유지하는 데 중요한 역할을 한다. 여왕벌과 일벌은 각 개체의 역할에 따라 날개의 크기와 형태가 다르다. 여왕벌은 날개를 사용하여 새로운 둥지를 찾고, 일벌은 날개를 사용하여 꽃가루를 모으고 둥지를 방어하도록 진화한 결과이다.

날개로 구분하는 곤충의 종류

날개의 수와 배치에 대한 분류

- 단순 날개 : 일부 원시적인 곤충들은 한 쌍의 날개를 가지고 있다.
- 쌍 날개 : 대부분 곤충은 두 쌍의 날개를 가지고 있으며, 앞날개(전형태, forewings)와 뒷날개(후형태, hindwings)로 나뉜다.

날개의 구조에 의한 분류

- 막질 날개(Membranous Wings) : 얇고 투명한 막으로 이루어져 있으며, 뒷날개가 크게 발달한 곤충에서 흔히 볼 수 있다. 잠자리, 벌 등이 해당한다.
- 가죽질 날개(Leather-like Wings) : 두껍고 질긴 날개로, 앞날개가 몸체를 보호하는 기능을 한다. 메뚜기 등이 그 예이다.
- 딱지날개(Elytra) : 딱정벌레류의 앞날개로, 딱딱한 보호막 역할을 한다.
- 겹날개(Tegmina) : 바퀴벌레와 같은 곤충의 앞날개로, 가죽질이지만 딱지날개보다는 덜 딱딱한 날개이다.
- 비늘 날개(Scale-covered Wings) : 나비와 나방에서 볼 수 있으며, 비늘로 덮여 있어 다양한 색깔과 무늬를 만든다.

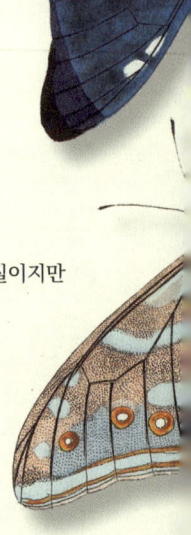

파필리오 아도니스(1789-1813)_조지 쇼
Papilio Adonis_George Shaw

날개의 기능에 의한 분류

- 비행 날개 : 주된 비행을 담당하는 날개로, 일반적으로 뒷날개가 이러한 역할을 한다.
- 보호 날개 : 비행 날개를 보호하기 위한 날개로, 딱지날개와 같은 형태이다.
- 소리 생성 날개 : 귀뚜라미나 매미와 같은 일부 곤충은 날개를 이용해 소리를 만들어 의사소통하거나 포식자에게 경고한다.
- 징검다리 날개 : 한 쌍의 날개가 다른 쌍의 날개와 함께 작동하여 비행의 균형을 잡아주는 역할을 한다. 파리의 소각기관이 그 예이다.

특별한 날개 형태

- 반딧불이 날개 : 반딧불이의 딱지날개는 비행에 사용되지 않고, 뒷날개가 주요 비행 날개로 사용된다.
- 노린재 날개 : 앞날개의 앞쪽은 딱지질이고, 끝부분은 막질로 구성되어 있다.

진화적 측면

고대의 원시적인 곤충들은 한 쌍의 날개를 가지고 있거나, 날개의 구조가 단순했다. 현재 곤충의 날개는 다양한 서식 환경에 적응하면서 날개의 구조와 기능이 다양하게 진화하였다.

황금으로 만든 틀에 색유리와 보석을 정교하게 박아넣은 보석 스카라베
투탕카멘 묘에서 발굴

신과 인간을 잇는 곤충

곤충도 날개를 가지고 있으므로, 새처럼 인간과 신을 연결한다는 개념이 여러 문화권에서 나타난다. 비행을 한다는 특성 이외에도 곤충은 독특한 생태적 특징과 행동 양식으로 인해 더욱 신비롭고 신성한 것으로 여겨지기도 한다.

이집트의 스카라베(Scarab)

스카라베(Scarab) 또는 케프리(Khepri)라고 불리는 이집트의 쇠똥구리 장식은 이집트 문화에서 매우 중요한 상징적 의미가 있다. 스카라베는 재생과 부활을 상징하며, 이집트 신화에서 태양신 라(Ra)와 깊이 연관되어 있다. 고대 이집트인들은 쇠똥구리가 배설물 공을 밀고 가는 모습이 하늘을 가로지르는 태양과 연관이 있다고 생각했다. 스카라베는 영적인 변형과 부활의 상징으로 여겨졌고, 이집트의 장례 의식에서도 사후 심판의 죄를 막아주는 부적으로 여겨져 피라미드와 미라의 부장품으로 많이 발굴된다.

영생을 기원하는 중국의 매미

중국 문화에서 매미는 고귀한 곤충으로, 불멸과 재생의 상징이다. 애벌레 상태에서 오랜 기간 땅속에 머물다가, 성충이 되어 땅 위로 나와 울음소리를 내는 매미의 일생은 재생과 변화, 영생을 상징하는 중요한 비유적 상징이어서, 중국 사람들은 죽은자의 입 속에 매미 모양의 보석을 넣어 영원한 삶을 기원하기도 했다. 또한, 매미의 울음소리는 영적인 깨달음과 자연의 소리에 대한 경외심을 상징하기도 한다.

죽은 자의 영혼, 나비

아메리카 원주민의 문화의 중요한 한 축은 자연 속에 존재하는 모든 것들에 영혼이 깃들어 있다는 믿음이다. 곤충 역시 영적인 존재로 여겨졌다. 특히, 나비의 애벌레가 고치를 만들어 성충으로 변태하는 완전 변태의 과정은 영적인 성장과 변화를 상징하는 훌륭한 비유였다. 나비의 이러한 변태의 상징은 많은 문화권에서 나타난다.

죽은자의 영혼이 나비의 형태로 이승을 떠난다고 믿는 문화권도 많은데, 나비가 아름다운 형태로 천천히 공중으로 비행하는 모습에 이승을 떠나가는 영혼을 투영한 것이다. 마야인들은 나비를 영혼과 연결된 존재로 여겼으며, 죽은 이의 영혼이 나비로 변하여 천상으로 날아간다고 믿었다. 이러한 믿음은 마야의 예술과 문학에서 자주 나타났으며, 나비의 이미지는 종교적 상징으로 널리 사용되었다.

영혼의 신성한 빛, 반딧불

일본 문화에서 반딧불이(ホタル, 호타루)는 선조의 영혼이나 신성한 존재와 연관이 있다고 믿는 곤충이다. 그래서 조상들의 영혼을 기리는 제례 행사인 오봉(お盆)은 양력 8월 15일로 반딧불과 연관이 있다고 생각한다. 반딧불은 전쟁에서 죽은 병사들의 영혼으로 여겨졌다. 일본에서 반딧불은 죽음과 재생, 영혼의 순환을 나타내는 상징하며, 도쿄에서는 매년 7월경 반딧불 축제인 '호타루 마츠리'가 열리기도 한다.

독일 곤충학 시대지 1권(1901)_드레스덴의 이시스 학회
Deutsche entomologische Zeitschrift pl 1
Gesellschaft Isis in Dresden

아프리카의 벌

아프리카의 다양한 문화에서도 곤충은 영적이고 신성한 의미를 지닌다. 일부 아프리카 부족에서 벌은 신성한 존재로 여겨지는데, 꿀벌의 사회 구조와 생태적 역할이 인간 사회와 영적인 세계의 연결고리로 이어져 있다고 믿었다. 꿀벌은 공동체의 협력과 조화로운 삶을 상징하며, 벌꿀은 신성한 음식으로 여겨져 의식과 제사에서 중요한 역할을 했다.

깨달음을 상징하는 나방

인도 문화에서는 곤충, 특히 나방이 영적인 상징으로 자주 등장한다. 나방은 빛을 향해 날아가는 습성 때문에 영혼이 진리와 깨달음을 향해 나아가는 것으로 비유된다. 힌두교와 불교에서는 나방이 윤회의 상징으로 여겨지며, 나방의 완전변태 과정은 영적인 성장과 변화를 상징한다.

여신이 된 나비

'프시케(Psyche)'는 그리스어로 '나비'라는 뜻으로 영혼을 의미하는 단어로 사용되었다. 그리스 신화의 프시케는 매우 황홀하게 아름다워서 미의 여신 아프로디테가 질투하여 시련에 빠뜨린 인물이다. 프시케는 정신병을 뜻하는 영어단어 'psychosis'의 어원이 되기도 한다.

호숫가에 나비와 함께 있는 프시케(1870-80년경)_빌헬름 크레이
Psyche mit Schmetterling am Seeufer_Wilhelm Kray

화려한 날다람쥐, 프테로미스 니티두스. (1830-1834)_존 에드워드 그레이
Brilliant Flying Squirrel, Pteromys nitidus_John Edward Gray

그밖의 날개 달린 동물

날다람쥐(flying squirrel)

날다람쥐는 주로 북미와 아시아의 숲에 서식하는 작고 민첩한 포유류로, 주로 나무에서 생활하며 뛰어난 비행 능력을 지니고 있다. 이들은 몸통과 앞다리 사이에 있는 얇은 막인 '비행막'(patagium)을 이용해 비행한다. 이 막은 나무의 가지 사이를 날아다닐 수 있게 해주며, 공중에서 방향을 바꾸거나 멈추는 데 도움을 준다. 날다람쥐는 주로 10~30미터 정도의 거리를 비행할 수 있으며, 두 나무 사이를 점프할 때 비막과 체중을 이용해 비행을 조절한다. 이러한 비행 능력은 포식자로부터의 회피, 먹이 찾기, 서식지 탐색에 유리하게 진화된 신체 구조 때문이다.

날다람쥐는 자유, 민첩함, 적응력을 상징한다. 특히, 날다람쥐는 자신의 환경에 빠르게 적응하는 능력 덕분에 변화에 대한 긍정적인 태도를 상징하기도 한다. 날다람쥐의 비행과 점프는 개인의 삶에서의 도전과 극복, 그리고 새로운 가능성의 탐색을 상징하기도 하며, 기회와 모험을 추구하는 인간의 본능과 연결시키기도 한다. 날다람쥐의 형태를 모방하여 하늘을 하는 윙수트(wingsuit)도 개발되었다.

박쥐(bat)

박쥐는 초식성 및 육식성의 포유류로, 주로 밤에 활동하는 유일한 비행 포유류이다. 박쥐는 길고 유연한 날개를 가지고 있으며, 날개는 피부막으로 이루어진 '비막'(patagium)으로 구성되어 있다. 박쥐의 날개는 앞다리의 긴 손가락과 함께 연결되어 있어 비행할 때 큰 면적을 만들어낸다. 박쥐는 고속으로 날아다니며, 공기 역학적 구조 덕분에 빠르게 방향을 전환하고 유연한 비행이 가능하다. 비행 시 이들은 소리의 반향을 이용한 에코로케이션(echolocation)을 사용하여 주변 환경을 탐색하고 먹이를 찾는다. 이 기관으로 어두운 공간에서도 효과적으로 비행하고 이동할 수 있다.

흔한 박쥐인 피리박쥐의 연구_아치볼드 토르번
Study of a common pipistrelle bat_Archibald Thorburn

박쥐는 어두운 곳에서 활동적이므로, 일반적으로 어둠, 신비, 변화를 상징하며, 두려움과 부정적인 이미지와 연결되기도 한다. 하지만, 중국에서 박쥐는 행운과 행복의 상징이다. 중국어의 '박쥐(蝙蝠, biān fú)'는 '행운(福, fú)'과 발음이 유사해, 부유와 행복을 가져다주는 존재로 인식된다. 중국에서 박쥐는 전통적으로 부를 상징하여, 여러 개의 박쥐 그림이나 조각이 복을 기원하는 장식으로 사용된다. 특히, 다섯 마리의 박쥐가 함께 있는 이미지는 다섯 가지 복(부, 재물, 장수, 사랑, 평안)을 상징한다.

날치 (1910년경)_허버트 제임스 드레이퍼
Flying Fish_Herbert James Draper

날치(flying fish)

날치는 생김새와 비행 능력으로 독특한 특징을 가진 물고기다. 몸체는 25~36cm로 긴 형태를 띠고 있으며, 등지느러미와 배지느러미가 발달해 날개처럼 펼 수 있어 수면에서 뛰어오를 때 공중으로 일정거리만큼 날아갈 수 있다. 날치는 빠른 속도로 수면을 가로질러 수직으로 뛰어오르며, 이때 물의 저항을 이겨내고 비행하는 모습은 매우 인상적이다. 이들은 주로 짝짓기나 포식자를 피하기 위해 비행 능력을 활용한다.

날치는 독특한 생김새와 습성으로 인해 예술과 문학에서 영감을 주는 존재로 많이 등장하며, 인간의 꿈과 희망을 표현하는 상징적인 존재로 여겨지기도 한다.

구름속의 용(1684)_조우슌
Dragon in Cloud_Zhou Xun

날개 달린 상상의 동물

　　상상의 동물은 인간이 오랜 세월 동안 만들어 낸 창의성과 상상력의 결과물로, 신화, 전설, 예술 작품 등에서 등장하여 다양한 문화적 의미와 상징성을 갖고 있다. 특히 날개의 모티브는 상상의 동물에 더 많은 영향을 주었다. 인간은 갖고 있지 않은 날개를 영적이나 초월적 존재들에 날개를 이식하는 과정은 이 존재들을 더 신비롭고 위엄있게 하는 장치가 되었다.

　　날개달린 상상의 동물들은 인류의 문화와 상상력 속에서 중요한 위치를 차지해왔다. 이들은 신화와 전설, 문학과 예술에서 다양한 모습으로 나타나며, 인간의 꿈과 욕망, 두려움과 희망을 상징한다. 날개는 이러한 상상의 동물들에게 비상과 자유, 초자연적인 힘을 부여하는 중요한 요소로 작용한다. 날개를 통해 이들은 하늘을 날아다니며, 인간의 상상력을 자극하고 영감을 준다.

　　페가수스와 같이 고대 문명에서 날개달린 동물들은 신과의 연결고리로 여겨졌다. 중세 유럽에서는 그리핀, 용, 피닉스와 같은 날개달린 동물들이 전설과 문학에서 중요한 역할을 했다. 동양에서도 용이나 봉황과 같이 날개달린 동물들은 중요한 신화적 의미를 지닌다. 이들은 날개를 통해 인간과 신의 세계를 오가며, 자연과 신성한 힘을 상징한다. 현대 문화에서도 날개달린 상상의 동물들은 여전히 중요한 역할을 한다. 판타지 문학과 영화에서는 이 동물들은 모험과 신비, 초자연적인 힘을 상징하며 인간의 상상력을 자극한다.

용(龍, Dragon)

용은 전 세계적으로 가장 유명한 날개를 가진 상상 속의 동물 중 하나이다. 용은 불을 뿜거나 하늘을 나는 모습으로 묘사되며, 중국 신화, 유럽 신화 등 다양한 문화에 등장하여 힘과 권력을 상징한다. 엄밀하게 말하면 서양의 드래곤과 동양의 용은 다르지만, 하늘을 날 수 있다는 것은 같다.

서양의 용인 드래곤(Dragon)은 악과 파괴의 상징으로 여겨진다. 유럽의 신화와 전설에서 드래곤은 거대한 파충류 형태로, 날개가 달려 있으며 불을 뿜는 능력을 가지고 있다. 드래곤은 기사나 영웅이 물리쳐야 할 악의 존재로, 성경에서도 사탄이나 악마의 모습으로 나타나는데, 특히 요한의 묵시록에서는 세상의 종말과 관련된 악의 화신으로 묘사된다. 영화〈호빗: 스마우그의 폐허〉에서처럼 드래곤은 물욕이 많아 보물을 지키는 모습으로 묘사되기도 하지만, 대개는 인간에게 재앙을 가져오는 존재로서, 공포와 두려움의 대상으로 그려진다.

정복한 용과 함께 도시로 돌아온 성 조지와 침묵의 공[주] 2(1590)_마에르텐 드 보스
Saint George and the Princess of Silence Retu[rning] to the City with the Vanquished Dragon 2 (159[0])
Maerten De Vos

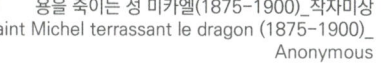

용을 죽이는 성 미카엘(1875-1900)_작자미상
Saint Michel terrassant le dragon (1875-1900)_
Anonymous

반면, 동양의 용은 공포스러운 존재가 아닌 신성한 존재이다. 한국, 중국, 일본, 베트남 등 동아시아 문화에서 용은 하늘과 물을 다스리는 신성한 존재로, 비와 풍요를 가져다준다. 동양의 용은 날개가 없지만, 하늘을 날 수 있으며, 뱀과 유사한 긴 몸에 사슴의 뿔, 물고기의 비늘, 독수리의 발톱을 가진 복합적인 모습을 지니고 있다. 용은 지혜롭고 자비로운 존재로, 인간에게 번영과 행운을 가져다주는 신성한 존재이며, 황제나 왕의 권위와 신성함을 상징한다.

페가수스를 탄 벨레로폰(1893)_월터 크레인
Bellerophon on Pegasus_Walter Crane

페가수스를 타고
키메라를 죽이는
벨레로폰
(서기 2-3세기)_
로마 모자이크
Bellerophon
riding Pegasus
and killing the
Chimera_Roman
mosaic

페가수스(Pegasus)

그리스 신화에 등장하는 페가수스는 말의 몸에 날개를 가진 상상 속의 동물로, 예술과 문학에서 자주 등장한다. 페가수스는 그리스의 영웅 페르세우스(Perseus)가 메두사(Medusa)의 목을 베었을 때 그 피에서 태어났다. 페가수스라는 이름도 '샘'을 의미하는 그리스어에서 유래한다. 페가수스는 하늘과 땅, 바다를 자유롭게 넘나드는 존재로 묘사된다.

페가수스는 많은 영웅의 모험에서 중요한 역할을 한다. 아테나 여신의 도움을 받아 페가수스를 길들인 벨레로폰(Bellerophon)은 페가수스를 타고 하늘을 날아 리키아의 괴물 키마이라(chimaera)를 무찌르는 데 성공한다. 페가수스는 오늘날까지도 사람들에게 큰 영감을 주는 신화적 존재로, 문학과 예술, 게임과 TV 프로그램, 영화에 등장하며, 여러 기업과 브랜드 로고에도 사용되고 있다.

그리핀(1475년경)_
마르틴 숀가우어
The Griffin_Martin Schongauer

그리핀(Griffin)

그리핀은 독수리의 머리와 날개, 사자의 몸을 가진 상상 속의 동물로, 커다란 날개와 날카로운 발톱을 가지고 있는 모습으로 묘사된다. 그리핀은 주로 고대 중동과 그리스 신화에서 그 기원을 찾을 수 있다. 그리핀의 독수리 부분은 하늘의 왕, 날아오르는 힘과 넓은 시야를 상징하며, 사자의 몸은 지상의 왕, 강력한 힘과 용맹함을 상징한다. 이 두 상징이 결합한 그리핀은 하늘과 땅을 모두 지배하는 존재임을 말해준다.

그리핀은 고대 신화와 전설에서 흔히 등장한다. 중세 유럽에서는 그리핀이 용맹함과 신앙심의 상징으로 여겨졌고, 교회나 건축물에 조각상과 회화로 장식되어 악으로부터 성스러운 공간을 지키는 수호자 역할을 했다. 왕족과 귀족의 문장에 자주 등장하여 고귀함과 힘을 상징하기도 한다.

뤼디거와 안젤리카 (1842)_
요한 피터 크라프트
Rüdiger und Angelica_Johann Peter Krafft

히포그리프(Hippogriff)

앞부분은 독수리의 머리와 날개, 나머지는 말의 몸을 가지고 있는 상상의 동물이다. 히포그리프는 이탈리아 시인 루도비코 아리오스토(Ludovico Ariosto)의 서사시 〈광란의 오를란도(Orlando Furioso)〉에 처음 등장하는데, 이 작품에서 히포그리프는 기사 아스톨포(Astolfo)가 달로 여행할 때 타고 다니는 생물로 묘사된다.

히포그리프는 중세와 르네상스 문학에서 속도와 모험의 상징으로 자주 등장하는 상징적 존재이다. 말의 기동성과 독수리의 강인한 이미지가 혼합된 모습은 매우 빠르고 강력함을 의미하며, 히포그리프를 길들여 타는 기사는 용맹함과 용기를 과시할 수 있다. J.K. 롤링의 해리포터 시리즈 중 〈해리 포터와 아즈카반의 죄수〉에서는 '벅빅(Buckbeak)'이라는 이름으로 등장한다.

기린(麒麟, Qilin)

중국 신화에 나오는 기린은 용의 머리, 사슴의 뿔, 물고기의 비늘, 소의 꼬리, 말의 발굽을 가진 상상의 동물이다. 길이는 5~6m에 달하며, 전신이 오색의 비늘로 덮여 있다.

기린은 매우 상서로운 존재로 여겨지며, 덕이 높은 군주나 성인이 태어날 때 기린이 나타난다고 전해진다. 공자가 태어났을 때도 기린이 나타났다고 한다. 기린은 덕과 평화, 번영, 신성한 힘과 보호를 상징하기도 한다.

기린은 매우 평화로운 생물로, 초식성이며 다른 생명을 해치지 않지만, 위협을 받으면 강력한 힘으로 자신을 방어한다. 또한 기린은 악령을 물리치고, 화재를 막으며, 전염병을 예방하는 능력이 있다고 믿어져, 많은 건축물과 예술 작품에서 보호와 길상의 상징으로 사용되었다. 일본의 맥주 브랜드 '기린'은 이 기린을 뜻한다.

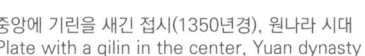

중앙에 기린을 새긴 접시(1350년경), 원나라 시대
Plate with a qilin in the center, Yuan dynasty

안주(Anzu)

메소포타미아 신화에서 등장하는 안주는 사자의 머리와 독수리의 날개를 가진 거대한 새로, 수메르, 아카드, 아시리아, 바빌로니아 문명에서 중요한 역할을 한다. 이름 또한 '하늘의 새'를 의미한다. 에리두(Eridu)의 신전에서 태어난 안주는 신성한 힘과 권력을 상징하는데, 메소포타미아의 여러 신화에서 중요한 역할로 등장한다.

안주는 '루갈반다(Lugalbanda)와 안주의 서사시'에서는 영웅 루갈반다가 안주의 둥지에서 그를 돌보다가, 안주의 신뢰를 얻어 안주에게 힘과 지혜를 얻는 이야기가 나온다. '안주와 니누르타(Ninurta)의 전투' 이야기에서는 신들의 왕 엔릴(Enlil)의 신성한 표식을 되찾기 위해 파견된 전쟁의 신 니누르타와 안주의 이야기가 등장한다. 니누르타는 안주를 물리치고 우주의 질서를 유지하는 신성한 표식을 찾아 우주의 질서를 회복한다.

안주는 또한 자연의 힘과 폭풍, 바람을 상징하기도 한다. 날갯짓으로 강력한 폭풍을 일으키는 안주는 자연의 강력한 힘을 관장한다고 여겨진다. 이러한 상징은 메소포타미아 문명에서 자연 현상이 신성한 존재와 연관 지어졌음을 알려주는 대목이다. 안주는 메소포타미아 예술과 문학에서 자주 등장하며, 고대 신전과 궁전의 벽화, 부조, 조각에서도 안주의 장식이 사용되었다.

피닉스의 묘사(1806)_프리드리히 저스틴 베르투흐
A depiction of a phoenix_Friedrich Justin Bertuch

피닉스(Phoenix)

고대 그리스와 로마신화에서 비롯된 신화적 동물로, 불사와 재생의 상징으로 잘 알려져 있다. 피닉스는 자신의 생명을 다하면 불타올라 재로 변하고, 그 재 속에서 새로운 피닉스가 태어나는 주기를 반복한다. 이 신비로운 생명주기로 인해 피닉스는 영원한 생명, 재생, 부활을 상징한다.

피닉스는 고대 이집트 신화에서부터 시작된다. 이집트에서 피닉스는 '베누(Bennu)'라는 이름으로 불렸으며, 창조와 재생을 상징한다. 베누는 태양신 라(Ra)의 상징이기도 했으며, 주기적으로 범람하는 나일강은 베누의 부활과 연관 지어지기도 했다. 그리스 신화의 피닉스는 이집트의 베누 신화를 받아들여 변형시킨 것으로 보인다.

피닉스는 대개 독수리나 공작과 비슷한 크기에, 황금빛 깃털과 밝은 붉은색 깃털을 가진 매우 아름답고 빛나는 존재로 묘사된다. 보통 500년에서 1,000년의 수명을 가지고 있으며, 수명이 다하면 불타올라 자신의 재 속에서 다시 태어난다. 이런 이유로 피닉스는 많은 종교와 철학에서 영원한 생명, 영혼의 불멸, 새로운 시작 등을 의미하는 상징으로 사용되었다. 피닉스는 불의 정화 능력과도 관련이 있다.

피닉스는 고대부터 현대까지 다양한 문학 작품과 예술 작품에서 자주 등장한다. 고대 그리스의 시인 헤시오도스(Hesiodos)와 헤로도토스(Herodotos)는 작품에서 피닉스를 언급하며 신비로운 특성을 묘사했고, 로마 시인 오비디우스도 〈변신 이야기(Metamorphoses)〉에서 불사의 재생의 상징으로 피닉스를 묘사한다. 〈해리포터〉 시리즈에도 피닉스가 등장하여 해리에게 도움을 준다.

코카트리스(Cockatrice)

영국과 프랑스 민담에 등장하는 코카트리스는 수탉의 머리에 두 다리를 가진 용, 뱀과 같은 생물의 형상을 한 상상의 동물로, 닭이 부화시킨 두꺼비나 뱀의 알에서 만들어진다. 메두사와 같이 코카트리스는 바라보기만 해도 돌로 변화시키는 석화 능력을 가지고 있어, 공포와 두려움의 상징으로 여러 이야기와 설화 속에 등장한다. 코카트리스는 생김새가 바실리스크와 비슷하여 때때로 혼재하여 사용되기도 한다.

셰익스피어는 〈로미오와 줄리엣〉에서 "Hath Romeo slain himself? Say thou but 'Ay,' And that bare vowel 'I' shall poison more than the death-darting eye of cockatrice.(로미오는 스스로 목숨을 끊었나? '아'라고만 말해라. 그러면 그 맨 모음 'I'가 코카트리스의 죽음을 노리는 눈보다 더 독이 될 것이다.)라고 표현하며 코카트리스를 언급했다.

하피(Harpy)

그리스 신화에서 나오는 하피는 여성의 상체와 독수리 하체를 가진 상상 속의 동물로, 허기짐으로 창백한 얼굴과 긴 발톱을 가진 모습으로 묘사된다. 하피는 원래 바람의 정령이었다. 바람은 때로 파괴적이기 때문에 하피의 이름은 '약탈자' 혹은 '날카로움'을 의미하기도 한다. 갑자기 땅에서 사람이 사라지면 하피가 데려간 것이라고 그리스와 로마인들은 생각했다.

하피에 관한 가장 유명한 이야기는 제우스(Zeus)와 피네우스(Phineus) 왕의 에피소드이다. 피네우스는 제우스로부터 예언을 할 수 있는 능력을 부여받았는데, 신의 비밀을 누설해버렸고, 화가 난 제우스가 벌을 주기 위해 피네우스의 눈을 멀게 하고 섬에 가두는 형벌을 내린다. 섬에는 음식이 가득

했지만, 피네우스가 음식을 먹으려 할 때마다 하피들이 음식을 훔쳐 갔기 때문에 피네우스는 항상 배가 굶주리는 형벌을 받게 된다.

단테의 신곡에도 하피들이 등장한다. 지옥편 13장에서는 자살자들은 일곱 번째 지옥에서 하피들로 들끓는 숲에서 고문받는다고 묘사했다.

귀스타브 도레_실낙원의 삽화
Gustave Doré_Illustrations of Paradise Lost

가루다(19세기)_ 이다 마데 틀라가
Garuda_Ida Made Tlaga

가루다(Garuda)

힌두교와 베다 신화에서 등장하는 가루다는 독수리와 인간의 혼합된 모습을 가진 상상의 동물이다. 가루다는 힌두의 유지신 비슈누가 타고 다니는 신조이며 새들의 왕으로, 완전한 새 형상으로 묘사되기도 하고, 날개를 가진 인간의 모습으로 묘사되기도 한다. 날개를 펼치면 너무 커서 태양을 가릴 수 있다고 한다.

가루다는 비슈누(Vishnu)와 연결되는 새이다. 비슈누는 힌두교의 중요한 세 명의 신중 하나로, 다양한 아바타로 현신하여 악을 파괴하며, 힌두 철학의 주요 법칙인 다르마(Darma)를 보존하는 신이다. 이 신성한 신을 보좌하는 가루다는 신화 속에서 매우 큰 힘을 지닌 신적인 존재이다. 가루다는 비슈누를 태우고 하늘을 날아다니며, 신속하게 이동할 수 있다. 그는 신들이 명령한 신성한 임무를 수행하며, 비슈누의 보호자 역할을 한다. 가루다는 또한 힌두 신화에서 독과 악의 상징인 나가(뱀)의 천적으로, 나가를 물리치고 비슈누를 보호하는 역할을 하기 때문에, 힘과 용기의 상징으로 여겨진다.

가루다는 인도를 비롯하여 힌두 문화의 영향을 받은 인도네시아, 동남아시아 일대에서도 숭배받는다. 인도네시아의 국장은 가루다의 엠블럼을 사용하고, 인도네시아의 항공사 이름과 상징도 가루다이다. 인도군의 경비여단 연대 휘장 역시 가루다를 채택하였다.

불경의 가루라(迦樓羅) 또는 가류라(迦留羅)라는 음역 된 가루다는 시조(金翅鳥)·묘시조(妙翅鳥) 등으로 의역되며, 황금빛의 날개 길이가 무려 336만 리로 묘사된다. 밀교에서는 범천(梵天)·대자재천(大自在天)이 중생을 구하고자 가루다로 화신한다고 한다.

후이칠로포치틀리(Huitzilopochtli)

벌새나 독수리의 이미지로 묘사되는 후이칠로포치틀리는 아즈텍의 태양신이나 전쟁의 신으로, 후이칠로포치틀리라는 이름은 '벌새'를 뜻하는 '후리칠린'과 관련이 있다. 아즈텍에서는 전쟁에서 죽은 전사가 벌새로 환생한다고 믿었다.

후이칠로포치틀리는 벌새 또는 벌새 깃털로 만든 갑옷과 투구를 쓴 전사의 모습으로 묘사된다. 온몸과 얼굴 반의 아래쪽은 파란색, 나머지 얼굴 반의 위쪽은 검은색으로 칠했고, 정교한 깃털 장식을 썼으며, 둥근 방패와 청록색 뱀을 휘두르는 모습으로 나타난다.

아즈텍에는 인신 공양 문화가 있었다. 세상을 지탱하는 태양신은 매일 인간의 피와 심장을 원동력으로 움직이기 때문에, 아즈텍인들은 전쟁 노예나 이민족을 제물로 바쳐 후이칠로포치틀리에게 바쳤다. 문화인류학자는 아즈텍과 마야 문명에서의 인신공양은 부족민들에게 부족한 단백질을 채우기 위한 문화적 장치이며, 이 반인륜적인 장치를 작동하기 위해서, 신화의 구조를 차용한다고 설명한다. 실제로 인신공양이 있던 문화에는 식인 풍습의 흔적이 발견되기도 한다.

장식된 희생 포로들(1922)_윌리엄 히클링 프레스코트
Prisoners for sacrifice were decorated_William Hickling Prescott

라마수(Lamassu)

기원전 8세기경부터 숭배되던 아시리아(Assyria)의 보호 신인 라마수는 인간의 수염이 난 머리와 황소 또는 사자의 몸을 가진 날개 달린 생물로 묘사된다. 라마수는 고대 메소포타미아의 별자리에서 유래된 것으로 추정되는데, 수메르, 아시리아, 메소포타미아 영향권에 있는 고대 중근동 문화에서 숭배되던 상상의 동물이다.

라마수의 원형은 수메르 신화의 여신 라마였으나, 아시리아 시기에 사람의 머리와 동물의 몸을 한 신수의 모습으로 변형되었고, 이후 앞다리에 날개가 달린 황소 또는 인간의 얼굴과 동물의 몸이 혼합된 형태로 고착되었다. 라마수는 보호의 신으로 민간에서 숭배했으나, 점점 영향력에 세져, 왕궁을 장식하는 부조로도 채택되었다. 아시리아와 메소포타이마의 영역이었던 이라크의 님루드(Nimrud)나 두르 샤루킨(Dur Sharrukin)의 고대 도시 왕궁과 유적지에는 아직도 예술적으로 깎아낸 라마수의 부조가 남아 있다.

라마수의 이미지는 또한 메소포타미아 문학과 종교 텍스트에서 중요한 역할을 한다. 하늘과 땅 사이의 중재자로서, 신성한 질서를 유지하는 라마수는 인간과 신의 세계를 연결하는 존재로, 그들의 신성한 힘은 신들로부터 직접 부여받은 것으로 여겨졌다. 라마수는 신성한 존재와 인간의 세계를 잇는 다리 역할을 했으며, 이를 통해 신성한 보호와 축복을 전달했다.

라마수는 아시리아와 바빌로니아 문화뿐만 아니라, 주변의 다른 고대 문명에도 영향을 미쳤다. 이들의 상징성과 이미지는 페르시아와 그리스에서도 발견되며, 다양한 문화에서 비슷한 혼합형 동물들이 신성한 보호자로 등장한다.

이란 페르세폴리스 입구의 라마수
(기원전 518년 경)
2010, Persepolis, Shiraz, Iran
ⓒtripfull

시무르그(Simurgh)

페르시아 신화와 문학에서 중요한 역할을 하는 신성한 존재로, 독수리나 매와 같은 맹금류의 형상을 하고 있으나 때때로 개 머리와 사자 발톱을 가진 공작으로도 묘사된다. 로크와 같이 코끼리를 낚아챌 수 있을 만큼 거대한 새이며, 알이 아닌 새끼를 낳는다고 알려져 있다.

시무르그의 기원은 고대 페르시아의 조로아스터교와 그 이전의 신화에 뿌리를 두고 있다. 신성한 나무인 가우카르나(Gaokerena)나 하오마(Haoma)와 관련이 있다. 이 나무들은 불멸과 치유의 힘을 상징하며, 시무르그는 이 나무에 둥지를 틀고 사는 것으로 묘사된다. 이러한 묘사는 시무르그가 생명과 재생의 상징임을 나타낸다.

시무르그는 페르시아 문화뿐만 아니라, 주변의 다른 문화들에도 영향을 미쳤다. 튀르키예, 아제르바이잔, 그리고 중앙아시아의 다양한 문화에서 시무르그와 유사한 신성한 새들이 등장하며, 이들 역시 지혜와 치유의 상징으로 여겨진다.

시무르그는 바다 한 가운데에 있는 생명의 나무에 둥지를 틀었는데, 날개를 퍼덕이면 씨가 세상에 퍼져 세상에 온갖 식물이 자라난다고 한다. 이 때문에 시무르그는 다산의 상징이며, 땅과 물을 정화하는 역할을 하기도 한다. 12세기의 페르시아 서사시 〈샤나메(Shahnameh, 왕서)〉에는 학식이 풍부하고 인간의 언어를 말하는 영조로 등장한다. 우즈베키스탄의 국장이기도 하다.

사마니아 시무르그 플래터(9~10세기)
Samanian Simurgh platter

스핑크스(Sphinx)

스핑크스(Sphinx)는 고대 이집트와 그리스 신화에서 중요한 역할을 하는 신비로운 존재로, 주로 사자의 몸에 인간의 머리를 가진 형태로 묘사된다. 이집트와 그리스의 스핑크스는 기원과 역할에서 차이가 있지만, 모두 강한 힘과 신비를 상징하는 존재이다.

이집트의 스핑크스는 주로 파라오와 관련된 보호자 역할을 한다. 가장 유명한 스핑크스는 기자에 있는 대스핑크스로, 약 4,500년 전 제4왕조 시기에 만들어진 것으로 추정된다. 이집트의 스핑크스는 주로 태양의 신 라(Ra)와 관련이 있으며, 신전이나 피라미드 입구에 배치되어 악령과 침입자로부터 신성한 장소를 보호하는 역할을 한다. 대스핑크스는 길이 약 73미터, 높이 역 20미터로 거대하며, 고대 이집트의 건축 기술과 예술적 성취를 보여준다.

그리스 신화의 스핑크스는 이집트의 스핑크스와는 달리, 악하고 교활한 역할을 한다. 그리스의 스핑크스는 여성의 머리와 사자의 몸, 그리고 독수리의 날개를 가진 혼합형 생명체로 묘사된다. 그리스 신화에서 스핑크스는 테베 시의 입구에 위치하여 여행자들에게 수수께끼를 내고, 그 수수께끼를 맞추지 못한 사람들을 잡아먹었다. 그녀의 수수께끼는 "아침에는 네 발, 낮에는 두 발, 저녁에는 세 발로 걷는 것은 무엇인가?"라는 질문이었다. 오이디푸스가 그 답을 "인간"이라고 맞추자, 스핑크스는 절망하여 스스로 목숨을 끊었다. 이 이야기는 스핑크스가 지혜와 시험, 그리고 인간의 지혜와 용기를 상징하는 존재임을 나타낸다.

오이디푸스와 스핑크스 (1864)_구스타브 모로
Oedipus and The Sphinx_Gustave Moreau

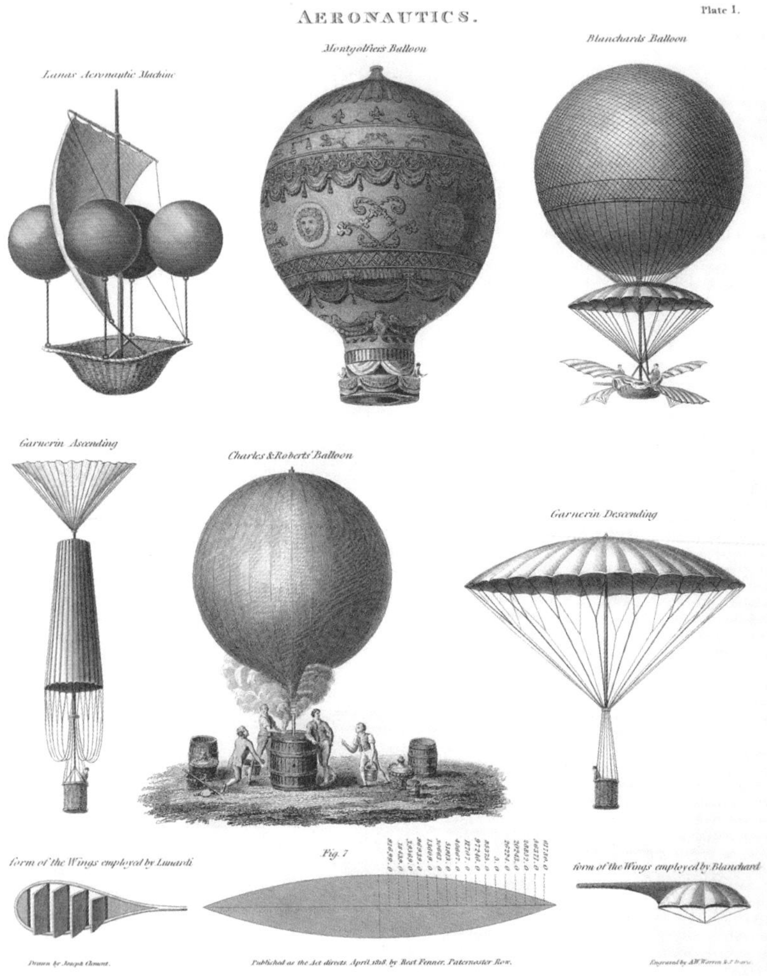

라나의 항공 기계(1818년)_워렌, 앰브로스 윌리엄
Lana's aeronautic machine_Warren, Ambrose William

열기구

열기구(Air Balloon)

열기구의 발명은 인류가 하늘을 정복하려는 오랜 열망의 결과물 중 하나이다. 열기구는 1783년 프랑스에서 몽골피에 형제인 조제프 미셸 몽골피에(Joseph-Michel Montgolfier) 와 자크 에티엔 몽골피에((Jacques-Étienne Montgolfier)에 의해 처음 발명되었는데, 이들은 가열된 공기가 더 가벼워지는 원리를 이용하여, 열기구를 발명했고, 첫 유인 시험을 성공했다.

초기에는 주로 과학적 관찰, 군사적 정찰, 우편 배송 등의 목적으로 사용되었으며, 19세기 말부터 20세기 초에 걸쳐 열기구는 사진술, 지리학적 탐험 및 기상학적 연구에 크게 기여한 비행 도구였다. 특히 높은 고도에서의 대기 샘플링과 지구의 상층 대기를 연구하는 데 사용되었다. 20세기에 들어서면서 스포츠나 레크리에이션 목적으로 사용되기 시작했는데, 전 세계적으로 열기구 축제가 개최되기도 한다. 현대에 와서는 열기구는 대기의 상태를 조사하거나 환경 감시를 수행하는 등의 목적으로 활용되고 있으며, 광고나 상업적 목적으로도 활용된다. 상업적 열기구는 애드벌룬(Ad Balloon)이라고 불린다.

카파도키아의 열기구
2015, Cappadocia, Türkiye
©tripfull

열기구의 원리

열기구의 원리는 뜨거운 공기가 차가운 공기보다 가볍다는 열역학(thermodynamics, 熱力學)의 기본 법칙에 기반을 두고 있다. 뜨거운 공기를 담는 대형 풍선은 나일론이나 폴리에스터와 같은 내열성이 강한 합성 섬유로 만들어지며, 이 풍선 안에 뜨거운 공기를 가둬두면 열역학 법칙에 의하여 상승하게 되는 원리이다.

버너를 사용하여 대형 풍선 안의 공기를 가열하면, 뜨거워진 공기 분자들이 빠르게 움직이기 시작하고, 이로 인해 공기의 밀도가 낮아진다. 밀도가 낮아진 공기는 주변의 차가운 공기보다 가벼워지며, 이 차이로 인해 열기구는 상승력을 얻게 된다. 이러한 원리는 아르키메데스의 원리와 유사하며, 주변보다 가벼운 물체가 무거운 매체 속에서 떠오르는 원리를 이용한 것이다.

열기구의 상승은 바구니에 탄 사람이 버너로 조절할 수 있다. 버너의 불꽃을 강하게 하면 풍선 안의 공기가 더 빠르게 가열되어 열기구는 더 빠르게 상승하고, 불꽃을 줄이면 상승 속도가 느려진다. 반면, 공기 온도를 낮추기 위해 풍선 상단에 설치된 통풍구를 개방하면 차가운 공기가 내부로 들어오면서 열기구를 낮출 수 있다.

열기구의 조종은 대기 중의 풍향과 풍속을 이용한다. 열기구 조종사는 다양한 고도에서 부는 바람의 방향을 파악하여 열기구를 원하는 방향으로 이동시킬 수 있는데, 열기구가 별도의 추진 기구 없이 바람에 의존하여 이동한다는 점에서 독특한 항공 수단이라 할 수 있다.

열기구의 구조

열기구의 구조는 대형 풍선, 바구니, 버너의 세 부분으로 나뉜다. 풍선 부분은 열기구의 가장 큰 부분으로, 보통 나일론이나 폴리에스터와 같은 내열성 소재로 만들어진다. 상단에는 통풍구가 있어 조종사가 열기구의 상승과 하강을 조절할 수 있는데, 통풍구를 열면 뜨거운 공기가 빠져나가고, 열기구는 내려가게 된다.

바구니는 주로 등나무나 알루미늄으로 제작되며, 조종사와 승객이 탑승하는 공간이다. 바구니는 견고하게 제작되어 안전하게 탑승자를 지탱할 수 있어야 하며, 연료 탱크와 기타 장비를 함께 싣는다.

버너는
열기구의 풍선 입구에 설치되
어 있으며, 가스를 연소시켜 뜨거
운 불꽃을 만들어 낸다. 이 불꽃은 직접
적으로 대형 풍선 내부로 향하며, 공기를
가열해 열기구가 뜨거워져 상승하게 만든다. 버너는
강력한 열원이 되어야 하며, 조종사는 버너의 불꽃을 조절하여 열기구의
고도를 정밀하게 조절할 수 있다.

에펠탑을 돌고 있는 산토스-뒤몽 6호(1901)
Santos-Dumont No. 6 rounding the Eiffel Tower in 1901

비행선

비행선(Airship)

비행선, 또는 공중선은 가벼운 가스를 이용해 공중에 떠다니는 기구로, 19세기 말 발명되어 20세기 초반에 여객 및 화물 수송 수단으로 활용되었다. 초기 비행선은 주로 수소 가스를 사용했는데, 수소는 가벼우면서도 상승력이 우수하다는 장점이 있지만, 인화성이 매우 높다는 단점도 있었다. 이러한 위험성 때문에 나중에는 헬륨 가스를 사용하게 되었고, 헬륨은 인화성이 없어 보다 안전한 비행을 가능하게 했다.

비행선의 발명과 발전에 중추적인 역할을 한 국가는 독일이었다. 독일의 엔지니어 페르디난트 폰 체펠린(Ferdinand von Zeppelin)은 철골 구조를 갖춘 체펠린형 비행선을 개발하여 비행선의 운용에 큰 성공을 거두었다.

비행선은 두 차례 세계대전에서도 군사적으로 사용되었다. 공중에서 장기 체류가 가능했기 때문에 제1차 세계대전 동안 비행선은 주로 정찰과 폭격 임무에 투입되었다. 그러나 제2차 세계대전으로 넘어가면서 비행기의 발전으로 인해 군사적 중요성은 점차 감소하였다.

상업적으로는 1920년대와 1930년대에 걸쳐 비행선의 황금기를 맞이했다. 특히 대서양을 횡단하는 여객 비행선은 여행의 로망과 고급스러움을 대표했으며, 이 시기에 독일의 힌덴부르크(Hindenburg)와 같은 비행선은 상징적인 존재가 되었다. 하지만 1937년, 독일에서 출발한 비행선이 착륙을 시도하다 화염에 휩싸인 채 추락한 사고인 '힌덴부르크 참사' 이후, 비행선은 안전에 대한 의문을 증폭시켰고 상업적 운용에도 큰 타격을 주었다. 이후 비행기가 일반화되면서 자연스럽게 쇠퇴하게 된다.

비행선의 원리

비행선은 가벼운 가스를 사용하여 대기 중에서 부력을 얻는 원리로 운행된다. 비행선의 주요 구조는 유선형의 가스 챔버와 그 안에 담긴 가스, 그리고 승객이나 화물을 실을 수 있는 견고한 구조의 곤돌라로 구성된다. 가스 챔버 안에는 헬륨 또는 수소와 같은 공기보다 가벼운 가스가 채워져 있어, 이 가스의 총무게가 주변의 대기보다 가벼워지면 비행선은 하늘로 떠오르게 된다. 이러한 원리는 아르키메데스의 부력 법칙에 따른 것으로, 주변 대기보다 가벼운 물체가 뜨게 되는 현상을 이용한 것이다.

비행선이 하늘을 날기 위해서는 부력뿐 아니라 제어와 추진력 역시 중요하다. 비행선의 추진력은 주로 비행선 양쪽에 부착된 엔진과 프로펠러에 의해 얻는다. 이 프로펠러는 비행선을 앞으로 나아가게 하며, 방향 전환을 위해서는 프로펠러의 방향을 조절하거나 다른 기계적 장치를 사용한다.

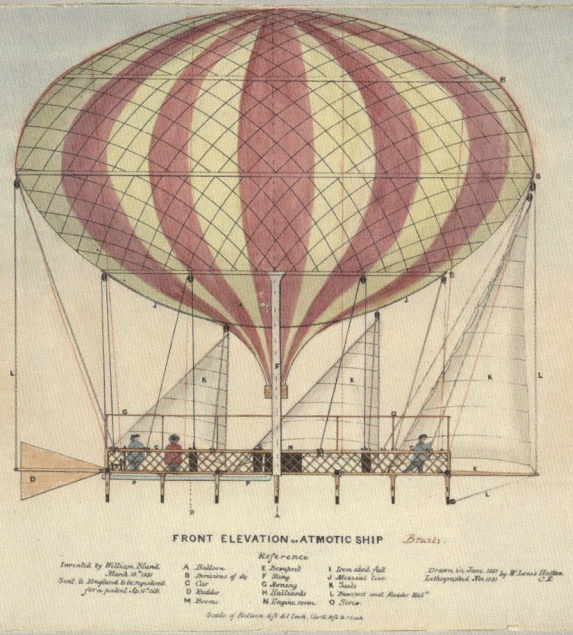

블랜드의 대기선 디자인 p. 3(1851년)_W. 루이스 허튼
Bland's 1851 Atmotic Ship design p. 3_W. Louis Hutton

      비행선의 고도를 조절할 때는 가스의 부피를 조절한다. 비행선 내부에 설치된 가스 밸브를 통해 가스를 챔버 안팎으로 내보내어 부력을 조절하는데, 가스의 양을 줄이면 비행선은 내려가고, 가스의 양을 늘리면 상승한다. 대기의 온도 변화에 따라 가스의 부피가 변할 수 있으므로, 외부 기온에 따라 가스의 압력과 부피를 조절해야 한다.

АЭРОСТАТЫ.

1. Аэростатъ Монгольфье. 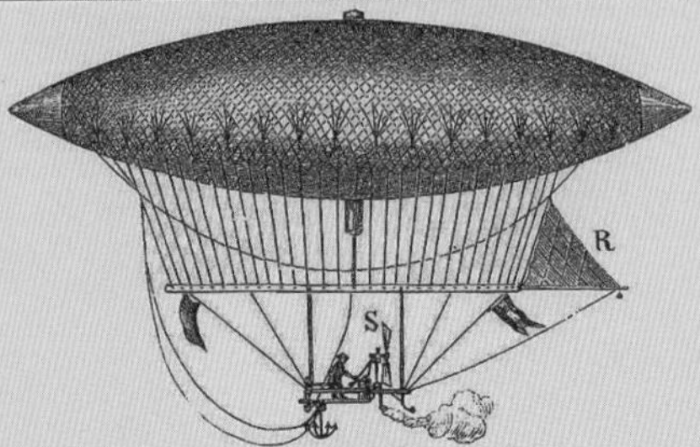
2. Аэростатъ Шарля.
3. Аэростатъ Бланшара.
4. Аэростатъ (bal. captif) Жиффара.
5. Аэростатъ (свободный) Жиффара.
6. Аэростатъ Дюпюи де-Ломъ. 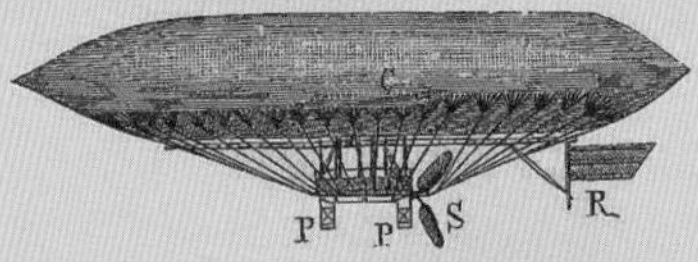
7. Аэростатъ Геплейна.
8. Аэростатъ Ренара и Кребса.

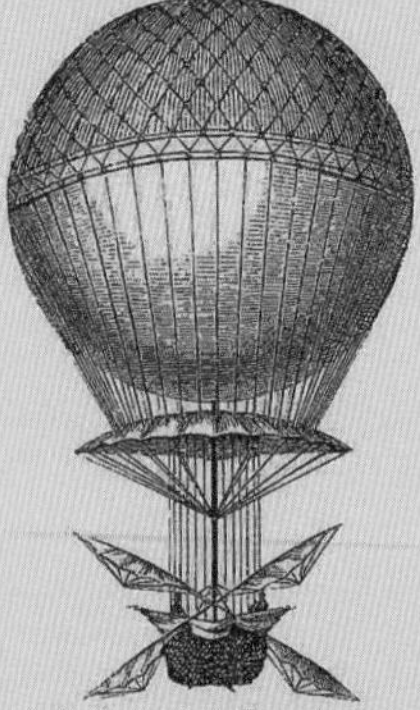

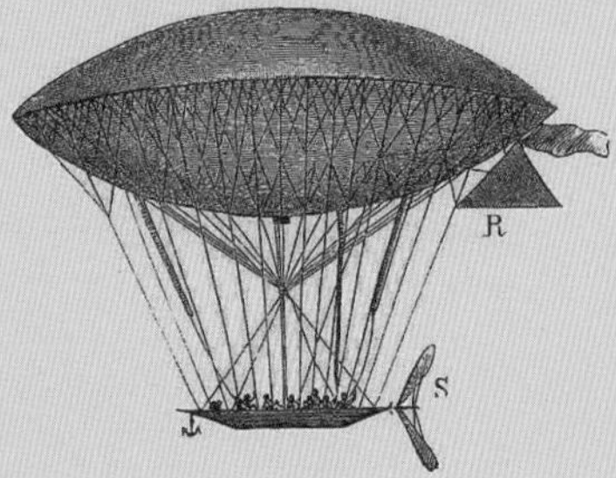

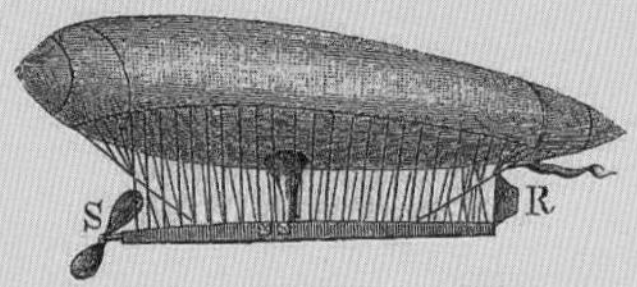

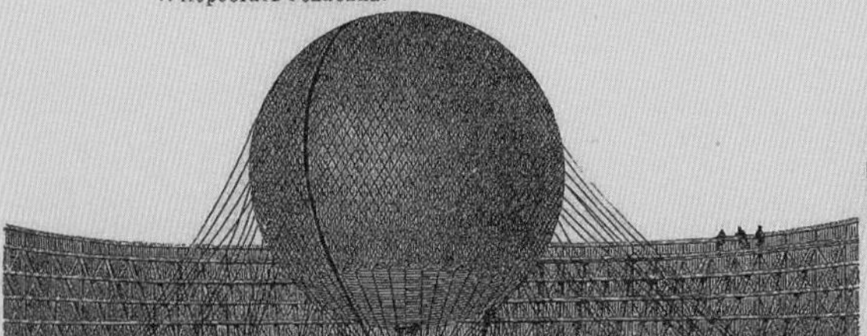

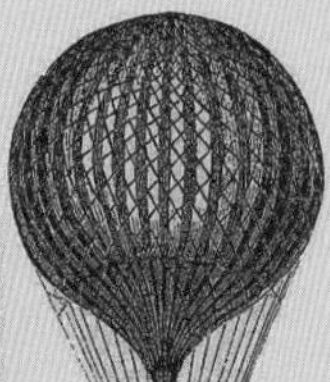

비행선의 구조

비행선의 구조는 견고한 외피, 가스 챔버, 그리고 구동 및 조종 장치를 포함하는 객실로 구성된다. 비행선의 외피는 대체로 가볍고 강도와 내구성을 갖춘 유연한 소재로 만들어지며, 이 외피 안은 하나 또는 여러 개의 가스 챔버로 나누어져 있다. 이들 챔버는 주로 헬륨 또는 수소와 같은 경량 가스로 채워지는데, 이 가스들은 공기보다 가벼워 비행선을 하늘로 뜨게 한다.

비행선의 구동 장치는 주로 엔진과 프로펠러로 구성되어 있으며, 비행선을 전진시키거나 방향을 조절할 수 있게 한다. 엔진은 비행선의 앞쪽 또는 뒤쪽에 있는데, 객실에 연결된 프레임에 부착되기도 한다.

객실은 일반적으로 비행선의 하단에 있으며, 조종사, 승객, 또는 화물을 수용한다. 객실은 비행선의 조종과 관리를 위한 주요 장소로, 조종 장치, 통신 장비, 그리고 안전 장비 등이 갖춰져 있다. 열기구보다 객실의 크기가 훨씬 크기 때문에 비행선의 객실 구조는 비행 목적과 운용 방식에 따라 다양하게 설계될 수 있으며, 때에 따라서는 추가적인 설비나 특수 장비를 실을 수도 있다.

관련 비행선 비교 일러스트(1890-1907)_브록하우스와 에프론 백과사전
Dirigible airships compared with related aerostats, from the
Brockhaus and Efron Encyclopedic Dictionary, 1890-1907

비행기

비행기(Airplane)

비행기의 발명은 근대 교통수단의 역사에서 중대한 전환점이었다. 이 기계적 발명은 1903년 미국의 라이트 형제, 즉 윌버 라이트(Wilbur Wright)와 오빌 라이트(Orville Wright)가 지속가능한 유인 동력 비행을 최초로 성공함으로써 항공 역사에 길이 남을 업적을 달성했다. 초기 비행기는 주로 목재와 천으로 만들어졌으나, 점차 알루미늄과 합금 같은 더 견고하고 가벼운 재료가 사용되기 시작했다.

라이트 형제의 첫 비행 이후, 비행기의 역사는 급속도로 발전했다. 1910년대에는 이미 상업적 비행과 군사적 활용이 시작되었으며, 제2차 세계대전 중에는 비행기가 중요한 군사적 도구로 자리 잡았다. 전쟁을 통해 비행기 설계와 기술이 급격히 발전했으며, 전후 세계에서는 여객과 화물 수송을 위한 상업적 항공이 확장되었다.

제2차 세계대전 후, 상업 항공은 국제적인 여행과 글로벌 경제 통합의 주요한 도구가 되었다. 비행기를 통해 세계의 여러 장소가 훨씬 더 가까워졌으며, 국제 관광과 비즈니스 여행이 일상화되었다. 이러한 변화는 사람들의 생활 방식과 세계관에 큰 영향을 미쳤으며, 글로벌화의 주요한 원동력 중 하나로 작동한다.

현대의 비행기는 세계 곳곳을 연결하는 필수적인 교통수단으로 자리 잡았다. 매년 수십억 명의 승객이 비행기를 이용하여 다양한 목적지로 이동하고 있으며, 국제 무역, 긴급 구호 활동, 그리고 문화 교류에 있어 중추적인 역할을 하고 있다. 또한 항공 산업의 발전은 지속 가능한 기술과 친환경 에너지 솔루션을 통해 미래 지향적인 변화를 모색하고 있다.

비행기의 원리

비행기는 주로 양력 생성의 원리를 이용하여 비행한다. 비행기는 동체, 날개, 꼬리부, 추진 시스템으로 구성되어 있는데, 날개는 비행기가 공중에 뜨는 데 핵심적인 부품으로, 날개의 형태와 구조가 공기 흐름을 조절하여 양력을 생성한다. 날개 상부의 곡선 모양은 공기가 날개 위를 더 빠르게 흐르게 하여 위쪽의 공기압을 낮추며, 아래쪽의 공기압이 상대적으로 높아지면서 양력이 발생하고, 이로 인해 비행기는 상승한다.

1903년 12월 17일, 최초의 비행기인 라이트 플라이어의 비행
The first flight of an airplane, the Wright Flyer on 17 December 1903

　　　　비행기는 엔진에 의해서 추진력을 얻는다. 엔진은 비행기를 전진시켜 날개로 공기가 흐르게 만들며, 이 과정에서 지속적으로 양력이 생성되는데, 이때 생성된 양력이 비행기의 총무게를 상쇄하면 비행기는 공중에 뜰 수 있다.

　　　　비행기의 조종은 조종사가 조종실 내의 여러 조종 장치를 통해 작동된다. 꼬리 부분에 있는 조종면을 조작하여 비행기의 상승, 하강, 좌우 회전 등을 제어하며, 날개 끝에 있는 에일러론으로 비행기의 롤링을 조절하여 비행 방향 또한 정밀하게 제어할 수 있다. 항공과학이 고도로 발전함에 따라 현대의 비행기는 자동 비행 제어가 가능하다.

비행기의 구조

동체

비행기의 동체는 승객이나 화물을 수용하며, 전체 비행기의 중심 구조 역할을 한다. 동체는 길고 원통형으로 디자인되어 공기 저항을 최소화하도록 제작된다. 내부는 조종석, 승객석, 화물 공간 등으로 구분되어 있으며, 압력과 온도가 조절되어 외부 환경의 변화에도 안정적인 환경을 유지할 수 있다.

날개

비행기의 날개는 양력을 생성하여 비행기가 하늘을 날 수 있게 한다. 날개의 상부는 일반적으로 하부보다 곡률이 더 크게 디자인되어 공기의 흐름을 빠르게 만들고, 위쪽의 공기압을 낮추어 양력을 발생시킨다. 날개에는 주연료와 부연료 탱크를 내장할 수 있고, 에일러론과 플랩 같은 조종 면을 포함하고 있어 비행 중 조종성을 제어한다.

꼬리부

꼬리부에는 수직 안정판(수직 꼬리날개)과 수평 안정판(수평 꼬리날개)이 있다. 수직 안정판은 비행기의 방향을 조정하는 데 사용되며, 방향타가 이 부분에 설치되어 있다. 수평 안정판은 엘리베이터를 포함하고 있어 비행기의 고도를 조정하는 데 사용된다.

추진 시스템

비행기의 추진은 엔진으로 작동된다. 엔진은 주로 날개에 부착되어 있거나, 일부 비행기의 경우 동체 뒤편에 설치된다. 엔진의 종류는 터보팬, 터보제트, 터보프롭 등 다양하며, 연료를 연소시켜 추력을 생성하여 비행기를 앞으로 밀어낸다.

chapter 4

신화 속의 날개

사랑의 미덕의 우화_알레산드로 로스
Allegoria Della Virtù Della Amor_Alessandro Ros

신화 속의 날개

날개는 단순히 물리적인 비행을 넘어서는 상징을 가지고 있다. 날개는 일반적으로 자유, 초월, 신성함, 그리고 인간의 한계를 넘어서려는 노력 등을 상징하는데, 이러한 상징성은 인간이 물리적 공간을 넘어서려는 욕망과 관련이 있으며, 상상력과 영적 욕구를 표현하는 수단이다.

날개의 이러한 상징적 기능은 전 세계 다양한 문화의 신화와 전설 속에서 일관되게 나타나는데, 이 상징들은 각 문화가 가진 세계관과 신념 체계에 대한 공통점과 차이점을 담고 있다.

날개는 특정한 신화적 요소이기 때문에 문화의 상징이 어떻게 다른 문화로 전파되고 해석될 수 있는지 알 수 있는 지표가 되기도 한다.

유럽 권역 신화 속의 날개

그리스, 로마 문화 속의 날개

이카로스(Icarus)의 날개

이카로스의 아버지 다이달로스(Daedalus)는 크레타의 뛰어난 장인이자 기술자이다. 크레타의 왕 미노스는 왕비 파시파에(Pasiphae)가 포세이돈이 보낸 황소와 간음하여 낳은 반인반우의 미노타우로스(Minotauros)를 가두기 위해 다이달로스에게 미궁 '라비린토스(labyrinth)'를 짓도록 한다. 미노타우로스를 처치하기 위해 크레타에 온 아테네의 영웅 테세우스(Theseus)는 자신을 연모하는 미노스의 딸 아리아드네(Ariadne)의 도움을 받아 실타래를 풀어 길을 잃지 않게 하는 장치를 마련한 후, 미궁으로 들어가 미노타우로스를 처치한다. 하지만 실타래의 방법은 다이달로스가 알려준 것이었다. 분노한 미노스 왕는 다이달로스와 아들 아키로스를 함께 미궁에 가둔다.

크레타의 미궁으로부터 탈출하기 위해 다이달로스는 깃털과 밀랍으로 날개를 만들어 아들 이카로스에게 달아주었다. 밀랍이 녹아 추락할 수 있

다이달로스와 이카루스(1625년경)_오라지오 리말리네디
Daedalus and Icarus_Orazio Riminaldi

으니 너무 높게도 낮게도 날지 말라는 다이달로스의 경고에도 불구하고 이카로스는 비행한다는 황홀감에 빠져 너무 높이 달고 만다. 태양열에 의해 밀랍이 녹아 결국 이카로스는 추락하여 에게해에 빠져 죽고 만다.

페가수스를 탄 작은 요정(1861)_조지 크루익섕크
Puck on Pegasus_George Cruikshank

페가수스(Pegasus)

그리스 신화의 전설적인 영웅인 페르세우스(Perseus)는 폴리데크테스(Polydectes) 왕으로부터 메두사(Medusa)를 죽이는 임무를 맡는다. 페르세우스는 아테나(Athena)와 헤르메스(Hermes)의 도움으로 헤르메스의 날개 달린 샌들, 아테나의 거울 방패, 검을 얻게 되는데, 이 도구를 이용하여 메두사의 머리를 벤다. 메두사의 머리가 땅에 떨어지고 피가 쏟아지자 페가수스가 탄생한다.

페가수스는 웅장한 날개와 비교할 데 없는 비행 능력을 가지고 있는데, 페가수스의 비행 능력은 자유와 우아함, 신성한 영감의 상징이 되었다. 페가수스의 날개는 백조의 날개를 닮은 새하얀 색이라고 전해지며 흐르는 갈기와 날씬하고 근육질의 몸매로 묘사된다. 코린토스의 왕자 벨레로폰(Bellerophon)은 아테나 여신에게 받은 황금 말고삐로 페가수스를 길들였고, 양, 사자, 뱀의 모습인 괴물 키마이아(Chimaera)를 물리친다.

헤르메스(Hermes)의 날개 달린 신발과 모자

헤르메스는 올림포스 12주신 중 하나로, 그리스 신화에서 신들의 전령이자 여행자, 상인, 도둑의 수호신으로 잘 알려져 있다. 그는 제우스와 마이아 사이에서 태어났으며, '프케노페딜로스(ptenopedilos)'라는 날개 달린 샌들과 '페타소스(Petasos)'라는 날개 달린 모자, 그리고 두 마리의 뱀이 감겨 있는 독수리 날개가 달린 '카두케우스(Caduceus)'라는 지팡이를 가지고 있다. 날개 달린 이 도구들은 헤르메스의 주요 상징들로, 특히 카두케우스는 헤르메스가 하늘과 지상, 지하세계를 자유롭게 오갈 수 있게 하는 도구였다. 헤르메스의 날개 달린 도구는 속도와 민첩함, 하늘과 지상을 오갈 수 있는 능력을 상징하는데, 네이버의 초기 로고였던 날개 달린 모자는 이 헤르메스의 모자를 차용한 것이다. 로마신화에서는 머큐리(Mercury)로 계승된다.

◀ 에로스와 프시케_
디오겐 마이야르
Eros and Psyche_
Diogène Maillart

▶
큐피드와 프시케의 재회
(1793)_장 피에르 생 투
The Reunion of Cupid
and Psyche_Jean Pie
Saint-Ours

에로스(Eros)

에로스는 그리스 신화에서 사랑과 욕망의 신으로, 로마신화에서는 큐피드(Cupid)로 알려져 있다. 에로스는 주로 날개 달린 젊은 소년이나 아기의 모습으로 묘사되는데, 일반적으로 화살을 들고 있다. 에로스의 화살은 두 종류인데, 금으로 된 화살은 사랑과 욕망을 불러 일으키고, 납으로 된 화살은 반대로 사랑을 거부하게 하거나 혐오감을 느끼게 한다. 에로스가 신과 인간에게 쏜 이 화살들은 많은 신화에서 중요한 사건의 원인이 된다.

그러나 정작 자신도 이 화살 때문에 사건에 휘말려 들어가게 된다. 미의 여신 아프로디테는 프시케(Psyche)가 자신의 미모를 능가하자 질투심에 사로잡혀 에로스에게 납 화살을 쏘아 프시케가 가장 흉측한 괴물과 사랑에 빠지게 하라고 명령한다. 하지만 에로스는 프시케를 보고 사랑에 빠졌고, 실수로 자신에게 금 화살을 쏘아 프시케와 사랑에 빠지고 만다. 이로 인해 프시케와 에로스는 많은 어려움을 겪지만, 결국 신들의 도움으로 사랑을 이루게 된다.

프시케(Psyche)를 구한 헤르메스의 날개

　　그리스의 아프로디테(Aphrodite)는 자신의 아들 에로스가 프시케와 사랑에 빠지자 프시케에게 여러 가지 어려운 미션을 준다. 마지막 과제는 지하세계에서 페르세포네(Persephone)의 상징 중 '아름다움'을 훔쳐 오는 것이었다. 프시케는 신이 아니었기에 명계로 갈 수 없었지만, 헤르메스는 날개 달린 샌들과 지팡이로 프시케를 지하세계로 안내하여 미션을 성공적으로 수행한다. 그러나 프시케는 상자를 열어 자신의 아름다움을 확인하려다 상자에 걸린 마법 때문에 깊은 잠에 빠지고 만다.

　　에로스는 여전히 프시케를 사랑하고 있었기에 그녀를 구하기로 결심했다. 에로스는 날개를 펄럭이며 하늘을 날아 프시케에게 다가갔고, 그녀를 잠에서 깨웠다. 에로스는 프시케를 다시 만날 수 있게 되었고, 올림포스로 데려가 결혼을 승인받았다. 결국 제우스는 프시케에게 불사의 신성을 부여하여 에로스와 영원히 함께할 수 있게 했다.

전차를 탄 헬리오스. 트롱비(보이나)와 나웬츠(고르스키)의 문장을 사용한 우화_작자미상
Helios on the chariot. Allegory with the coats of arms of Trąby (Woyna) and Nałęcz (Górski)_Anonymous

헬리오스(Helios)와 수레

헬리오스는 그리스 신화에서 태양의 신으로, 하늘을 가로지르는 황금빛 수레를 타고 다닌다. 헬리오스의 수레는 매일 아침 동쪽에서 떠올라 하늘을 가로질러 서쪽으로 지는 태양의 여정을 상징한다. 헬리오스는 티탄 신족의 일원으로, 히페리온(Hyperion)과 테이아(Theia)의 아들이며, 달의 여신 셀레네(Selene)와 새벽의 여신 에오스(Eos)의 형제이다. 헬리오스는 밝고 눈부신 태양신으로, 하늘과 땅을 두루 비추며 모든 것을 감시하는 신이다.

헬리오스의 수레는 황금으로 만들어졌으며, 네 마리의 날개 달린 말에 의해 운행되는데, 이 천마와 수레는 매우 빠르고, 하늘을 가로지르는 동안 태양의 불꽃 같은 광채를 뿜어낸다. 헬리오스는 매일 아침 동쪽에서 떠오르며, 하늘을 가로질러 서쪽으로 향하며, 저녁이 되면 서쪽 끝에 도달하여 여정을 마치고, 밤 동안에는 대양의 강을 따라 동쪽으로 돌아간다. 이 순환은 태양의 일일 주기를 설명하는 신화적 이야기로, 헬리오스의 수레는 그리스인들에게 시간의 흐름과 자연의 리듬을 상징한다. 로마신화에서는 솔(Sol)에 해당한다.

제피로스(Zephyros)

별과 황혼의 신 아스트라이오스(Astraios)와 새벽의 여신 에오스(Eos) 사이에서 태어난 제피로스는 그리스 신화에서 가장 온화하고 상쾌한 서쪽에서 부는 바람의 신이다. 제피로스는 아네모이(Anemoi)라 불리는 북풍의 보레아스(Boreas), 동풍의 에우로스(Eurus), 남풍의 노토스(Notus)와 함께 네 가지 주요 바람의 신 중 하나이다. 이들은 각각 계절과 기후 변화와 밀접한 관련이 있다. 제피로스는 주로 봄과 초기 여름을 상징하며, 따뜻하고 부드러운 서풍으로 대지를 적시고 꽃을 피우게 하는 역할을 한다.

먼지 폭풍 속에서(1893-1894)_야첵 말체프스키
In the Dust Storm_Jacek Malczewski

　　　　제피로스는 또한 식물과 농작물의 성장에 중요한 역할을 하는 바람이다. 부드러운 바람은 대지를 비옥하게 하고, 생명을 불어넣어 자연을 활기차게 만든다. 제피로스의 아내는 봄과 꽃의 여신 클로리스(Chloris, 로마신화에서는 플로라(Flora))로, 둘의 결합은 봄의 도래와 자연의 풍요를 상징하기도 한다. 로마신화에서는 푸나스(Ponus)라고 불린다.

날개를 달고 칼을 든
청년 타나토스
(기원전 325~300)_
에페소의 아르테미스
사원 기둥
Thanatos as a
winged and sword-
girt youth_Column
temple Artemis
Ephesos

타나토스(Thanatos)

타나토스는 그리스 신화에서 죽음의 신으로, 그의 이름은 죽음을 의미하는 그리스어에서 유래되었다. 타나토스는 주로 평온하고 자연스러운 죽음을 상징하며, 고통스럽고 폭력적인 죽음을 나타내는 케로스(Keres)와는 대조적이다. 타나토스는 밤의 여신 닉스(Nyx)와 어둠의 신 에레보스(Erebus) 사이에서 태어났으며, 그의 형제자매로는 잠의 신 힙노스(Hypnos), 전쟁의 신 에리스(Eris), 운명의 여신 모이라이(Moirai) 등이 있다. 힙노스와 타나토스는 함께 언급되기도 하는데, 잠과 죽음이 밀접하게 연결된 개념임을 보여준다.

타나토스는 날개가 달린 젊은 남성의 모습으로 묘사되기도 하고, 칼이나 검을 들고 있는 모습으로 그려지기도 한다. 주된 역할은 인간의 생명을 거두어들이는 것이며, 죽은 자의 영혼을 하데스(Hades)가 통치하는 지하세계로 안내한다. 타나토스는 하데스의 지시를 받아 활동하며, 지하세계의 질서를 유지하는 중요한 역할을 하는데, 인간의 운명을 결정하는 모이라이와 협력하여, 정해진 운명에 따라 죽음을 맞이하는 사람들의 영혼을 수집한다.

그리스 신화에는 타나토스가 시지푸스(Sisyphus)에게 속는 이야기가 있다. 시지푸스는 코린토스의 왕으로, 그의 교활함과 기만적인 행동으로 인해 신들의 분노를 샀다. 시지푸스는 자신의 죽음을 피하기 위해 타나토스를 속이고 그를 사슬로 묶어두었는데, 이로 인해 세상에는 더 이상 죽음이 없게 되었고, 인간들은 죽지 않는 상황이 되어 명계의 신 하데스의 세계에도 큰 혼란이 찾아왔다. 그러나 전쟁의 신 아레스(Ares)가 타나토스를 해방했고, 시지푸스는 지하세계로 끌려가게 되어, 영원히 큰 바위를 언덕 위로 굴려 올리는 형벌을 받게 된다.

힙노스(Hypnos)

'수면'을 의미하는 힙노스는 그리스 신화에서 잠의 신으로, 밤의 여신 닉스(Nyx)와 어둠의 신 에레보스(Erebus) 사이에서 태어난 신 중 하나로, 죽음의 신 타나토스(Thanatos)와는 형제이다. 힙노스는 일반적으로 날개 달린 젊은 남성으로 묘사되는데, 잠이 갑자기 빠르게 찾아오는 것을 의미한다. 힙노스는 잠에 빠진 사람의 이마에 수면의 물방울을 떨어뜨리는 모습으로 그려

지기도 하며, 양귀비꽃이나 수면을 유도하는 지팡이를 들고 있기도 하다. 힙노스는 형제 타나토스와 함께 언급되는 경우가 많은데, 힙노스가 평화로운 잠을 상징하는 반면, 타나토스는 수면 중의 죽음을 상징하는데, 그리스인들이 잠과 죽음을 연결지어 생각했다는 것을 의미한낸다.

힙노스는 트로이 전쟁과 관련이 있다. 트로이 전쟁이 한창일 때, 헤라는 제우스의 주의를 분산시켜 그리스 군대가 트로이인들을 공격할 수 있도록 전략을 세운다. 헤라는 힙노스에게 제우스를 재우라고 요청하는데, 처음에 힙노스는 제우스를 속이는 것에 대해 두려워했지만, 헤라는 그에게 아름다운 요정 파시테아(Pasithea)를 아내로 맞이하게 해주겠다는 약속으로 헤라의 요청을 받아들이고, 제우스를 깊은 잠에 빠뜨린다. 이로 인해 헤라는 제우스의 주의를 분산시키고, 그리스 군대는 트로이인들을 공격할 기회를 얻게 된다. 로마신화에서는 솜누스(Somnus)로 알려진 신이다.

힙노스 왕국(1660~65년경)_지울리오 카르피오니
The Kingdom of Hypnos _Giulio Carpioni

아이리스가 다가오자 깨어나는 모르페우스(1690)_르네 앙투안 우아세
Morpheus awakening as Iris draws near_René-Antoine Houasse

모르페우스(Morpheus)

그리스 신화에서 꿈의 신으로, 인간에게 꿈을 통해 메시지를 전달하는 역할을 한다. 그는 수면의 신 힙노스(Hypnos)와 밤의 여신 닉스(Nyx)의 아들로, 꿈의 세계를 지배하며 꿈을 통해 신들의 뜻을 전달하는 중요한 존재이다. 모르페우스는 날개 달린 젊은 남성의 모습으로 묘사되는데, 그의 날개는 신속하게 인간의 꿈속으로 날아가는 능력을 상징한다. 그의 이름은 그리스어로 '형태'를 의미하며, 이는 그가 다양한 형태로 변신하여 꿈속에서 인간에게 나타날 수 있음을 의미한다.

모르페우스는 또한 인간의 꿈을 조작하여 그들의 행동과 결정을 유도하거나, 신들의 명령을 받아 인간에게 꿈을 통해 경고나 예언을 전달한다. 알키노오스(Alcinoos) 왕의 꿈에 나타나 오디세우스가 무사히 그의 고향으로 돌아가도록 하는 신의 명령을 전달하거나, 헥토르(Hector)의 시신을 되찾기 위해 프리아모스(Priamos) 왕의 꿈에 나타나 격려하기도 하는 등의 에피소드들이 많다. 모르페우스는 미국 드라마 〈샌드맨〉의 모티브가 되었고, 영화 〈매트릭스〉에서 '모피어스'라는 캐릭터로 주인공 네오를 돕는 인물로 등장한다. 아편을 뜻하는 영어단어 모르핀(morphin)도 모르페우스의 이름에서 유래하였다.

사모트라스의 날개 달린 니케, 루브르 박물관
The Winged Victory of Samothrace, Louvre Museum

니케(Nike)

니케는 그리스 신화에서 승리의 여신으로, 전쟁과 경쟁에서의 승리를 상징하는 중요한 신이다. 강력한 전투 능력과 용기를 부여하는 존재로, 신들과 인간 모두에게 승리와 영광을 안겨주는 존재이다. 니케는 주로 날개 달린 여인의 모습으로 묘사되는데, 니케의 날개는 빠르고 민첩한 특성을 상징한다. 승리의 화관을 들고 있거나, 승리의 상징인 월계관을 쓰고 있는 모습으로 그려지기도 한다. 니케는 스틱스(Styx)와 팔라스(Pallas)의 딸로, 형제자매로는 힘의 신 크라토스(Kratos), 폭력의 신 비아(Bia), 열망의 신 젤로스(Zelos)가 있다. 이들은 모두 신들의 왕국에서 중요한 역할을 하는 신이다.

니케는 신들이 티탄족과의 거대한 전쟁에서 승리할 수 있게 했다. 니케는 운동경기에서도 승리의 상징으로 여겨져 경기장에는 니케의 신전과 동상이 세워져 있었다. 승리한 선수들은 니케의 이름으로 축하받았으며, 그녀의 상징인 월계관을 받아들였다. 니케는 유명 스포츠 브랜드 'Nike'의 이름으로 사용되었다. 니케는 로마신화에서 빅토리아(Victoria)로 변형되었다.

켈트, 북유럽, 슬라브 문화 속의 날개

모리간(Morrigan)

모리간은 켈트 신화에서 중요한 역할을 하는 여신으로, 전쟁, 죽음, 운명, 예언과 관련된 신이다. 이름 자체가 '위대한 여왕' 또는 '악마의 여왕'을 의미하며, 까마귀 또는 까마귀 여신으로 묘사된다. 모리간은 여러 형태로 변신할 수 있는 능력이 있으며, 주로 까마귀나 큰 검은 새의 모습으로 나타난다. 모리간은 전쟁터에서 전사들의 운명을 결정하고, 죽음을 예언하며, 전투의 결과를 조종하는 신비롭고 무시무시한 존재이다.

모리간은 형제인 다그다(Dagda)에게 아일랜드의 땅의 두 부족인 투아하 데 다난(Tuatha Dé Danann)과 피르 볼그(Fir Bolg) 사이에서 전쟁이 일어날 것이라고 예언한다. 정말로 전투가 시작되자, 모리간은 까마귀의 모습으로 변신하여 전쟁터를 날아다니며 피르 볼그의 전사들의 어깨에 앉아 죽음을 예언하고, 혼란과 공포를 조성한다. 반면 마법의 힘을 사용하여 투아하 데 다난의 전사들에게는 용기와 힘을 불어넣는다. 피르 볼그는 이 전쟁에서 패하고 만다.

켈트 신화에서 아일랜드의 전설적인 영웅 쿠 훌린(Cú Chulainn)의 죽음을 예언한 까마귀도 모리간의 까마귀이다. 쿠 훌린은 아일랜드의 위대한 전사로, 수많은 전투에서 승리하며 이름을 떨친 전사로, 용맹하고 전설적인 전투 능력이 있었지만, 메브 여왕(Queen Medb)은 그를 없애기 위해 전쟁과 죽음의 여신 모리간(Morrigan)과 손을 잡고 쿠 훌린을 무찌르기로 결심한다. 전투가 벌어지기 전, 모리간은 까마귀의 모습으로 변신하여 쿠 훌린의 어깨 위에 앉아 그의 죽음을 예고하며, 전투의 결과를 처참한 암시했다. 쿠 훌린은 이를 무시하고 전투에 나섰지만, 패배한다. 쿠 훌린이 죽음을 맞이하자,

모리간의 까마귀는 다시 나타나 쿠 훌린의 어깨에 앉아 죽음을 확인하고, 영혼을 하늘로 인도했다. 모리간의 까마귀는 전쟁과 죽음, 예언과 관련된 상징으로 여겨졌는데, 서양에서 까마귀를 죽음과 연관된 불길한 새로 인식하는 이유는 이 켈트 신화에서 시작된 것이다.

레이븐(1827-1838)_
존 제임스 오듀본
Raven_John James Audubon

마비노기의 까마귀(Raven of Mabinogi)

웨일즈의 켈트 신화 모음인 '마비노기(Mabinogion)'에 등장하는 신성한 까마귀로, 주로 전쟁과 죽음, 예언과 관련된 상징적 존재이다. 마비노기에는 여러 이야기와 전설이 포함되어 있는데, 까마귀는 지혜롭고 신비로운 존재이자, 전투의 결과와 죽음을 예언하고 능력을 지니고 있다고 묘사된다.

이 까마귀에 얽힌 유명한 전설은 브란 벤딕트(Bran the Blessed)라는 왕의 이야기다. 브란 왕은 웨일즈의 왕으로, 용맹하고 지혜로운 지도자였다. 브란 왕은 여동생 브란웬(Branwen)을 아일랜드의 왕 매소르(Matholwch)에게 시집보냈는데, 남편에게 학대받았고, 그녀의 고통을 알게

마비노기가 그려진 패널 _조지 셰링햄
The Panel of the Mabinogi _George Sheringham

된 브란 왕은 여동생을 구하기 위해 군대를 이끌고 아일랜드로 출정한다. 이 과정에서 까마귀들이 전투의 시작과 끝을 예언하며 나타난다. 예언대로 브란 왕은 전투에서 치명상을 입고 죽고 만다.

켈트 전사들은 실제 전투에서 까마귀의 행동을 관찰하며, 그들이 전하는 메시지를 해석하려 했다. 까마귀가 특정 방향으로 날아가거나, 특정한 방식으로 울부짖으면, 전투에서 승리하거나 패배할 징조로 여겨졌다. 이러한 까마귀의 모티브는 영화나 소설에도 많이 등장한다.

클리드나의 새(Bird of Cliodna)

켈트 신화에서 신성하고 신비로운 새로, 아름다움과 치유, 보호, 평온함을 상징하는 여신 클리드나(Cliodna)와 관련이 있다. 클리드나는 바다의 여신이자 아름다움과 사랑의 여신으로, 클리드나의 새는 화려하고 빛나는 깃털과 신비로운 능력을 가지고 있다. 시각적으로도 아름다운 이 새는 사람들에게 평화와 위안을 주고, 클리드나의 메신저로서 치유와 보호의 힘을 전달한다.

아일랜드 사람들은 질병과 가뭄이 심하고 마을이 황폐해질 때마다 클리드나 여신에게 기도를 드렸다. 마을 사람들의 기도가 하늘에 닿으면, 클리드나는 그녀의 신성한 새를 마을로 보냈는데, 새가 날아다니는 곳마다 땅이 비옥해지면서 농작물이 다시 자라났고, 새의 깃털이 닿는 곳마다 사람들은 치유되어 고통이 사라졌다고 한다. 클리드나의 새는 어둠의 세력이 마을을 파괴하려 할 때도 하늘에서 내려와 빛나는 깃털로 어둠을 밝히며, 어둠과 맞서 싸워 평화를 가져오는 새이다.

페어리 퀸(Fairy Queen)

페어리 퀸은 요정들의 여왕으로, 아름답고 우아한 여성으로 묘사되며, 빛과 마법으로 가득 차 있는 날개를 가진 모습으로 묘사된다. 페어리 퀸은 요정 왕국을 다스리며, 자연을 다스리는 마법의 힘을 지니고 있다. 그녀는 신비롭고 강력한 존재로, 인간 세계와 요정 세계를 연결하는 역할을 하기도 한다.

켈트의 한 작은 마을에 알 수 없는 재앙이 닥쳐와, 강은 말라붙고, 나무들은 시들어가며, 동물들이 사라지고, 사람들이 큰 고통을 겪기 시작하자, 사람들의 기도에 응답하여 페어리퀸은 아름다운 날개를 펼치며 하늘에서 내려왔다. 그녀는 마법의 힘을 사용하여 나무들과 강을 살리고 마을을 복구했는데, 마을 사람들은 감사의 의미로 그녀를 위한 축제를 열었다.

또 다른 이야기에서는 한 젊은 인간 전사가 숲에서 길을 잃고 방황하다가 요정들의 영역에 들어가게 되었는데, 요정들이 인간을 경계하며 포로로 잡았으나, 페어리 퀸은 그를 보호하고 친절을 베풀었다. 그녀는 전사에게 요정 세계의 아름다움과 신비를 보여주었고, 그와 함께 시간을 보내며 인간과 요정 사이의 이해와 우정을 키웠다고 한다. 영화 〈반지의 제왕〉의 엘프족이 프로도와 반지원정대를 구해준 에피소드와 닿아있다. 이처럼 페어리 퀸은 자연과 인간, 신들 사이를 연결해주기 때문에 오늘날까지도 많은 사람에게 사랑받고 있으며, 켈트 신화에서 중요한 위치를 차지하고 있다.

아서 왕자에게 나타난 페어리 퀸(1785-1788)_헨리 푸셀리
The Fairy Queen Appears To Prince Arthur_Henry Fuseli

천사(1912년경)_윌리엄 백스터 클로슨
The Angel (ca. 1912)_William Baxter Closson

켈트의 천사(Celtic Angel)

켈트의 천사는 켈트 신화에서 신성한 존재로, 보호와 치유, 영적인 인도를 상징한다. 아름답고 우아한 모습으로 묘사되며, 하얀 깃털로 덮인 거대한 날개를 가지고 있다. 켈트의 천사들은 빛나고 평온한 모습으로, 천사들이 나타날 때마다 주변에 신성한 기운이 감도는데, 이들은 인간 세상에 내려와 사람들을 돕고, 신의 메시지를 전달한다.

옛날, 아일랜드의 한 작은 마을은 전쟁과 질병으로 큰 고통을 겪고 있자, 신들은 그들을 돕기 위해 천사를 보내기로 결정한다. 어느 날 밤, 하늘에서 거대하고 빛나는 하얀 날개를 펼치며 천사가 하늘에서 내려왔는데, 손길이 닿는 곳마다 질병이 사라지고, 상처가 치유되었다고 한다.

켈트의 천사는 전사들에게 용기를 북돋아 주는 역할을 하기도 한다. 빛나는 날개로 전사들에게 신의 보호와 축복을 약속했는데, 전사들은 빛나는 천사의 존재에 힘입어 용맹하게 싸웠고, 결국 적을 물리칠 수 있었다. 이처럼 켈트의 천사는 자연과 인간, 신들 사이의 깊은 연결을 상징하며, 용맹함과 지혜, 축복을 의미하기 때문에 켈트 신화에서 중요하고 신성한 존재로 여겨지며 현재까지도 사랑받고 있다.

오딘(1883-84)_에드워드 콜리 번 존스 경
Odin (1883-84)_Sir Edward Coley Burne-Jones

오딘의 비행(Odin's Flight)

오딘은 주로 강력한 마법과 지혜를 가진 북유럽 신화의 최고신으로, 지혜와 전쟁의 신이다. 오딘은 '슬레이프니르(Sleipnir)'라는 여덟개의 다리를 가진 신마를 타고 하늘과 세상을 넘나드는 비행을 할 수 있다. 후긴(Huginn)과 무닌(Muninn)이라는 두 마리의 까마귀, 그리고 오딘의 전설적인 말인 슬레이프니르(Sleipnir)과 함께 비행하는 오딘은 신계의 경계를 넘어 인간 세계와 신성한 세계를 연결하는 역할을 한다.

오딘은 지혜의 신이므로 지식과 정보를 얻기 위해 자주 하늘을 날아다니며 다양한 모험을 한다. 오딘은 한쪽 눈이 없는 모습으로 묘사되는데, 지식을 얻기 위하여 한쪽 눈을 대가로 신성한 음료인 미미르의 샘물(Mímir's Well)을 마셨고, 그 결과 오딘은 세상의 모든 지혜를 얻게 되었다. 신성한 꿀술인 미드(Mead)를 찾기 위해 하늘을 날아다니기도 한다.

오딘은 최후의 전투 '라그나로크(Ragnarok)'를 준비하기 위하여 용감하게 싸우다 죽은 전사들의 영혼을 발할라(Valhalla)로 데리고 온다. 그는 신성한 말 슬레이프니르를 타고 하늘을 날아 전사들의 영혼을 발할라로 모집하는데, 오딘의 부름을 받은 전사들은 발할라에서 최후의 전투를 준비하게 된다. 영화 〈매드맥스〉에서 등장하는 워보이들의 발할라도 같은 개념이다.

오딘의 까마귀 후긴(Huginn)과 무닌(Muninn)

후긴(Huginn)과 무닌(Muninn)은 북유럽 신화에서 오딘의 신성한 까마귀들로, 지혜와 기억을 상징한다. 후민은 '생각'을, 무닌은 '기억'을 의미하는데, 이 두 까마귀는 매일 아침, 세상으로 날아가 세상의 모든 정보를 수집한 후 저녁에 오딘에게 돌아와 보고하는 역할을 한다. 그들의 모습은 신비로운 검은 까마귀로 묘사된다.

오딘은 모든 지식을 얻고자 하는 열망이 강한 신이다. 그는 이 두 까마귀를 통해 세상의 모든 소식을 듣고, 세상에서 일어나는 모든 사건을 알고자 했다. 매일 아침, 오딘은 후긴과 무닌을 그의 거처인 발할라(Valhalla)에서 지상으로 날려 보내, 인간들의 삶, 전투, 정치, 자연의 변화 등을 관찰한다.

오딘의 이야기 중에서는 후닌과 무닌이 북극의 얼어붙은 땅으로 날아가, 그곳에서 일어난 자연 현상들을 보고한 에피소드가 있다. 그들은 혹독한 기후 속에서도 날아다니며, 얼음이 녹아 강이 흐르는 모습, 북극성이 하늘을 밝히는 장면 등을 목격한 후 오딘에게 보고했고, 이 정보를 통해 오딘은 자연의 힘과 주기를 이해하고, 이를 바탕으로 신들의 세계와 인간들의 세계를 연결하는 중요한 결정을 내리곤 한다. 〈왕좌의 게임〉의 북벽과 전령을 전달하는 전서조, 세상을 대신하여 정찰하는 '워그'는 오딘의 신화에서 비롯된다.

발키리(Valkyrie)

발키리는 북유럽 신화에서 전쟁의 여신들로, 오딘(Odin)의 명령을 받아 전사들의 영혼을 발할라(Valhalla)로 인도하는 역할을 한다. 이들은 전투 중 죽은 용감한 전사들을 선택하여 죽은자의 영혼을 오딘의 전사로 삼아 신들과 인간 세계의 종말의 날인 라그나로크(Ragnarok) 때 함께 싸우게 한다.

발키리 아름답고 강인한 여성 전사로 묘사되며, 황금 갑옷을 입고 날개 달린 말을 타고 하늘을 나는 모습으로 그려진다. 황금 투구와 방패를 가지고 있으며, 빛나는 머리카락과 강력한 존재감으로 묘사된다.

전쟁터에서 발키리들은 하늘을 날아다니며 전사의 영혼을 선택하는데, 전쟁 중 용맹하게 싸우다 죽은 전사들의 영혼은 발키리들의 선택을 받아 발할라로 인도된다. 전사를 잘못 선택한 에피소드도 있다. 발키리 중에서도 특히 아름답고 용맹한 브륀힐드(Brynhildr)는 오딘의 명령을 어기고 잘못된 전사를 선택한 죄로 오딘이 깨울 때까지 산꼭대기에서 잠들어 있는 벌을 받게 된다. 산꼭대기에는 불의 고리로 둘러싸여 있었는데, 오직 용맹한 영웅만이 불의 고리를 통과하여 브륀힐드를 깨울 수 있는 마법이 걸려 있었다. 오랜 시간이 흐른 후, 용맹한 영웅 지그프리드(Siegfried)는 불의 고리를 통과하여 브륀힐드를 깨웠고, 두 사람은 서로 사랑에 빠지게 된다. 그러나 지그프리드의 배신과 죽음으로 브륀힐드는 깊은 슬픔에 빠지게 되고, 결국 지그프리드의 시신과 함께 불타는 장작더미에 올라 스스로 생을 마감한다. 두 사람의 영혼은 함께 발할라로 올라갔다.

꿈의 서사시 (발키리)_에드워드 로버트 휴즈
Dream Idyll (A Valkyrie)_Edward Robert Hughes

페룬(Perun)

페룬은 슬라브 신화에서 가장 중요한 신 중 하나로, 천둥과 번개, 전쟁의 신이다. 강한 전사의 모습으로 묘사되며, 번개 화살, 돌도끼, 또는 창을 들고 다닌다. 하늘을 날며 세계를 누비는 능력이 있으며, 하늘에서 번개를 내려치는 모습으로 그려진다.

페룬은 사회적 질서와 권위의 상징으로, 사람들에게는 정의와 보호의 의미를, 적대적인 세력에게는 두려움의 대상으로 여겨져, 고대 슬라브 사회의 지배 계층인 왕과 귀족들과 연관 지어진다.

지하세계의 신인 벨레스(Veles)가 세상의 질서를 어지럽히고, 페룬의 아내와 자녀들을 납치하려 하자, 페룬은 그를 추적하여 벨레스와 격렬한 전투를 벌인다. 이 전투는 계절의 변화와 자연현상을 상징하는데, 페룬이 벨레스를 이기고 다시 질서를 회복시키는 과정은 봄이 겨울을 물리치는 상징적인 표현이라고 해석되기도 한다.

스바로그(Svarog)

슬라브 신화에서 태양과 불, 그리고 대장장이의 신인 스바로그는 우주의 창조자이자 유지자로 묘사되며, 천체와 관련된 힘을 다루는 존재이다. 강력하고 영향력 있는 신으로, 인간 형태를 넘어선 상징적 형태로 표현되기도 한다. 스바로그가 하늘을 날았다는 직접적인 언급은 없지만, 그가 태양과 밀접한 관련이 있고, 태양을 창조했다는 점에서 비행 능력이 있음을 알 수 있다.

스바로그는 대장간에서 금속을 두드려 태양을 만들었으며, 이 태양을 하늘의 마차에 매달아 세상에 빛과 열을 준다. 또 다른 이야기에서는 스바로그가 자기 아들인 다즈보그(Dazhbog)에게 태양을 운반하는 임무를 맡기는데, 다즈보그는 매일 태양을 하늘을 가로질러 이동시키는 임무를 수행한다.

스바로그(2013)_마렉 하픈
Svarog_Marek Hapon

바바 야가(Baba Yaga)

바바 야가는 슬라브 신화와 민담에서 매우 인기 있는 인물로, 노파의 모습을 한 마녀로 묘사된다. 지혜롭고 도움을 주는 존재이지만, 때로는 악독하고 무서운 인물이기도 하다. 영화 〈존 윅〉에서 키아누 리브스는 '바바 야가'라는 별명이 있는데, 바바 야가의 이러한 특성과 닮아있다.

바바 야가는 자신의 마법 솥이나 박하 주머니를 타고 날아다닌다. 깊은 숲속에 지어진 바바 야가의 집은 닭의 뼈 위에 세워져 있는데, 이 집은 그녀의 명령에 따라 빠르게 이동할 수 있다. 바바 야가는 마법적 능력과 신비로움이 가득한 인물로, 마법의 빗자루를 타고 공중을 자유롭게 날아다닐 수도 있다. 바바 야가는 많이 알려져 있는 마녀 이미지의 원형이 된다.

바바 야가(1900)_이반 빌리빈_아름다운 바실리사 중
Baba Yaga_Ivan Bilibin_Vasilisa the Beautiful

중동, 아프리카 권역 신화 속의 날개

이집트 문화 속의 날개

호루스(Horus)

호루스는 이집트 신화에서 가장 중요한 신 중 하나로, 주로 독수리 머리를 가진 인간의 몸으로 묘사된다. 눈은 태양과 달을 상징하며, '하늘의 신'으로서 왕권과 보호의 신이다. 호루스는 왕관을 쓰고 왕권의 지팡이와 생명의 앙크(ankh)를 들고 있는 모습으로도 표현된다. 호루스는 아버지 오시리스(Osiris)가 삼촌인 세트(Set)에 의해 살해되고 분해된 일을 겪은 후, 아버지의 복수를 위하여 어머니인 이시스(Isis)와 함께 삼촌인 세트와의 오랜 전투를 벌이는데, 전투에서 호루스는 눈 하나를 잃게 된다.

오랜 전투가 계속되자, 이들의 갈등을 해소하기 위해 둘은 신들의 법정에 회부되어, 여러 신들의 판결을 받게 된다. 이 판결에서 호루스는 정당

호루스의 상징_르브루 박물관

한 이집트의 왕으로 인정받아 이집트 전체의 왕으로서의 권위를 확립한다.

매는 하늘을 자유롭게 나는 새로, 높은 곳을 날고 넓은 시야를 가지고 있는데, 하늘의 신으로서 호루스의 속성을 상징한다. 매는 매우 빠르고 강한 사냥꾼이므로, 호루스의 매의 머리는 호루스가 가지고 있는 신성한 힘과 능력, 영혼의 보호자라는 호루스의 속성을 표현하는 새이다.

호루스는 오시리스, 이시스와 함께 이집트 역사 내내 최고신으로 숭배받는 신으로, 우제트(Wedjat)라고 불리는 호루스의 눈으로 상징화된다. 호루스의 눈은 이집트 항공사의 엠블럼이다.

이시스(Isis)

이시스는 이집트 신화에서 매우 중요한 여신으로, 마법과 치유, 출산과 어머니의 보호를 상징한다. 왕관을 쓴 여성의 형태로 묘사되기도 하고, 날개를 펼친 모습으로 그려지기도 한다. 날개는 보호와 안식을 제공하는 상징으로, 이시스가 날개로 사랑하는 이들을 감싸 안는 모습은 보호자로서의 역할을 보여준다.

이시스와 남편 오시리스는 땅의 신 게브(Geb)와 하늘의 신 누트(Nut)의 자식이다. 오빠와 결혼한 이시스는 매의 형상을 가진 호루스를 낳았

호루스에게 제물을 바치는 파라오 세티 1세의 신전 그림
Relief in the temple of Seti I of
pharaoh Seti I presenting an offering to Horus

다. 동생 세트가 남편 오시리스를 죽여 그 시체를 열네 조각으로 나누어 나일강에 던져버리자, 남편의 분산된 시신 조각을 모아 수습하고 부활시킨다. 후에 오시리스는 지하세계의 통치자가 된다.

이시스는 이집트 신화에서 가장 존경받는 신 중 하나로, 이시스의 이야기는 생명과 부활, 보호의 테마를 통해 이집트인들에게 큰 영감을 주었다. 이시스는 여성들의 수호자이며, 특히 가족과 아이들을 보호하는 모습으로 현재까지 숭배받고 있는 여신이다.

마아트(Ma'at)

마아트는 이집트 신화에서 진리, 균형, 질서, 조화 그리고 정의를 상징하는 여신이다. 깃털이 달린 왕관을 쓴 여성의 형태로 묘사되는데, 이 깃털은 마아트의 가장 중요한 상징 중 하나이다. 이 '진리의 깃털'은 이집트 사람들이 죽은 후 영혼의 가치를 판단하는 오시리스의 재판에서 죽은자의 심장과 무게를 달아 죽은자의 죄를 심판하는 데 사용된다.

마아트는 이집트 사회와 우주의 질서 유지에 필수적인 존재이다. 왕들은 자신의 통치가 마아트의 원칙을 따른다고 주장함으로써 그들의 정치적 정당성을 확보했다. 마아트의 법칙을 지키는 것은 개인뿐만 아니라 국가 전체에도 적용되었는데, 마아트가 단순히 신화적 인물을 넘어 이집트 문화와 사회 질서 전체에 근본적인 영향을 미친 중요한 신으로 여겨졌기 때문이다.

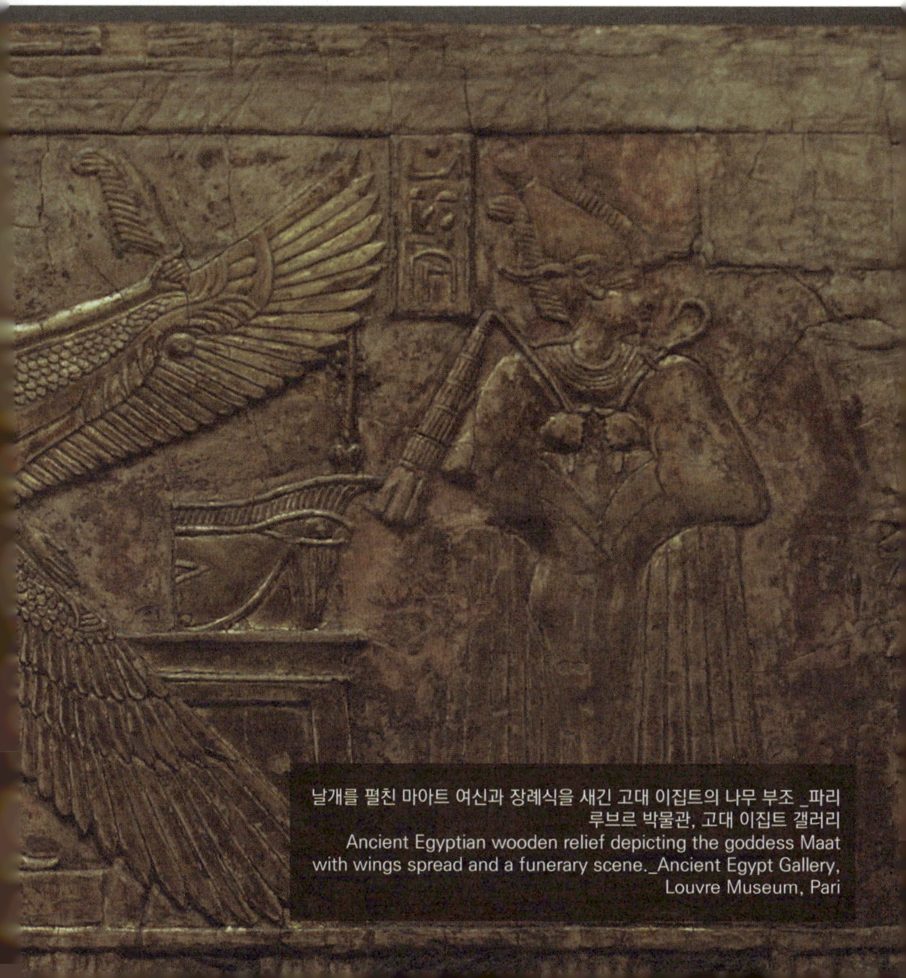

날개를 펼친 마아트 여신과 장례식을 새긴 고대 이집트의 나무 부조 _파리 루브르 박물관, 고대 이집트 갤러리
Ancient Egyptian wooden relief depicting the goddess Maat with wings spread and a funerary scene._Ancient Egypt Gallery, Louvre Museum, Pari

빛의 광선으로 축복하는
라-호라크티를 숭배하는 여인
A woman worships Ra-Horakhty, who
blesses her with rays of light

태양신 라(Ra)

라(Ra)는 이집트 신화에서 태양신으로, 창조와 통치의 신으로 광범위하게 숭배된다. 주로 인간의 몸에 매의 머리를 한 모습으로 묘사되며, 머리 위에는 태양 원반을 쓰고 있다. 뱀이 태양 원반을 감싸는 형태로 표현되기도 하고 날개가 달린 모습으로 묘사되기도 한다. 라의 외관은 힘과 위엄을 상징하며, 태양의 빛과 생명을 부여하는 역할을 강조한다.

라는 매일 아침 동쪽 지평선에서 태양 배를 타고 하늘을 건너 서쪽 지평선으로 움직이는데, 밤이 되면 라는 세계를 둘러싼 거대한 뱀 아포피스(Apep)과 전투를 벌인다. 아포피스는 혼돈과 파괴를 상징하는데, 라는 매일 아포피스를 물리치기 때문에 태양을 다시 뜨게 하여 세상에 질서와 안정을 가져온다.

스핑크스(Sphinx)

이집트의 스핑크스는 고대 이집트 문화에서 상징적인 존재로, 인간의 머리와 사자의 몸을 결합한 형태로 묘사된다. 회화나 조각에서는 날개를 가지고 있기도 하다. 보통 남성적 특징을 가지고 있으며, 이집트 왕들의 권위와 힘을 상징하는 조각상으로 많이 사용되었다. 가장 유명한 스핑크스는 기자의 대스핑크스로, 기원전 2560년경 고대 이집트 제4왕조의 파라오 카프라(Khafra)의 얼굴을 모델로 한 것으로 추정되고 있다. 머리에는 파라오의 전통적인 머리장식인 네메스(Nemeth)를 착용하고 있다.

스핑크스는 이집트의 영향을 받아 그리스 신화에도 나타난다. 그리스의 스핑크스는 사자의 몸을 가진 여성으로 나타나는데, 큰 날개를 가지고 있다. 이집트의 스핑크스는 태양신 라와 밀접한 관련이 있고 왕의 지혜와 힘을 상징하며 수호자의 상징인 반면, 그리스의 스핑크스는 테베 사람들을 벌하러 온 괴물에 가깝다. 근처를 지나가는 여행자에게 '아침에는 네 발, 점심에는 두 발, 저녁에는 세 발로 걷는 동물'의 수수께끼를 낸 존재는 그리스의 스핑크스다.

중동 문화 속의 날개

시무르그(Simurgh)

시무르그는 페르시아 신화에서 중요한 상상의 새로, '셴무르브(Senmurv)' 또는 '안가(Angha)'라고도 불린다. 시무르그는 보통 거대하고 화려한 깃털을 가진 새로 묘사되며, 개나 사자와 같은 특징이 추가되어 표현될 때도 있다. 백색 또는 불꽃처럼 빛나는 다채로운 깃털로 묘사되는데, 특히 날개와 꼬리는 장엄하고 화려하다. 시무르그는 불멸성과 치유의 능력을 지니고 있으며, 지혜와 지식의 전달자로 여겨진다.

페르시아의 서사시 〈샤나메(Shahnameh)〉에 의하면 시무르그가 사악한 왕으로부터 자로(Zaro) 왕자를 구해내어 자신의 둥지로 데려가 보살피고 생존과 지혜를 가르쳐준다는 이야기가 언급된다. 시무르그는 자로가 친부모를 찾고 복수할 수 있도록 지식과 도구를 제공하고, 자로는 시무르그의 도움을 받아 자신의 나라로 돌아가 왕위를 되찾고 정의를 실현한다. 이 이야기는 시무르그가 단순한 새를 넘어서 보호자, 가이드, 그리고 치유자로서의 역할을 의미하며, 인간 세계와 자연 세계 사이의 중재자임을 상징한다.

시무르그가 그려진 우즈베키스탄 부하라의 나디르 디반-베기 마드라사 외부 장식
2013, Nadir Divan-Beghi madrasah, Bukhara, Uzbekistan
ⓒtripfull

엘릴의 성소에서 운명의 석판을 훔치는 안주를 쫓는 번개를 든 니누르타(1853)_
오스틴 헨리 레이어드 니네베의 기념비, 2번째 시리즈
Ninurta with his thunderbolts pursues Anzû stealing the Tablet of
Destinies from Enlil's sanctuary (Austen Henry Layard Monuments of
Nineveh, 2nd Series, 1853)

안주(Anzu)

임두구드(Imdugud)라고도 알려진 안주는 고대 수메르와 아카드 신화에 등장하는 거대한 신화적 새이다. 안주는 독수리와 사자의 특징을 결합한 형태로 묘사되곤 하는데, 매우 큰 날개와 사자의 머리나 사람의 얼굴을 가진 새로 표현되기도 한다. 안주는 번개와 폭풍을 조종하는 능력이 있으며 강력하고 위협적인 자연의 힘을 상징한다.

안주는 신들의 세계를 관리하는 중요한 도구인 '운명의 판'을 관리하는 신 엔릴(Enlil)의 사원에서 일하게 되는데, 운명의 판의 강력한 힘에 매혹된 나머지 이 판을 훔쳐 신들의 결정을 좌지우지 할 수 있는 힘을 얻게 된다. 이로 인해 신들의 세계에 큰 혼란에 빠진다.

신들은 안주에 맞서 싸울 수 있는 영웅을 찾기 시작하고, 결국 닌우르타(Ninurta)라는 신의 도움을 받게 된다. 닌우르타는 전사의 신으로, 안주를 추적하여 치열한 전투를 벌인 결과 승리한 후 안주로부터 운명의 판을 회수하여 엔릴에게 돌려준다. 이 승리로 세상은 다시 질서와 안정을 찾게 된다.

아후라 마즈다(Ahura Mazda)

아후라 마즈다는 고대 페르시아 종교인 조로아스터교의 최고 신으로, 모든 창조의 근원이자 선의 원리이다. 빛과 지혜의 신으로서, 불꽃이나 빛을 내뿜는 존재로 묘사되며, 인간의 형상을 가진 신으로 그려진다. 신과 악마, 질서와 혼돈, 선과 악 사이의 영원한 투쟁에서 선의 힘을 대표하기도 한다. 이란에서는 현재에도 양옆으로 길고 큰 날개라 펼쳐진 형상의 아후라 마즈다의 표식이나 부조를 일상 속에서도 쉽게 찾아볼 수 있다.

조로아스터교에 따르면, 우주는 본질적으로 선과 악의 이중성을 가지고 있으며, 아후라 마즈다는 이 이중성 속에서 선을 지키고 진리를 유지하기 위해 노력하는 신이다. 아후라 마즈다는 선한 세력인 앙그라 마이뉴(Angra Mainy)와 함께 악한 세력인 아리만(Ahriman)과 지속적으로 전투를 벌여, 인간이 선을 행할 수 있는 자유 의지를 굳건히 한다. 아후라 마즈다는 세상을 보다 나은 곳으로 만들기 위해 노력하는 인간들을 지원하고, 그들에게 진리와 선의 가르침을 준다는 믿어 조로아스터인들이 매우 숭배한 신이다.

조로아스터교는 인도-아리안족이 서쪽으로 이동함에 따라 함께 이동한 인도-유럽 문화를 이어받아 조로아스터(본명 : 스피타마 자라투스트라(Spitama Zarathustra))가 기원전 7~6세기경 페르시아에서 창시한 종교이다. 조로아스터교는 하나의 보편적이고 초월적인 신인 아후라 마즈다만이 존재한다는 유일신 사상, 선과 악의 이원론, 최후의 심판, 부활론 등의 종교관을 가지고 있었는데, 이 종교관은 조로아스터교 이후에 창시된 유대교, 기독교, 이슬람교에 큰 영향을 미쳤고, 유일신 종교들의 교리관에 반영되었다.

조로아스터교는 불의 정화 능력을 통해 신의 본성을 깨달을 수 있다고 믿었기 때문에 〈배화교〉, 〈마즈다교〉로도 불리며, 이슬람이 확장함에 따라 세력이 밀려 주변 지역으로 전파되었고, 실크로드를 따라 중국까지 전해졌다.

조로아스터교 불의 사원인 아타쉬 베람(Atash Behram)의
날개달린 아후라 마즈다
2019, Atash Behram, Zoroastrian fire temple, Yazd, Iran
ⓒtripfull

아지다하카(Azi Dahaka)

아지다하카는 고대 페르시아 신화, 특히 조로아스터교 경전에 등장하는 악의 상징인 용으로, '자하크(Zahhak)'라고 불리기도 하며, 악신인 앙그라 마이뉴(Angra Mainyu)가 화신한 존재이다. 세 개의 머리, 세 개의 입, 여섯 개의 눈이 달린 사악한 용으로 묘사된다. 아지다하카의 몸에는 두 개의 뱀이 자라나는 거대하고 위협적인 외모를 가지고 있으며, 독과 파괴의 힘도 지녔다. 전설에 따르면, 아지다하카는 악마 아리만의 도움으로 왕위에 오르게 되는데 많은 사람을 죽이고 선한 통치자들을 제거하여 세상은 잔인함과 공포로 가득 했다고 한다.

아지다하카의 악행으로 많은 고통받는 세상을 구하는 인물은 영웅 페레이둔(Fereydun)이다. 페레이둔은 결국 아지다하카를 물리치고 신성한 알보르즈(Alborz) 산에 묶어두는 데 성공한다. 페레이둔와 아지다하카의 서사는 이란의 시인 피르다우시(Abu al-Qasim Firdowsi Tusi)가 1010년에 완성한 역사 서사시 〈샤나메(Shahnameh)〉에 등장한다. 〈샤나메〉는 호메로스의 〈일리아스〉와 비견되는 페르시아의 걸작으로 칭송받는다.

페레이둔이 탄생하는 악몽을 꾸며 잠에서 깨는 자하크_샤나메
Zahhak awakens in terror from his nightmare at the birth of Fereydun_Shahnameh

두르샤루킨 궁전의 라마수 부조(기원전 721~705년)_네오 아시리아 시대
Shedu, Dur-Sharrukin Palace_Neo-Assyrian Empire

라마수(Lamassu)

〈길가메시 서사시〉에서 언급되는 라마수 또는 알라들람무(Aladlammu), 쉐두(Shedu)라고도 불리는 고대 메소포타미아 문화의 신화적 수호자로, 아시리아 제국의 궁전과 사원의 입구를 지키기 위해 많이 사용된 조각상이다. 라마수는 황소나 사자에 몸통에 인간의 머리가 결합되어 있고 독수리의 날개를 가진 것으로 묘사된다. 인간의 머리는 왕의 권위와 지혜, 황소 또는 사자의 몸통은 힘과 용맹, 독수리의 날개는 신적인 보호와 속도를 의미하여 악의적인 힘과 적으로부터 보호하는 역할을 한다.

라마수의 조각상은 그 자체로도 마법적인 힘을 가지고 있다고 여겨져, 메소포타미아 사람들은 라마수 석상이 세워진 건축물의 입구를 지나는 모든 사람을 신성하게 보호한다고 믿었다.

라마수는 아시리아 제국의 왕권과 권위를 상징하는 중요한 상징물이기도 하다. 왕들은 자신의 통치가 신의 보호와 승인을 받았다는 것을 나타내기 위해 궁전과 중요한 건축물에 라마수 조각상을 설치했는데, 가장 유명한 라마수 유물은 기원전 8세기의 두르샤루킨(Dur Sharrukin) 왕궁의 라마수 부조로, 루브르와 이라크 박물관 등에 소장되어 있다.

알 부라크 알 아스파르(Al-Buraq Al-Asfar)

선지자 무함마드가 이슬람의 두 가장 성스러운 도시, 메카와 예루살렘을 잇는 야간 여행인 이스라(Isra)와 무함마드의 승천인 미라즈(Miraj)에서 탔던 말이다. '부라크(Buraq)'는 번개를 의미하는 아랍어에서 유래했는데, 빠른 속도와 빛을 의미한다. 알 부라크 알 아스파르은 전통적으로 인간의 얼굴, 말의 몸체, 노새와 유사한 꼬리를 가지고 있다. 크고 빛나는 날개를 가지고 있다고 표현되기도 하는데, 이 날개로 순식간에 천국과 땅을 오갈 수 있다.

알 부라크(1770~75)_
페르시아적 요소를 결합한
데칸 양식의 회화
Al Buraq_a Deccan
painting incorporating
Persian elements

이슬람의 마지막 선지자 무함마드는 하룻밤 사이에 메카의 성전에서 예루살렘의 알 아크사 모스크까지 여행하고, 그곳에서 다시 천국으로 올라가 여러 선지자를 만난 후 마침내 하느님(알라)과 대화를 나누는 일정을 수행했다. 이 과정에서 알 부라크 알 아스파르는 무함마드를 안전하고 신속하게 이동시켰는데, 이 신성한 말은 무함마드의 위엄을 더욱 강조하는 요소이다.

플라잉 카펫(1880)_빅토르 미하일로비치 바스네초프
The Flying Carpet_Victor Mikhailovich Vasnetsov

마법의 양탄자(magic carpet)

마법의 양탄자는 중동과 남아시아의 이야기에 등장하는 하늘을 나는 양탄자로, 화려하게 직조된 패턴과 섬세한 장식으로 묘사되며, 탑승자가 명령하는 대로 공중을 자유롭게 날 수 있는 탈 것으로 알려져 있다.

마법의 양탄자와 관련된 대표적인 에피소드는 〈천일야화〉 중 가란판 '아후맛드 왕자와 요정 파리-바누(L'histoire du Prince Ahmed et de la fee Pari-Banou)'와 마르드류스 판 '누렌나하르 공주와 아름다운 마녀의 이야기'에 나온다. 어느 날, 가난한 청년은 우연히 발견한 마법의 양탄자를 타고 왕국의 공주가 사는 궁전 근처까지 날아가게 되고, 그곳에서 공주와 만나 사랑에 빠지게 된다.

왕궁의 거센 반대로 사랑을 이룰 수 없다고 판단한 청년은 마법의 양탄자를 이용해 공주와 함께 도망쳐, 양탄자를 타고 여러 나라를 여행하며 많은 모험을 겪는다. 하지만 공주의 가족은 그들을 찾아내고, 청년에게 공주와의 사랑을 증명하기 위한 여러 시련 과제를 준다. 청년이 모든 시련을 성공적으로 통과한 후, 그들은 왕국으로 돌아가 영웅으로 대접받고, 마침내 공주와 결혼하여 행복하게 산다는 이야기이다. 마법의 양탄자는 디즈니의 애니메이션과 영화 〈알라딘〉의 모티브가 되었으며, 소설, 게임에도 다양한 모습으로 등장한다.

아프리카 문화 속의 날개

임푼둘루(Impundulu)

임푼둘루는 남아프리카의 여러 부족, 특히 코사(Xhosa)족과 줄루(Zulu)족 신화에 등장하는 초자연적인 존재로 '번개 새(Lightning Bird)'로도 불린다. 검은 깃털과 빛나는 눈을 가진 거대하고 강력한 매 또는 독수리와 유사하게 묘사되는 임풀둘루는 번개와 폭풍을 조종하는 새로, 임푼둘루의 등장은 자연재해와 관련이 있다.

줄루족의 마녀는 임푼둘루를 소환하여 새의 힘으로 적을 해치거나 자신의 성적 욕구를 충족시킨다. 임푼둘루는 마녀의 지시대로 적을 제거하고 사람들에게 병을 일으키며 하늘에서 번개를 떨어뜨려 불을 일으켜 농작물을 파괴한다. 임푼둘루는 마녀의 소유물이자 성적 파트너로, 이 새의 강력한 능력은 오로지 마녀에게만 순응한다. 임푼둘루는 자연재해를 의미하므로, 자연재해는 마녀와 연관이 있다고 여겨진다.

남아프리카의 줄루(Zulu)족

아이도 훼도(Aido Hwedo)

아이도 훼도는 부두교와 연관이 깊으며, 서아프리카의 베냉(Benin)의 다호메이(Dahomey) 신화에서 중요한 존재로, 우주 창조에 깊이 관여하는 신화적 뱀이다. 이 거대한 뱀은 '무한한 뱀' 또는 '천상의 뱀'으로 불리며, 우주의 창조와 유지에 필수적인 역할을 한다.

뱀 형상을 한 아이도 훼도의 몸은 천체를 지탱할 만큼 크고 강하다. 몸에서 빛이 나와 밤하늘의 별처럼 보인다고도 한다. 아이도 훼도는 창조의 신 마우(Mau)가 세계를 창조할 때 조력자의 역할을 했는데, 마우가 땅, 산, 강을 만들었을 때, 창조물들을 지탱하기 위하여 자신의 거대한 몸을 사용하여 땅을 감싸고 지지했으며, 바다를 만들고, 몸을 담가 섬들을 만들었다고 한다.

세상을 창조한 후에도 아이도 훼도는 지구가 안정적으로 유지될 수 있도록 세계의 밑바닥에서 끊임없이 움직이는데, 그 움직임은 때로 지진과 같은 자연 현상으로 나타난다. 그래서 신 마우는 아이도 훼도가 지치지 않도록 철을 먹이고, 그의 배설물로 산을 만들었다.

항상 함께 묘사되는 아이도 훼도와 담발라의 부두 상징물
Veve of Ayida-Weddo and Damballa, always depicted together

샌(Cagn)

샌은 보츠와나, 나미비아, 남아프리카의 샌족(부시맨)의 신화에서 샌 또는 가켄(Kaggen)이라고 불리는 창조신이다. 샌은 민첩하고 변화무쌍한 요술사이자 변신의 대가로 묘사되지만, 대체로 사마귀의 형태로 나타난다. 샌은 기발한 아이디어와 무궁무진한 창의력을 가지고 있으며, 그의 이야기는 재치와 유머를 담고 있다고 알려져 있다.

샌은 처음에는 아무것도 없는 공허한 세상에서 달, 별, 동물, 그리고 인간을 창조했고, 각각의 창조물에 생명을 불어넣은 후, 생명들이 살아갈 수 있는 환경을 마련한 신이다. 다른 신화에서는, 샌의 아들이 적대적인 다른 신에게 납치된 적이 있는데, 샌은 아들을 구출하기 위해 사마귀, 나무, 물방울 등 여러 가지 형태로 변신하며 역경을 극복한 후 안전하게 아들을 구출하는 이야기가 등장한다. 우주를 창조한 사마귀의 모습이기 때문에 하늘을 난다고 여겨진다.

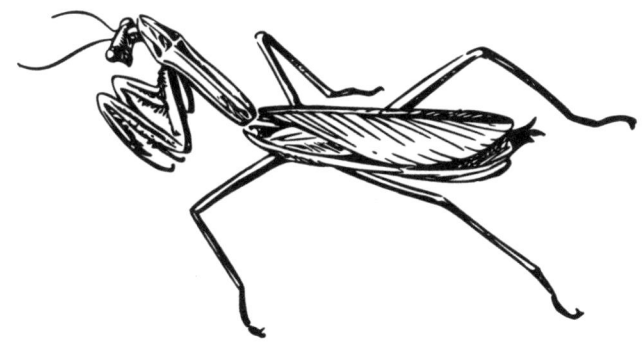

부시맨으로도 불리는 남아프리카 샌족의 창조신 샌의
모티브가 되는 사마귀

아시아 권역 신화 속의 날개

한국

단군왕검(壇君王儉)

　　단군은 고조선의 창시자이자 첫 번째 왕이다. 단군에 관한 이야기는 〈삼국유사〉와 중국의 〈위서(魏書)〉에 기록되어 있다. 단군의 할아버지인 환인은 아들 환웅이 인간 세상에 뜻이 있다는 것을 알고 하늘의 인장인 천부인(天符印) 3개를 주면서 세상으로 내려보냈다. 환웅은 하늘에서 3,000명을 거느리고 인간 세상으로 내려와 태백산에 도읍을 정하여 정착하고 '환웅천왕'이라 명명하였다. 환웅은 하늘에서 내려올 때 풍백(風伯)·우사(雨師)·운사(雲師)를 대동했으며, 곡(穀)·명(命)·병(病)·형(刑)·선(善)·악(惡) 등 인간의 360여 가지 일을 맡아서 세상을 다스렸다.

단군은 환웅과 웅녀(熊女) 사이에서 태어난 아들로, 호랑이와 곰에 관한 이야기는 우리에게 잘 알려진 건국 신화이다. 단군은 고조선을 건국하고 법과 질서를 수립하였으며, 백성들에게 농업, 의학, 법률 등을 가르쳤다. 그의 통치 동안 고조선은 크게 번성하였다.

단군은 인간이지만, 하늘에서 내려온 아버지를 두고 있어 하늘과 땅을 연결하는 인물로 여겨진다. 단군은 약 1천 년이 넘게 고조선을 다스리다가 아사달 산(지금의 백두산)에 들어가 신선이 되었다. 시각적인 날개는 아니지만, 이런 서사 구조는 환웅과 단군을 초월적이고 신성한 존재로 인식하게 한다.

고구려의 삼족오(三足烏)

　　삼족오는 고구려의 벽화와 신화에 등장하는 독특한 새로, 세 개의 발을 가진 까마귀의 형상이다. 삼족오는 태양 안에 산다고 여겨져 태양을 상징하며, 하늘을 비추는 태양의 신령한 힘과 밀접한 관련이 있다. 삼족오는 고구려 사람들에게 중요한 상징적 의미가 있으며, 왕권의 신성함과 강력함을 나타내는 상징으로도 사용되었다.

　　삼족오는 매일 아침 태양이 솟아오르는 것을 돕고, 태양이 하늘을 가로질러 이동할 수 있도록 인도하는 역할을 한다. 태양과 함께 하늘을 비행하며 세상에 빛을 가져다주기 때문에 태양의 움직임과 직접적으로 연결되며, 낮과 밤의 교차 및 계절의 변화를 조절하는 중요한 역할을 담당한다.

　　고구려의 고분 벽화에서 삼족오는 강력하고 신비로운 존재로 묘사되며, 태양을 에워싼 존재로 그려진다. 또한 삼족오는 단순한 신화적 새를 넘어서 왕과 국가의 권위를 상징하는 토템이었으며, 이는 고구려의 왕들이 하늘의 은총을 받았다는 것을 나타내는 신성한 표식으로 사용되었다. 고구려 벽화고분에도 그려져 있는 삼족오는 고구려의 예술과 종교에도 중요한 의미를 지닌다.

한국의 조우관(鳥羽冠)

　　　　유네스코 세계문화유산인 아프라시압 궁전 벽화(Afrasiab Painting)는 1965년 우즈베키스탄의 사마르칸트 지역에서 발굴된 스키타이-소그드 문화의 대표적인 예술 유적으로, 7세기 중반에 완성되었다고 추정된다. 이 벽화는 아프라시압 궁전의 메인 홀 입구에 위치하는데, 특히 서벽은 전 세계적으로 유명하다. 이 벽화에는 7세기 당시 아프라시압의 지배자 소그드(Sogd)의 왕 바르후만(Varkhuman)을 알현하기 위해 다양한 나라에서 온 사절단이 그려져 있는데, 이들 중에는 차가니안, 차치, 당, 티베트, 튀르크 사신과 한반도 출신으로 추정되는 사절단이 포함되어 있다. 특히 차가니안(Chaganian) 사절

우즈베키스탄의 아프라시압 벽화 속 조우관을 쓴 두 사신
2013, Afrasiab Painting, Afrasiab Museum, Samarkand, Uzbekistan
ⓒtripfull

의 옷자락에는 소그드어로 된 명문이 기록되어 있어, 이 벽화가 어떤 상황을 반영하는지 명확히 알 수 있다.

　　　　사절단 중에서 조우관을 쓴 두 명의 사신이 한반도의 출신으로 추정되는 이유는, 이 사절단이 고구려 특유의 복식인 조우관(鳥羽冠)과 환두대도(環頭大刀)를 차고 있는 모습으로 묘사되어 있기 때문이다. 조우관은 두 개의 깃털로 장식된 고구려식 모자이며, 환두대도 또한 한반도에서 출토되는 고구려의 고유한 칼이다.

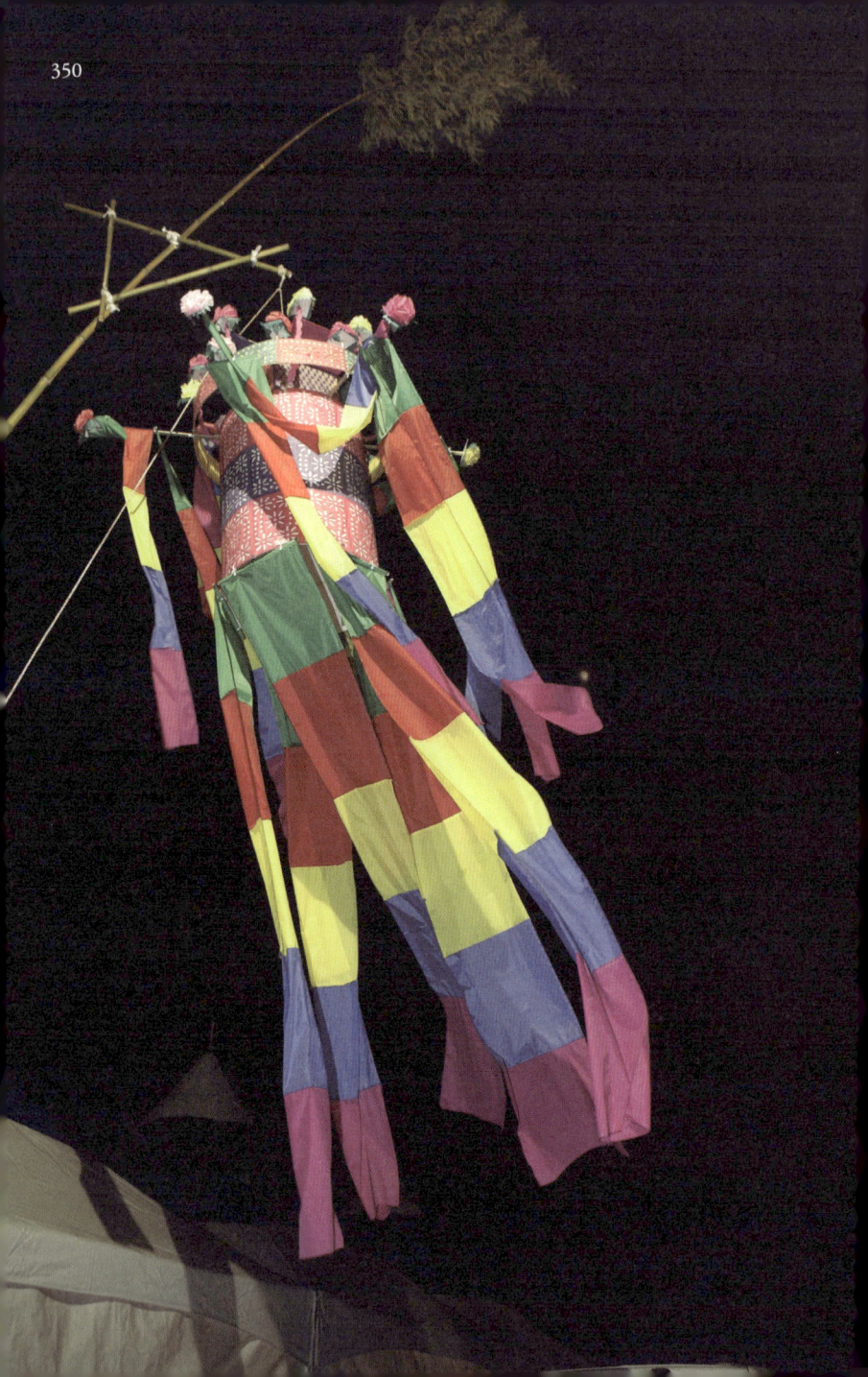

동해안 별신굿의 무구(巫具)
2010, 경주, 한국
ⓒtripfull

바리공주

바리공주는 한국의 무속 신화에서 중요한 인물로, 진오기굿, 오구굿, 씻김굿, 망묵이굿 등 굿에서 저승 신의 서사무가의 원형이다. 바리공주는 '바리데기', '칠 공주'라고도 불리는데, 바리공주는 '버려진 공주'를 의미한다.

바리공주는 옛날 '불라국'이란 나라에 오구대왕과 길대부인 사이의 일곱 번째 딸로 태어났지만, 공주의 부모는 아들을 원했기 때문에 부모로부터 버림받는다. 버려졌다고 하여 '바리데기'라는 이름을 얻은 바리공주는 다행히 비럭공덕 할아비와 할미에게 구조되어 무사히 성장하여 강력한 치유 능력을 갖춘 샤먼으로 자라난다.

왕이 중병에 걸리자, 바리공주는 아버지를 위하여 죽은 자들의 세계인 저승으로 내려가서 치료법을 찾기로 결심한다. 이승과 저승을 오가는 위험한 여정에서 바리공주는 여러 가지 시련과 도전을 겪으면서도 결국 저승의 신들로부터 생명수를 얻어 아버지를 치료하는 데 성공한다. 그래서 바리공주의 신화는 죽음과 삶, 병과 치유, 재생, 운명을 극복하는 여성의 힘, 보호 등을 상징한다.

바리공주가 날개를 가지고 있거나 물리적인 비행을 한 것은 아니지만 신화학자들은 저승으로의 여정을 상징적으로 영혼의 비행으로 생각한다. 신적인 힘과 자신의 의지로 삶과 죽음의 경계를 초월하며, 저승과 이승을 '비행하듯이' 오가는 능력은 한국 무속 사령제 무의의 원형으로 자리 잡아 여전히 무당에게 숭배되고 있다.

천마총의 천마(天馬)

천마총(天馬塚)

천마총은 경주에 있는 신라 시대의 대표적인 고분 중 하나로, 5세기 후반~6세기 초에 축조되었을 것으로 추정되는 돌무지덧널무덤이다. 정식 명칭은 황남동 제155호분이지만, 하늘을 나는 말인 천마(天馬)가 그려진 장니(障泥, 안장의 일부) 2장이 발굴되어 '천마총'으로 불린다.

천마총에는 순백의 날개가 달린 말 한 마리가 하늘로 올라가는 천마도(국보 제207호) 2점, 금관(국보 제188)과 금모(국보 제189호), 서조도(瑞鳥圖)와 기마인물도(騎馬人物圖) 등 11,000점이 넘는 부장품이 출토되었다. 고분의 정확한 주인은 알 수 없지만, 신라 22대 왕인 지증왕으로 추정하고 있다.

천마총에서 발견된 천마도는 신라인들의 세계관과 종교적 신념을 엿볼 수 있는 중요한 유물이다. 이 그림에서 천마는 하늘과 지상을 오갈 수 있는 신성한 동물로, 매우 역동적으로 묘사되어 있으며, 죽음 후에도 영혼이 하늘로 비상하길 바라는 신라인들의 세계관을 반영한 그림이다.

사신도의 청룡과 주작

한국 고분 벽화에서 사신도(四神圖)는 고대 왕릉 또는 귀족의 무덤 벽에 그려진 그림 장식이다. 이 벽화들에 그려진 사신도는 사방을 지키는 네 마리의 신령한 동물인 청룡(靑龍), 백호(白虎), 주작(朱雀), 현무(玄武)로, 각각 동, 서, 남, 북을 상징하며, 무덤이나 왕릉을 악령으로부터 보호하고, 사후 세계에서 왕 또는 귀족의 영혼이 평화롭게 존재할 수 있도록 한다. 사신도는 방위와 색깔을 의미하고 있는데, 도교의 영향을 받은 상징이다.

사신도의 네 사신 중 하늘을 나는 동물은 청룡과 주작이다. 청룡은 동쪽을 상징하는 용으로, 길고 유려한 몸매에 푸른색 비늘을 지녔다. 주작은 남쪽을 대표하고, 화려한 붉은색 깃털을 지닌 새로 그려진다. 주작은 날개를 활짝 펼치고 하늘을 나는 모습으로 묘사되며, 주작의 비상은 새로운 시작과 변화의 가능성을 암시한다. 주작의 비행은 영혼이 사후 세계로 승천하는 과정을 상싱석으로 나타내기도 한다.

강서대묘의 주작

청룡은 번영과 풍요를 상징하며, 비와 관련된 자연 현상을 조절한다. 청룡은 날개가 없는 전형적인 동양의 용 형태로 묘사되지만, 동양 신화 속에서는 용은 구름과 안개를 타고 하늘을 자유롭게 날아다니는 존재이다.

고분 벽화 속에서 이 사신들은 무덤 주인공의 사회적 지위나 신앙, 미적 취향을 반영하는 동시에, 사후 세계에서의 보호와 안녕을 기원한다. 사신도가 그려진 고분은 대체로 신라와 고구려, 백제 등 삼국시대에 걸쳐 다양하게 조성되어 있지만, 특히 고구려의 고분 벽화는 사신도를 더욱 적극적으로 그렸다. 특히 강서대묘(江西大墓)에서 발견된 사신도는 당시 사람들의 종교적 신념과 예술적 성취를 보여주는 중요한 유물이다. 이 벽화들은 단순한 장식 이상의 의미를 갖는데, 그것은 고대인들이 죽음과 사후 세계를 어떻게 인식하고 있었는지, 그리고 자연과 우주에 대한 그들의 이해를 말해주기 때문이다.

강서대묘의 청룡

비천(飛天)

비천(飛天)은 불교 미술에서 흔히 보이는 천상의 존재들로, 하늘을 나는 신선이나 천사와 비슷한 역할을 한다. 비천은 불교 경전과 예술에서 보살과 부처를 둘러싸고 음악을 연주하거나 춤을 추는 모습으로 표현되며, 부처의 가르침과 깨달음의 경지를 상징적으로 나타낸다. 보통 인간의 형상에 하늘하늘한 날개옷인 천의(天衣), 구름 등과 함께 묘사되는데, 비천의 비행은 하늘과 땅, 즉 세속과 초월적인 세계를 잇는 중요한 상징으로 작용한다. 비천은 연꽃 위에 서 있거나 부드러운 구름 위를 나는 모습으로도 그려진다. 비천이 천상의 존재임을 표현하며, 그들의 존재가 세속적인 것과는 다른, 순수하고 신성한 영역에 속함을 의미한다.

비천은 인도 불교 미술에 등장하는 압사라(Apsaras)에서 유래하였으며, 힌두의 다양한 종교적 배경과 신화가 한국을 포함한 동아시아 불교 문화권에 전파되어 유사한 개념을 공유하기도 한다.

한국에서 비천은 주로 불교 사찰의 벽화, 탱화(掛畵), 그리고 석조 불상의 장식 등에서 볼 수 있다. 특히 신라와 고려, 조선시대의 불교 미술에서 비천은 불교 신앙의 깊이와 함께 예술적으로도 매우 발전했다. 비천은 아름다운 옷을 입고, 다양한 악기를 연주하거나 춤을 추는 모습으로 묘사된다.

비천의 날개는 자유롭게 하늘을 날아다니며 세상의 번뇌와 괴로움에서 벗어날 수 있는 능력을 상징하는데, 이는 불교에서 중요한 개념인 해탈과 깨달음을 향한 자유로운 영혼의 움직임을 의미하는 것이다. 비천의 비행은 불교 경전에서 설명하는 여러 세계와 극락을 자유롭게 오가는 능력을 상징하기도 한다. 비천은 한국 불교 미술에서 중요한 예술적 소재로 자리 잡았다. 그중 에밀레종이라고 알려진 '성덕대왕신종'의 비천상이 가장 유명하다.

성덕대왕신종의 비천
2010, 경주국립박물관, 경주, 한국
©tripfull

선녀(仙女)

한국의 선녀는 전통적으로 하늘에서 살며, 아름다운 외모와 신비로운 능력을 지닌 초자연적인 존재로 묘사된다. 이들은 주로 한국의 민담이나 설화에서 등장하는데, 천상의 세계에서 살지만 때때로 지상으로 내려와 인간과 교류하는 모습으로 나타나기도 한다. 가장 유명한 이야기는 '선녀와 나무꾼'이다.

선녀는 인간의 모습으로 은은하게 빛나며, 춤을 추거나 음악을 연주하는 등 예술적인 활동을 즐기는 모습으로 묘사된다. 선녀의 날개옷은 선녀가 지상과 천상을 오고 갈 수 있게 하는 수단으로, 신성함과 초월성을 상징한다.

해와 달을 삼킨 까마귀와 개구리

천상에는 호기심이 많은 해와 달 자매가 살고 있었다. 어느 날 자매는 천상의 정원에서 놀다가 지상의 세상을 탐험하고 싶은 생각에 지상으로 놀러 나간다. 이를 눈치챈 까마귀와 개구리는 자매가 놓고 간 해와 달을 삼키기로 하고, 자매가 지상에 내려가 있는 사이에 천상으로 올라가, 까마귀는 해를, 개구리는 달을 삼킨다. 이로 인해 지상에는 갑자기 해와 달이 사라지고 어둠이 찾아온다.

하지만 까마귀와 개구리가 해와 달을 제대로 다루지 못하면서 문제가 발생한다. 까마귀와 개구리는 해와 달을 오래 붙잡고 있지 못하고 결국 토해내게 되고, 해와 달이 원래 자리로 돌아오면서 지상에는 다시 빛이 돌아온다.

이 이야기는 한국 전통 설화 중 하나로, 태양과 달이 일식과 월식을 겪는 원인을 상상력 있게 설명하는 이야기이다. 이 이야기는 자연 현상에 대한 고대 사람들의 이해와 우주관을 담고 있다.

금제 비천 장식
2010, 경주국립박물관, 경주, 한국
ⓒtripfull

중국

손오공(孫悟空)

손오공은 중국 고전 소설 〈서유기〉의 주인공으로, '옥황상제'의 황금 옥좌를 요구할 정도로 대담하고 재치 있으며 꾀가 많은 원숭이다. 원래 이름은 '석가몽', 또는 '손행자'이며, '손오공'은 그가 받은 도명(도교에서 수행자에게 주어지는 이름)이다. 손오공은 노란 털에 불타는 눈동자를 가진 원숭이로, 하늘을 난다거나, 변신술을 자유자재로 사용하는 등의 특별한 능력이 많다. 원래는 화과산에서 원숭이의 우두머리였으나, 천계의 신에게 행패를 부려 석가여래에 의해 오행산에 갇히게 되지만, 불법을 구하러 천축국(지금의 인도)으로 여행 중이던 현장(삼장법사)에게 구출되어 첫 제자가 되고 함께 길을 떠난다. 유명한 〈서유기〉의 이야기이다.

손오공은 무기는 무게가 8,100kg에 달하는 '여의금고봉'(如意金箍棒, 여의봉)을 들고 다니는데 크기와 무게를 자유자재로 변한다. 여의봉은 원래 동해 용왕의 궁전에 있던 것으로, 손오공이 용왕에게서 얻어낸 것이다.

손오공은 한 번에 10만 8천 리를 갈 수 있다고 하는 근두운(觔斗雲)을 타고 다닌다. 서유기 속에서는 손오공이 근두운을 타고 현장법사를 위협하는 요괴들을 처치하거나 특정 장소를 빠르게 다녀오는 등의 이야기가 등장하지만, 그토록 빠른 근두운을 타고서도 석가여래의 손바닥 안을 벗어나지는 못한다고 한다.

서유기, 진령편에 묘사된 손오공과 철선공주(1592년)
Sun Wukong and Princess Iron Fan, as depicted in the Journey to the West, Shidetang Hall of Jinling edition

訶芭蕉扇

芭蕉洞

천룡(天龍)

'하늘의 용'인 천룡은 우주의 질서를 유지하고, 자연 현상을 조절하는 능력을 가지고 있어 신성하고 강력한 힘을 지닌 용이다. 천룡은 긴 몸체와 번쩍이는 비늘, 그리고 강한 자태로 묘사되며, 구름과 안개 속을 헤치며 비를 내리거나 바람을 일으킨다.

고대 중국의 한 황제가 극심한 가뭄으로 백성들이 고통받고 있을 때, 천룡은 황제의 간절한 기도를 듣고 인간 세계의 위기를 해결하기 위하여 하늘에서 내려와 비를 내려주었다고 한다. 이 비는 농작물을 살리고, 굶주림

을 멈추게 했는데, 천룡은 다시 하늘로 올라가기 전, 황제에게 자연을 존중하고 잘 관리할 것을 당부한다. 천룡은 인간의 형태로 변해 지상에 내려와 정의와 도덕성을 시험하기도 한다. 천룡이 여러 도시를 방문하며 사람들의 행동과 의지를 관찰했는데, 자신을 도와준 한 가난한 농부에게 감동하여, 그의 마을에 영원한 번영을 가져다주는 마법의 우물을 선물로 남겼다는 이야기도 있다.

천룡은 비와 바람, 별과 달과 관련이 있으므로, 하늘과 가까운 존재이다. 또한 구름과 비를 관장하므로 농경사회 문화와도 밀접한 관련이 있다. 이 초자연적인 상상의 동물은 그래서 중국의 많은 이야기에 등장하며 여전히 사람들에게 사랑받으며, 한국, 일본, 동남아시아에도 전파되어 비슷한 개념의 용의 모습으로 자주 등장한다.

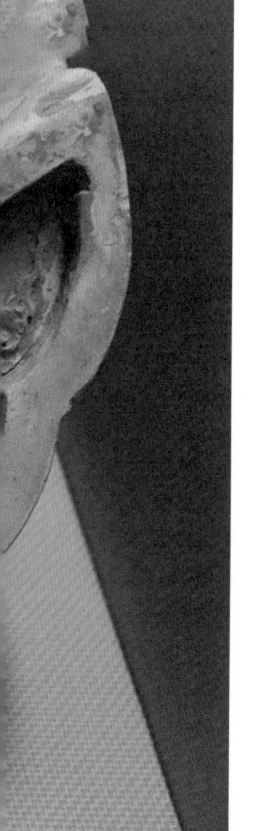

천룡으로 장식한 중국의 암막새
2018, 시안박물관, 시안, 중국
ⓒtripfull

봉황(鳳凰)

봉황(鳳凰)은 중국 신화에서 매우 중요한 신화적 존재로, 재생과 불멸, 고귀함을 상징하며, 화려하고 아름다운 새의 모습으로 묘사된다. 몸은 금빛과 붉은색 비늘로 덮여 있고, 머리에는 왕관 같은 장식이 있으며, 깃털은 불꽃처럼 번쩍이는 모습을 하고 있다. 봉황 자체가 왕의 상징이며, 고귀하고 정의로운 통치를 상징하는 데에도 사용된다. 용과 함께 우주의 조화와 균형을 상징하는 존재로도 여겨진다.

고대 중국에서 봉황은 왕이나 황제가 정의롭고 현명할 때만 나타난다고 믿어졌다. 봉황이 나타나는 것은 그 지역이나 국가가 평화롭고, 번영하며, 정의가 실현되고 있다는 징표이다. 봉황은 하늘에서 내려와 특정 지역을 순회하기도 하고, 지도자와 사람들을 심판하기도 한다. 봉황의 비행은 단순히 이동 수단을 넘어서 신성함과 초월적인 능력을 상징하는데, 봉황이 날개를 펼쳐 비상하는 모습은 하늘과 땅을 잇는 다리 역할을 의미하기도 한다.

봉황은 상서롭고 우아한 이미지 때문에 중국의 황후나 한국의 왕비를 상징하기도 한다. 황후와 왕비의 옷과 처소에서는 봉황으로 장식된 것들이 많다. 음양에 따라 양을 상징하는 용과 함께 황제와 황후, 왕과 왕비로 짝을 이룬다.

샤오셴춘 황후의 초상화에 등장하는 봉황 장식 의자 일부
Portrait of an empress, possibly Empress Xiaoxianchun, (wife of the Qianlong Emperor) sitting on a chair decorated with phoenixes

Classic of Mountains and Seas illustration of a nine-headed phoenix
(colored Qing Dynasty edition)

선인(仙人)

신선으로 잘 알려진 선인은 중국 문화에서 매우 중요한 신화적 존재로, 불멸과 초월적인 능력을 지닌 도인들을 지칭한다. 선인은 일반적으로 노인의 형상을 하고 있으며, 긴 수염과 유려한 옷차림을 하고 있다. 이들은 자연과 조화를 이루며 살아가는 존재로, 마법 같은 능력을 사용하여 사람들을 돕고 자연의 균형을 유지한다. 선인은 도교의 영향으로 만들어진 존재로, 한국과 일본에도 비슷한 개념을 공유하고 있다. 한국의 사찰에는 신선들을 위한 독특한 양식인 산신각(山神閣)이나 삼성각(三聖閣)이라는 별도의 건물이 있는데, 이 건물은 불교 고유의 것이 아니라 신선을 모시는 한국의 토착 민간신앙을 수용한 결과물이다. 한국에 산신각에 등장하는 선인은 호랑이나 학을 타고 있는 신선으로 그려져 있는 경우가 많다.

신화에서 선인은 하늘을 날아다닌다고 묘사된다. 구름을 타고 자유롭게 날아다니거나, 구름 위에서 명상하기도 하고, 구름을 타고 다른 선인들과 만나 교류하기도 한다.

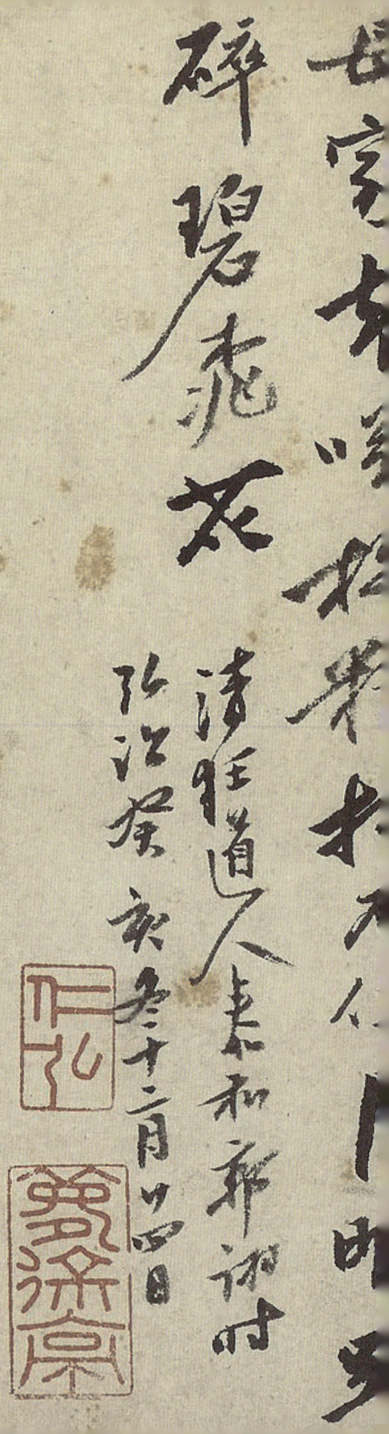

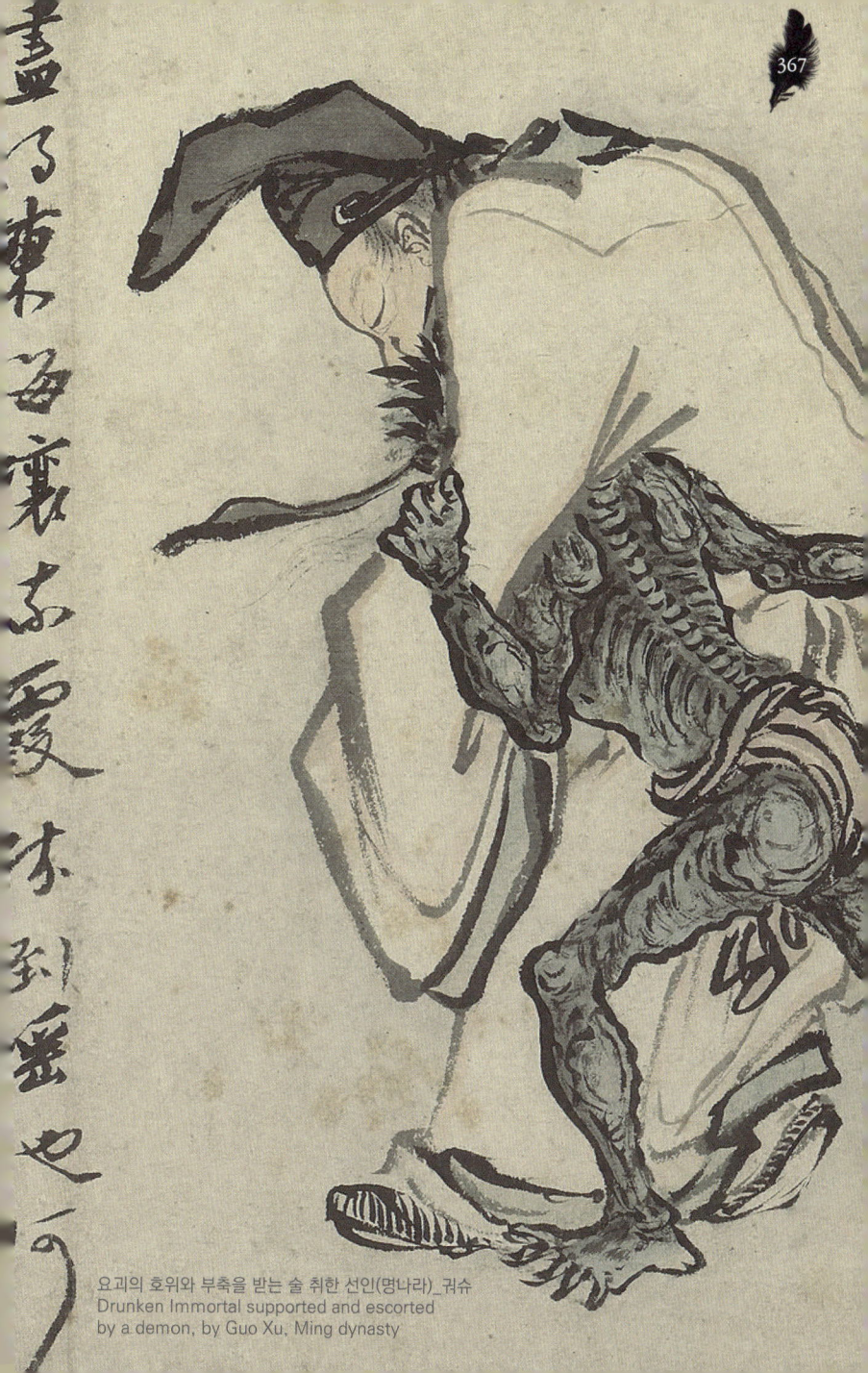

요괴의 호위와 부축을 받는 술 취한 선인(명나라)_궈슈
Drunken Immortal supported and escorted by a demon, by Guo Xu, Ming dynasty

일본

아마테라스 오미카미(天照大神)

일본 신화에서 가장 중요한 신 중 하나로, 태양 여신이자 신들의 세계인 탁아마가하라(高天原)의 지배자이다. 주로 아름다운 여성으로 묘사되며, 거울, 비녀, 명주 등을 소유하고 있어 귀족적인 아름다움과 존엄성을 상징한다. 세상이 위기에 빠지면 이 빛나는 이 여신은 숨어있던 하늘의 동굴에서 나와 세상으로 내려온다.

가장 유명한 신화적 에피소드는 아마테라스가 아마노이와토(天岩戶)라는 동굴에 숨어버린 이야기이다. 동생 스사노(須佐之男)가 하늘과 땅을 황폐화시키며 무질서를 일으키자, 아마테라스는 그의 파괴적인 행동에 깊은 슬픔과 분노를 느낀 나머지 태양으로서의 역할을 포기하고, 아마노이와토 동굴에 숨어 세상을 어둠 속에 남겨두기로 한다.

우타가와 쿠니사다의 이와토 카구라의 기원(1844년)
The Origin of Iwato Kagura by Utagawa Kunisada

아마테라스가 숨어버리자 세상은 완전한 어둠에 휩싸였다. 아메노우즈메(天宇受賣命)라는 신은 그녀를 위해 동굴 앞에서 춤을 추고, 다른 신들이 크게 웃고 즐거워하자, 호기심을 참지 못한 아마테라스가 동굴 밖으로 나왔다. 이때 아메노우즈메는 거울로 아마테라스의 모습을 비췄는데, 그녀가 거울 속 자기 모습에 놀라는 순간 동굴 입구를 막았다. 아마테라스가 동굴 밖으로 나와 세상을 다시 밝아졌고 악령들의 세력이 위축됐으며, 지상에는 질서와 평화가 되돌아왔다.

아마테라스, 즉 태양의 이동은 신화적이고 상징적인 비행을 의미하며, 일본 신화에서 태양과 생명의 원천으로, 빛과 열이 모든 생명에 영향을 미치는 중대한 힘으로 여겨진다.

텐구(天狗)

텐구는 일본 신화와 민속에서 중요한 역할을 하는 초자연적인 존재로, 원래는 산과 숲을 지키는 신령이다. 시대와 지역에 따라 다양하게 나타나지만, 대부분 긴 코와 붉은 얼굴을 가진 인간 형태로 묘사된다. 길고 빨간색의 판초를 입고, 손에는 부채를 들고 있으며, 까마귀와 비슷한 외모로 날개가 달린 모습으로 나타나기도 텐구는 하늘을 날아 신속하게 이동할 수 있으며, 여러 장소에서 사건들에 즉각적으로 개입할 수 있다.

텐구의 기원은 불교와 신토의 영향을 받은 일본의 고대 신화에서 찾을 수 있다. 초기 불교 문헌에서는 텐구를 '천구(天狗)'로 언급하며, 불교 수행자들을 시험하는 악령으로 묘사했다. 그러나 시간이 지나면서 텐구는 단순한 악령에서 벗어나 더욱 복잡하고 다면적인 존재로 발전했다. 신토의 영향 아래, 텐구는 산과 숲의 수호신으로 여겨지며, 자연의 힘과 조화를 상징하게 되었다.

텐구는 일본의 민속 이야기와 전설에서 다양한 역할을 한다. 인간에게 재난을 가져오거나, 오만한 사람들을 벌하기도 하지만, 텐구는 단순히 악한 존재가 아니라, 사람들에게 교훈을 주고 성장을 돕는 존재이다. 이들은 무술과 지혜를 가르치며, 인간이 자연과 조화를 이루도록 돕는다.

텐구의 이야기는 일본의 예술과 문학에서도 자주 다뤄진다. 가부키와 노 같은 전통 연극에서는 텐구가 중요한 역할을 하며, 그들의 신비로운 모습과 능력은 관객들에게 깊은 인상을 준다. 현대 일본 문학과 만화, 애니메이션에서도 텐구는 자주 등장하며, 그들의 상징성과 신비로움을 현대적인 이야기 속에서도 유지하고 있다.

텐구를 제압하는 고마와카마루 요시나카 기소(1866)_쓰키오카 요시토시
Kiso Komawakamaru Yoshinaka Conquering the Tengu_Tsukioka Yoshitoshi

히다카 강에서 뱀으로 변하는 기요히메(1865)_쓰키오카 요시토시
Kiyohime, Emerging from the Hidaka River, Turning into a Serpent _Tsukioka Yoshitoshi

기요히메(清姬)

　　기요히메의 용 또는 뱀 변신 이야기는 일본의 유명한 민담 중 하나로, 배신과 복수의 주제를 담고 있다. 기요히메는 아름다운 젊은 여성으로, 도자키라는 젊은 승려를 진심으로 사랑하게 되면서 시작된다. 도자키는 그녀의 집을 방문하여 하룻밤을 머물게 되고, 두 사람은 서로에게 호감을 느끼지만, 도자키는 승려로서의 금욕적인 삶을 유지해야 한다는 부담감에 그녀의 사랑 고백을 거절하고 떠나기로 결심한다. 승려는 기요히메가 잠든 사이에 몰래 떠나려 하지만, 기요히메는 이를 눈치채고 그를 쫓아간다. 기요히메가 도자키를 추적하는 동안 그녀의 분노와 절망이 극에 달하고, 이 감정은 그녀를 용으로 변하게 만든다. 변신한 기요히메는 끝내 도자키를 발견하여 위협하지만, 도자키를 해치지 못하고 불길 속으로 뛰어들어 스스로 목숨을 져버린다.

　　일본 전통 예술인 노와 가부키에서는 기요히메의 이야기가 극적으로 연출된다. 이 연극에서는 기요히메의 변신과 움직임이 과장되고 상징적으로 표현되며, 그녀가 용 또는 뱀으로 변신하여 쫓아가는 장면은 환상적이고 신비롭게 묘사된다. 전설에서는 기요히메는 날아다니는 존재는 아니지만, 노와 가부키의 연출 방식이 기요히메가 날 수 있는 듯한 인상을 주기도 한다.

〈초록 버드나무와 다른 일본 동화집〉의 새 형상의 요정 Pl.01 (1910)_워릭 고블
Green Willow and other Japanese fairy tales Pl.01_Warwick Goble

츠루(鶴, つる)

츠루는 일본어로 '학'을 뜻한다. 일본 문화에서 학은 장수와 행운, 신성함과 순수함을 상징하며 민담과 신화에서 중요한 역할을 담당하는데, 특히 〈츠루의 노래〉라는 유명한 일본 민담에서의 중심 캐릭터이다.

이 이야기는 한 늙은 부부가 겨울날 추위에 떨고 있는 학을 구해준다는 내용으로부터 시작된다. 감사의 표시로 학은 아름다운 여인의 모습으로 변신하여 부부의 집을 다시 찾아가 그들과 함께 생활하게 된다. 여인은 직조 기술이 뛰어나고, 부부는 여인이 짠 천을 팔아 작은 부를 이룬다. 여인은 자신이 베를 짤 때 절대로 방을 엿보지 말아 달라고 부탁하지만, 호기심을 참지 못한 부부는 여인의 당부를 어기고 문틈을 엿본다. 베틀에는 여인이 아닌 자기 깃털을 뽑아 베를 짜는 학이 앉아 있었고, 부부는 결국 여인이 자신들을 도와준 신비한 학임을 깨닫게 된다. 이후 학은 자신의 정체를 드러내고 부부에게 작별을 고하며 다시 학의 모습으로 하늘로 돌아간다.

무수히 많은 학이 날아다니는 후리소데 (1910~1930)_작자미상
Furisode with a Myriad of Flying Cranes_ Anonymous

인도와 동남아시아

가루다(Garuda)

힌두 신화에서 가루다는 새의 왕이자 비슈누의 탈것으로, 사람의 몸과 독수리의 날개를 닮은 황금 날개, 부리와 발톱을 가지고 있으며, 날개를 펼치면 길이가 336만 리나 된다고 한다. 금색 몸에 붉은 날개를 가진 거대한 새로 그려지기도 하며, 비상한 힘과 빠른 속도로 비행할 수 있었다

가루다는 어머니 비나타(Vinata)가 나가(뱀)들의 어머니 카드루(Kadru)와의 내기에서 패하여 나가들의 노예가 되자, 어머니를 해방하기 위해 신들의 음료이자 생명수인 암리타(Amrita)를 훔쳐 오라는 나가들의 요구를 받아들여 신들의 세계인 스와르가(Swarga)로 들어가게 된다. 거대한 날개로 폭풍과 바람을 일으켜 인드라와 바유를 포함하여 강력한 신들을 모두 쓰러뜨린 가루다는 마지막 관문인 불을 뿜는 거대한 불의 원을 지나기 위해 여러 개의 강물을 모두 마셨다. 이 모습을 본 신들은 감명받아, 다시 돌려주는 조건을 걸고 암리타를 준다.

가루다는 암리타를 나가에게 전달하고 어머니를 구해낸다. 암리타는 인드라 신이 나가들로부터 다시 회수되고, 신들의 중재로 나가들과의 영원한 휴전을 약속받는다. 이후 가루다는 비슈누의 충실한 탈것이 되어, 신들의 세계와 인간 세계 사이를 자유롭게 날아다니며 비슈누를 보좌하는 위치에 오르게 된다. 불교에서는 가루라(迦樓羅)로 표현된다.

▲암리타의 병을 들고 돌아오는 가루다(1825)_작자미상
Garuda returning with the vase of Amrita_Unknown

◀프랑스 보호 기간 동안의 캄보디아 동전(1853)
A Cambodian coin during French Protection period

수리야(Surya)

인도 신화의 태양신 수리야는 태양, 우주의 삶과 에너지, 건강을 주관하는 중요한 신이다. 두 개의 손에 연꽃을 들고 금빛 갑옷과 빛나는 왕관을 착용한 모습으로 표현되며, 네 개의 팔과 세 개의 눈을 가진 모습에, 새빨간 피를 가지고 있다고 묘사된다. 일곱 마리 말이 끄는 화려한 전차를 타고 하늘을 여행하는 모습으로 묘사되기도 한다. 마차의 마부는 새벽의 신 아루나(Aruna)이다.

수리야는 전차를 타고 하늘을 날며 매일 지구를 한 바퀴 돈다. 이 비행은 태양의 일출과 일몰을 상징하는데, 수리야가 하루의 시간과 계절의 변화를 주관하며 인간 세계에 영향을 끼친다는 것을 의미한다.

◀바타라 수리아 와양(그림자 인형극)의 인형 (1940)
Batara Surya wayang (puppetry) figures

▶팔라세나 시대 수리아 석조 조각상
Pala-Sena Period Stone Carving of Surya at Asian Civilisations Museum

▶▶힌두교 사원의 동쪽의 수호신, 인드라
Indra is typically featured as a guardian deity on the east side of a Hindu temple

인드라(Indra)

인드라(Indra)는 인도 신화에서 가장 영향력 있는 신 중 하나로, 천둥, 전쟁, 비, 폭풍, 우주와 풍요의 신이자 신들의 왕이다. 제우스나 토르와 유사한 존재로, 인도 신화에서는 힘과 용기, 왕권을 상징한다. 인드라는 브리하스파티(Brihaspati)의 아들로, 금색의 몸에 번개를 상징하는 강력한 무기인 바즈라(Vajra)를 들고 있다. 불교에서는 제석천(帝釋天)으로 번역된다.

인드라는 자신의 탈것인 아이라바타(Airavata)라는 하얀 코끼리를 타고 하늘을 자유롭게 날아다닌다. 구름과 천둥, 번개를 동반하기도 하는 인드라의 비행은 하늘의 신으로서의 지위와 힘을 강조하며, 자연 현상을 조절하는 능력을 상징적한다.

거대한 용이자 폭풍의 신 브리트라(Vritra)가 세상을 가뭄에 빠뜨리자, 인드라는 바즈라를 사용하여 브리트라를 죽이고, 강물이 자유롭게 흐를 수게 있한다. 또한 아수라와 신들과의 쟁탈전인 '사무드라 만타나(Samudra Manthan, 우유 바다 휘젓기 신화)'에서, 아수라(Asuras, 악마)들과의 연합을 이끌고, 암리타(Amrita)를 확보한다.

간다르바(Gandharvas)

인도 신화에서 음악, 노래, 춤에 능하고, 하늘을 날아다니며 신들을 위해 예술적 즐거움을 주는 반신적 존재들로, 아름다운 외모와 천상의 음악적 재능을 가진 아름다운 남성으로 묘사된다. 음악적 재능으로 천계를 즐겁게 하면서 하늘을 자유롭게 여행하고, 인간 세계와 천상을 오가며 중요한 메시지를 전달하기도 한다. 간다르바들은 쿠베라(Kubera)의 궁정에서 활동하거나 인드라(Indra)의 천상의 궁전에서 공연을 펼치는 것으로 알려져 있다. 그들은 또한 천상의 무희들인 압사라(Apsaras)와 자주 어울리며, 신화 속에서 많은 로맨틱한 에피소드를 만들어 낸다.

한자로 음역하면 '건달파'(乾達婆)가 되는데, 간다르바는 '하는 일 없이 빈둥빈둥 놀거나 게으름을 부리는 사람' 혹은 영화에 등장하는 한국어 '건달'의 어원이 되었다.

천상의 무희 압사라들
2012, 바이욘 사원바이욘(Bayon) 부조,
앙코르 톰(Angkor Thom), 시엠립 앙코르와트, 캄보디아
ⓒtripfull

압사라(Apsaras)

압사라는 인도 신화에 등장하는 하늘의 무희들로, 미와 춤, 음악의 신으로 알려져 있다. 이들은 주로 물, 구름, 나무와 같은 자연 요소와 연관되어 있으며, 신들을 즐겁게 하기 위해 노래하고 춤춘다. 압사라는 신들의 궁정에서 중요한 사회적 및 예술적 역할을 하며, 인간 세계와의 상호작용을 통해 다양한 이야기들에서 등장한다.

압사라는 인드라의 설명에서 언급한 '사무드라 만타나(Samudra Manthan, 우유 바다 휘젓기 신화)'에 등장한다. 이 신화에서 신들과 아수라들은 불멸의 음료인 암리타(Amrita)를 얻기 위해 우유 바다를 휘젓는데, 이 과정에서 튀어나온 여러 보물 중 하나이다. 압사라는 아름다움과 은혜로움으로 신들과 아수라들을 매혹시키며, 신들의 세계에서 확고한 위치를 확보한다. 압사라는 공중을 떠다니며 춤추고 노래하는 능력이 있다. 이들의 존재는 인도 신화에서 미와 예술, 감각적 즐거움의 중요성을 강조하는 상징으로, 힌두 문화의 영향을 받은 캄보디아의 앙코르 와트나, 발리 등 동남아시아의 건축물에도 아름답게 새겨져 있다.

비마나(Vimana)

비마나는 고대 인도의 신화와 전설에서 언급되는 탈 것을 총칭하며, 하늘을 나는 궁전이나 전차와 같은 것으로 묘사된다. 이 비행기구는 여러 힌두교 경전과 산스크리트 문헌에서 자세히 언급되는데, 신들이나 왕이 사용한 이동 도구이라한다.

기원전 3세기경 편집된 고대 인도의 힌두 대서사시 〈라마야나(Ramayana)〉에는 마왕 라바나(Ravana)가 라마(Rama)의 아내 시타(Sita) 납치할 때, '푸슈파카 비마나(Pushpaka Vimana)'라고 하는 자신의 비마나를 사용했다고 기록되어 있다. 이 비마나는 배우 화려하고, 원하는 목적지로 즉시 이동할 수 있으며, 모든 편의시설을 갖춘 궁전과 같았다고 한다. 라마가 시타를 구출하여 아요디아로 귀환할 때도 이 푸슈파카 비마나를 타고 돌아온다. 새벽의 신 아루나(Aruna)가 운전하는 크리쉬나(Krishna)의 전차는 일종의 비마나로, 크리쉬나는 이 전차를 타고 많은 전투에서 승리했다는 기록이 〈마하바라타(Mahabharata)〉에 남아 있다.

라바나(Ravana)

인도의 서사시 〈라마야나(Ramayana)〉에서 중요한 악마로 등장하는 라바나는, 브라흐만 출신의 아버지와 악마 종족인 락샤사 출신의 어머니 사이에서 태어났는데, 열 개의 머리와 스무 개의 팔을 가진 것으로 묘사된다. 랑카(스리랑카)의 왕으로, 강력한 힘과 지혜, 그리고 탁월한 베다(Vedas)와 음악에 대한 지식을 갖춘 인물이다.

라바나는 2만 4,000개의 시로 이루어진 대서사시 〈라마야나(Ramayana)〉에 등장한다. 라바나는 라마(Rama)의 아내 시타(Sita)를 사랑하게 되어 시타를 납치하여 랑카로 데려가는데, 라마와 그의 형 락슈마나(Lakshmana), 그리고 원숭이 신 하누만(Hanuman)이 시타를 구출하기 위해 랑카로 가는 여정을 담고 있는 서사시이다. 라바나는 하늘을 나는 탈것인 '푸슈파카 비마나(Pushpaka Vimana)'를 타고 하늘을 날아다닌다.

푸슈파카 비마나의 두번의 비행과 한번의 착륙을 그린 세밀화(17세기)
Pushpaka vimana depicted three times, twice flying in the sky and once landed on the ground.

방콕 에메랄드 부처 사원의 킨나라 동상
The Temple of the Emerald Buddha, Bangkok, Thailand

킨나라(Kinnara)

킨나라는 인도 신화와 히말라야 지역, 동남아시아의 불교 전설에 등장하는 신화적 존재로, 반인반마의 형상을 하고 있다. 인도 신화에서 킨나라는 일반적으로 인간의 몸에 말의 머리를 가진 형태로 묘사되며, 동남아시아 문화권에서는 상반신은 인간, 하반신은 새인 반인반조로 묘사되기도 한다. 킨나라는 아름다운 음악을 연주할 수 있어 압사라와 함께 천상의 음악가로서 신들을 즐겁게 한다. 이들은 하늘을 날아 신들의 궁정에서 연주하거나 노래를 부르는 모습으로 표현된다.

동남아시아, 특히 태국과 캄보디아에서 킨나라는 아름다운 여성의 상반신에 새의 하반신의 모습으로 묘사되며, 천상의 음악과 노래, 춤을 구사하는 여신으로 유명하다. 왕궁이나 신전에는 킨나라의 조각이나 조각상을 배치하여, 신과 왕을 즐겁게 하는 역할을 한다.

우샤스(Ushas)

인도 신화에서 새벽의 여신으로, 새로운 날의 시작과 희망의 상징으로 여겨진다. 보통 불멸의 젊음과 아름다움을 지닌 여성으로 묘사되며, 매일 아침 동쪽에서 태양을 데리고 나와 새벽을 가져다주는 신이다. 우샤스는 또한 변화와 갱신의 여신으로, 모든 생명체에 에너지와 활력을 부여하기도 한다.

우샤스는 태양신 수리야(Surya)와의 연결고리를 가진다. 우샤스는 매일 아침 수리야를 깨우고, 준비시켜 세상에 빛을 가져다준다. 그녀는 자신의 매력과 아름다움으로 세상을 감싸 안으며, 모든 존재가 하루를 시작할 준비를 할 수 있도록 돕는다. 인도 신화에서 밤의 어둠을 몰아내고, 모든 생명체에 새로운 기회와 가능성을 열어주는 존재이다.

부룽 페탈라(Burung Petala) 행렬

부룽 페탈라 행렬은 말레이시아의 사라왁 주에서 개최되는 연례 행사로, 커뮤니티의 번영과 행복을 기원하는 전통 축제이다. 이 행사에서는 '부룽 페탈라(Burung Petala)'라고 불리는 화려하고 상징적인 새 모양의 장식물이 중심적인 역할을 한다. 참가자들은 전통 의상을 입고, 독특한 음악과 춤으로 풍요로움과 조화를 상징하는 공연을 선보인다. 이 축제는 사라왁 지역의 문화적 다양성과 예술적 전통을 강조하며, 지역 사회의 일원으로서의 소속감과 자긍심을 고취시키는 중요한 사회적 행사이다.

자타유(Jatayu)

자타유는 고대 인도 서사시 라마야나(Ramayana)에서 중요한 역할을 하는 거대한 독수리이다. 강력한 날개와 날카로운 발톱, 단단한 부리를 가지고 있다. 자타유는 라마(Rama)의 아내 시타(Sita)가 라바나(Ravana)에 의해 납치될 때 하늘을 가로질러 라바나를 추격한다. 자타유의 비행은 매우 빠르고 강하며, 하늘을 가르는 날갯짓은 폭풍과도 같다고 한다.

하지만 시타를 구해내는 과정에서 용감하게 라바나와 싸우지만, 결국 중상을 입고 패배한다. 자타유는 자신의 마지막 힘을 다해 라마에게 시타의 납치 사실을 알리며 충성과 헌신을 보여준다. 자타유의 비행은 자유와 용기의 상징이며, 자타유는 죽음 이후에도 용맹한 희생의 상징으로 남아 있다.

시타를 납치하는 라바나에 의해 잘린 자타유의 날개(1895)_자타유 바담
Ravana cuts off Jatayu's wing while abducting Sita_Jatayu Vadham

썬더버드에게 팔을 드는 불먹는 자
(1900년경)_프레데릭 레밍턴
The Fire Eater Raised His
Arms To The Thunder Bird_
Frederic Remington

아메리카, 해양 문화 권역 신화 속의 날개

북아메리카

썬더버드(Thunderbird)

썬더버드는 아메리카 인디언 신화에서 강력한 폭풍과 번개를 다루는 거대한 새이다. 깃털에서는 번개가 발생하고, 눈동자에서 불꽃이 튀며, 날갯짓은 천둥소리를 만들어 낸다고 한다. 썬더버드는 자연 현상을 조절하는 존재로서, 부족의 보호자로 여겨지며, 그 힘은 자연 세계와 깊이 연결되어 있다.

아메리카 인디언의 전설에서, 썬더버드와 마을을 괴롭히는 거대한 고래와의 싸움 이야기가 있는데, 썬더버드가 하늘에서 고래를 향해 번개를 내리치고, 격렬한 폭풍으로 바다를 휘저어 고래를 물리치고 마을 사람들에게 평화를 가져다준다는 이야기이다. 썬더버드가 부족에게 물고기를 가져다주는 이야기도 있다. 썬더버드는 날아다니며 큰 호수의 물고기들을 잡아 기근에 허덕이는 마을에 선물했는데, 이 전설은 썬더버드가 자연과 인간 세계의 균형을 유지하고 보호하고 있음을 의미한다.

독수리의 날개와 깃털 모자

아메리카 인디언 다양한 문화에서는 독수리가 힘, 권위와 권력, 자유와 독립, 보호와 안식처, 영적인 힘을 상징한다고 생각한다. 독수리는 매우 높은 고도로 비행할 수 있어, 신과 인간을 잇는 매개체로 인식되었으며, 상위 포식자로써 강한 힘과 위엄을 가지고 있어서, 원주민 전사의 상징이기도 하다. 떼를 지어 생활하는 군집성보다는 독립적으로 움직이기 때문에 자유를 상징하기도 한다. 미국 독립 전쟁 이후, 대머리독수리는 미국의 상징으로 채택되었는데, 독수리가 가진 자유롭고 독립적인 이미지를 국가의 이념과 결합시킨 것이다.

전통적으로 인디언 전사들은 전투에서 깃털로 장식된 모자를 착용했다. 아메리카 인디언의 상징처럼 여겨지는 깃털 모자는 전통적인 의상 중 하나로, 문화적인 중요성을 지닌다. 이 깃털 모자는 '워 보닛(War Bonnet)'이라고 불리는데, 독수리, 매, 까마귀같이 위엄을 상징하는 새의 깃털을 주로 사용한다. 용맹한 새의 깃털로 모자를 만들어 전사의 용맹함을 표현하고, 독수리와 같은 강인함과 용기, 전투 능력, 영적 의미를 투영한 것이다. 때문에 깃털 모자는 인디언들의 문화적인 정체성과 사회적 지위를 보여주는 상징물이다.

깃털 모자는 각 부족이나 지역에 따라 다양한 형태와 의미를 지닌다. 깃털 모자의 특징으로도 특정 부족을 추정할 수 있을 정도이다. 또한 깃털 모자는 깃털의 종류, 색깔, 깃털에 개수에 따라 부족 내의 사회적 지위와 역할을 나타내기도 한다. 깃털 모자는 다양한 의식과 축제에서 사용되어 신성한 분위기를 조성하기도 한다.

이메리카 인디언의 깃털 장식 모자

인디언의 레이븐(Raven)

큰 까마귀인 레이븐은 북미 아메리카 인디언의 신화에서 변화와 창조의 상징이다. 레이븐은 많은 신화에서 매우 똑똑하고 호기심 많은 캐릭터로 묘사되며, 현실을 조작하고 다른 동물들과 사람들을 교란시키는 등의 장난을 치기도 한다.

레이븐에 관한 가장 유명한 신화 중 하나는 '태양, 달, 별 훔치기' 에피소드이다. 해와 달, 별들이 없어 세상이 어둠 속에 있을 때 레이븐은 밝음이 없다는 사실에 불만을 가져, 태양과 달, 별들을 하늘에 배치하기로 한다. 레이븐은 천상의 거대한 족장이 보관하고 있는 상자에 숨어들어가 태양, 달, 별들을 하나씩 훔쳐 하늘로 날아올라 밤하늘에 놓는데, 이로 인해 세상에는 빛이 생기게 되었고, 레이븐은 영웅으로 추앙받게 된다.

레이븐의 비행 능력은 세상을 날아다니며, 다른 생물들과 상호 작용하며, 필요한 지식과 자원을 수집하는 중요한 역할을 한다. 레이븐은 자신의 지혜와 교활함을 사용하여 문제를 해결하고, 때로는 세상에 큰 변화를 가져오기도 한다.

창과 담요를 든 크로우 인디언의 기수(1915)_에드워드 보레인
Crow Indian Rider with Lance and Blanket_Edward Borein

피아사 버드(Piasa Bird)

피아사 버드(Piasa Bird)는 미국 일리노이(Illinois)주 미시시피(Mississippi) 강변 절벽에 그려진 신화적 생물이다. 거대한 몸체에 새의 날개, 사자의 머리와 꼬리, 사슴의 뿔을 가진 모습으로 묘사되어 있다. 피아사 새는 무시무시한 외모와 날카로운 이빨, 발톱으로 묘사된다. 전설에 따르면, 피아사 버드는 하늘을 자유롭게 날아다니며 마을 사람들과 가축을 위협했다. 피아사 버드의 비행은 빠르고 강력하며, 새가 지나간 자리에는 공포와 혼란이 남았다. 원주민 전설에 따르면, 피아사 버드는 용맹한 전사 오와타나(Owatana)가 용맹한 전략을 사용하여 물리쳤다고 한다. 피아사 버드는 여전히 미시시피 강변의 상징적인 존재로 남아 있으다.

미주리 주 워싱턴 주립 공원의 썬더버드 암각화
A Thunderbird petroglyph at Washington State Park in Missouri

모스맨(Mothman)

모스맨은 미국 웨스트버지니아(West Virginia)주 포인트플레전트(Point Pleasant) 지역에서 목격된 신화적 생물이다. 거대한 인간 형태에 나방을 연상시키는 큰 날개와 붉게 빛나는 눈을 가지고 있는 모습으로 알려져 있다. 모스맨은 주로 밤에 목격되는데, 날개는 약 3.5미터에 이르며, 소리없이 날아다닌다. 비행 시, 모스맨은 엄청나게 빠른 속도로 이동하며, 갑작스러운 방향 전환이 가능하다. 목격자들은 모스맨이 공포와 불안을 유발한다고 증언하는데, 1966년부터 1967년 사이에 집중적으로 보고되었다. 모스맨은 재난의 전조로 여겨지며, 특히 1967년 실버브리지 붕괴 사건과 관련이 있다고 전해진다. 다리 붕괴 전 모스맨은 유독 많은 사람들에게 목격되어 재난의 전조로 여겨진다.

모스맨의 예술적 표현
An artistic impression of Mothman

중앙아메리카

케찰코아틀(Quetzalcoatl)

나와틀(nahuatl)어로 '깃털 달린 뱀'을 의미하는 케찰코아틀은 중앙아메리카, 특히 아즈텍문명에서 숭배된 주요 신 중 하나로, 깃털 달린 뱀의 모습으로 묘사되는 창조와 파괴의 신이자 문명과 학문의 신이다. 이름에서 유추할 수 있듯이, 케찰코아틀은 하늘을 자유롭게 날아다닐 수 있다. 전설에 따르면 케찰코아틀은 인간의 모습으로 지상에 내려와 고대 도시 테오티우아칸(Teotihuacan)과 톨텍(Toltec) 문명을 세운 창시자로, 인류에게 농업, 공예, 달력에 관한 지식을 전파했다고 한다. 그는 고귀한 행동과 지혜로 유명했는데, 사람들에게 옥수수와 카카오를 재배하고 이용하는 법을 가르쳤다.

그러나 케찰코아틀은 반대 세력들과 갈등을 일으키기도 했는데, 특히 섭리와 어둠의 신이자 밤의 지배자인 테즈카틀리포카(Tezcatlipoca)와는 경쟁하는 사이였다. 어느 날, 테즈카틀리포카는 케찰코아틀을 속여 술에 취하게 만들고 부끄러운 행동을 하게 하는데, 이 사건 이후 케찰코아틀은 죄책감과 수치심에 괴로워하며 자신의 도시를 떠나, 끝내 바다로 사라져 자신을 불태워 죽였다고 한다. 그의 몸은 깃털 달린 뱀의 형태가 되어 하늘로 올라갔고, 곧 하늘에서 불멸의 존재가 되었다.

케찰코아틀은 옛 문명을 파괴하고 새로운 문명을 창조하기 위해 인간과 신의 세계를 오가며 활동했다고도 한다. 그는 또한 인류에게 쓰기와 의학 지식을 전파했으며, 별과 행성의 움직임을 관측하여 그 지식을 사람들에게 전달하는 중요한 신이다.

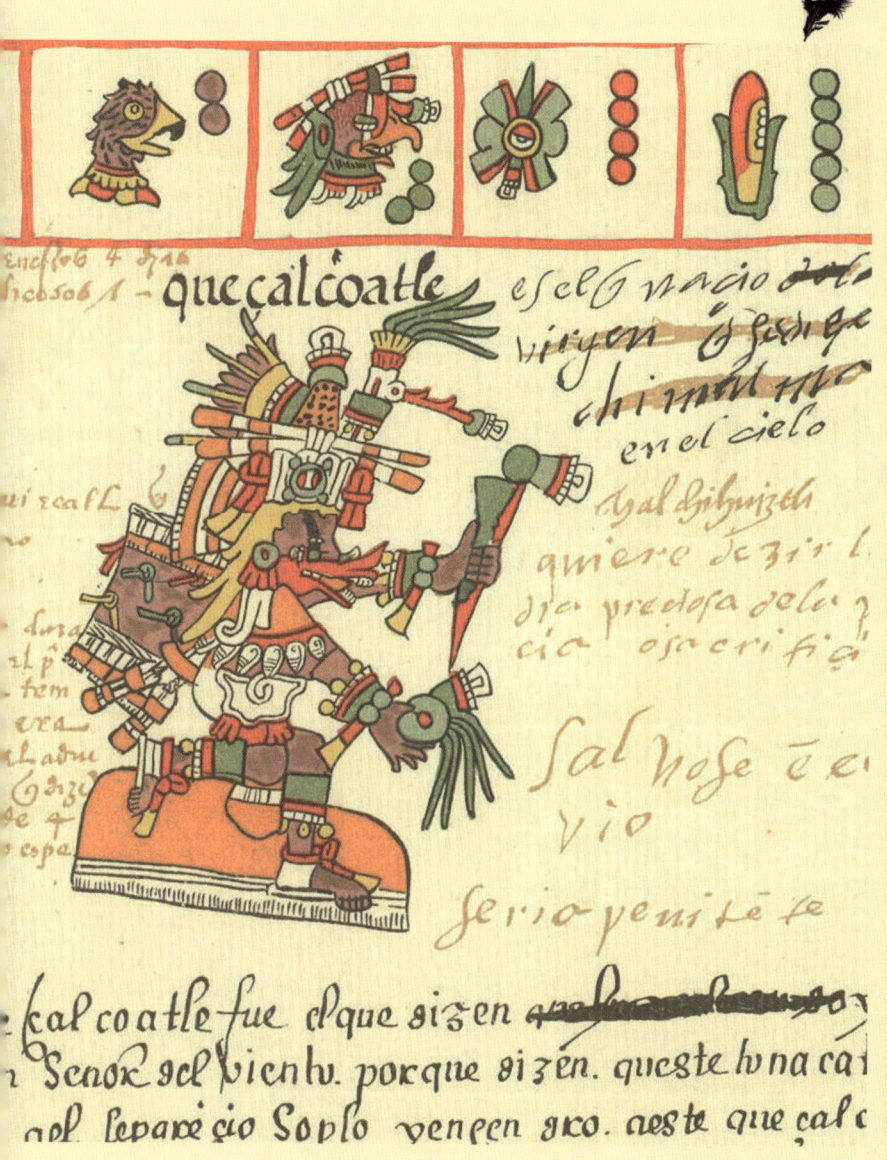

코덱스 텔레리아노-레멘시스에 묘사된 케찰코아틀의 모습(16세기)
Quetzalcoatl as depicted in the Codex Telleriano-Remensis

후이칠로포치틀리(Huitzilopochtli)

후이칠로포치틀리는 아즈텍 신화에서 중요한 전쟁의 신이자 태양의 신으로, 푸른색 또는 녹색 깃털을 단 방패와 창으로 무장한 전사의 모습으로 묘사된다. 후이칠로포치틀리라는 이름은 '남쪽의 굴뚝새'라는 뜻으로, 후이칠로포치틀리가 직접 날았다는 이야기는 없지만, 그의 상징인 새들의 모습이 강조된 것과 태양신이라는 역할로 미루어 보아, 하늘과 지상을 오고 갔을 것이라 본다.

전설에 따르면 그의 어머니 코아틀리큐에(Coatlicue)는 어느 날, 깃털로 만들어진 공을 발견하고는 품속에 감추었는데, 이것으로 인해 임신하게 되었고, 이 사실을 알게 된 다른 자식들이 그녀를 죽이려고 모의했다. 그러나 후이칠로포치틀리는 아직 태아 상태에서도 어머니와 자신을 보호하기 위해 무기를 들고 완전한 갑옷을 입은 채로 태어났다. 그는 태어난 즉시 그의 형제들을 물리쳤는데, 그중 한 명인 코욜사우키(Coyolxauhqui)는 그의 손에 의해 달로 변했다고 한다.

후이칠로포치틀리는 아즈텍 제국의 수도인 테노치티틀란을 창립하는 데 큰 역할을 했다. 사제들은 멕시코 계곡을 떠돌다가 한 섬에서 독수리가 선인장 위에서 뱀을 잡아먹는 모습을 보고 이곳이 바로 후이칠로포치틀리가 약속한 땅임을 알게 되었다고 한다. 이 장소는 훗날 아즈텍 문명의 중심지가 되었다.

인신공양의 피를 원동력으로 태양이 운행함을 보여주는
후이칠로포치틀리가 그려진 코덱스 투델라
Codex Tudela

이참나(Itzamna)

잠나(Zamna) 또는 이참나는 마야 문화에서 창조와 지식, 문명의 신이다. 하늘과 땅, 바다의 신이기도 하며, 고대 마야 문명의 창시자로도 알려져 있다. 이참나는 주로 노인의 형태로 묘사되며, 눈 위에는 독특한 직사각형 눈꺼풀이 그려져 있다. 지혜와 의학, 그리고 글쓰기의 신으로도 알려져 있으며, 마야 문자를 인류에게 전달한 것으로도 유명하다. 이참나는 하늘과 관련된 신으로 묘사되기 때문에 그가 날개를 가지고 있지는 않지만, 하늘과 지상을 오가는 존재였음을 알 수 있다.

이참나는 마야 사람들에게 코르날 설탕을 만드는 방법과 옥수수를 재배하는 법을 처음으로 가르쳤다. 이참나의 신화는 마야 문명이 농업 중심의 문명이었음을 암시한다. 또한 그는 인간에게 농업과 의학, 천문학을 가르쳐, 마야 문명의 발전에 중요한 역할을 했다. 이참나는 하늘에서 지상으로 내려와 마야인들에게 중요한 문화적 지식과 종교적 의식도 전수한 중요한 신이다.

파팔로틀(Papalotl)

파팔로틀은 나와틀어로 '나비'를 의미하며, 중앙아메리카, 특히 아즈텍 문화에서 상징적으로 언급된다. 파팔로틀은 나비의 완전 변태처럼 변형과 부활을 상징하며, 새로운 시작과 영혼의 자유를 상징하기도 한다. 파팔로틀은 날개를 펼친 아름다운 나비로 묘사되는데, 아즈텍 문화에서 나비는 죽은 전사들의 영혼이 태양과 함께 여행을 끝내고 지상으로 돌아오는 모습이라고 생각했다. 아즈텍인들은 전사들이 나비의 형태로 다시 태어나 봄에 꽃에서 꽃으로 날아다닌다고 믿었다.

파팔로틀은 어려움을 겪고 있는 인간에게 나타나 지혜와 통찰력을 주고 그들이 인생의 어려움을 극복할 수 있게끔 도와주기도 한다.

이참나를 새의 몸으로 표현한 고전 시대 문양_토니나의 죽은 태양 광장에서 발굴
A Classic Period glyph with a representation of Itzamná with the body of a bird, found in the Plaza of the Dead Sun in Toniná and now in the site museum.

차크의 토기 인형 항아리(향로)
(12–14세기)
Earthenware effigy urn (an incense burner) of Chaac

차크(Chaac)

마야 신화에서 비와 물, 천둥과 번개를 다스리는 신이다. 거대한 도끼를 들고 있으며, 이 도끼로 구름을 쪼개 비를 내리게 한다. 차크의 모습은 네 명의 형제로 나누어져 각기 세계의 네 방향을 대표하는 것으로 묘사되기도 한다. 각 차크는 특정 방향과 색깔을 가지고 있으며, 마야인들의 농업과 수자원에 관한 의례에서 중요한 역할을 한다.

차크는 구름과 비를 다루거나, 하늘에서 땅으로 도끼를 휘두르는 모습으로 묘사되기 때문에 그 역시 자연과 인간 생활 사이의 중요한 연결고리로 하늘과 지상을 오고 가는 능력이 있었음을 알 수 있다.

마을이 가뭄으로 고통받고 있을 때, 차크는 마을 사람들의 기도를 듣고는 마을로 내려가 즉시 번개와 함께 천둥을 울리며 비를 내렸는데, 가뭄이 해소되고 농작물이 다시 살아나 마을 사람들은 다시 번영할 수 있었다. 차크가 여신에게 고백했으나 거절당했을 때도 눈물이 비가 되어 내렸다고 한다.

틀랄록(16세기 후반)_
코덱스 리오스
Tláloc, as shown in the late 16th century Codex Ríos

틀랄록(Tlaloc)

아즈텍 신화에서 매우 중요한 비, 번개, 물의 신으로, 물과 관련된 자연 현상을 다스린다. 방패와 번개 창을 들고 있는 모습으로 묘사되어 강력하고 무서운 모습인데, 이는 그가 가진 파괴적인 자연의 힘을 상징한다. 틀랄록은 비와 물, 번개로 하늘과 땅을 연결하는 신이기도 하다.

틀랄록의 아내 찰치우틀리쿠에(Chalchiuhtlicue) 역시 물과 관련된 신으로, 둘은 자연의 조화를 이루며 세상에 비를 가져다준다. 어느 날, 틀랄록은 아내 찰치우클리쿠에에 대한 질투와 오해로 갈등을 겪게 되었는데, 이로 인해 세상에는 큰 홍수가 발생했다.

틀랄록은 자신의 사제들과 추종자들에게 인간 제물을 요구하기도 한다. 아이들의 희생이 눈물이 되어 비가 내린다고 생각했던 아즈텍인들은 틀랄록이 원하는 대로, 인신 공양으로 아이들을 바쳤다고 한다. 실제로 아즈텍와 마야 문명은 틀랄록을 포함한 신들을 위하여 살아있는 인간을 제물로 바치는 인신 공양 풍습이 있던 문명이다.

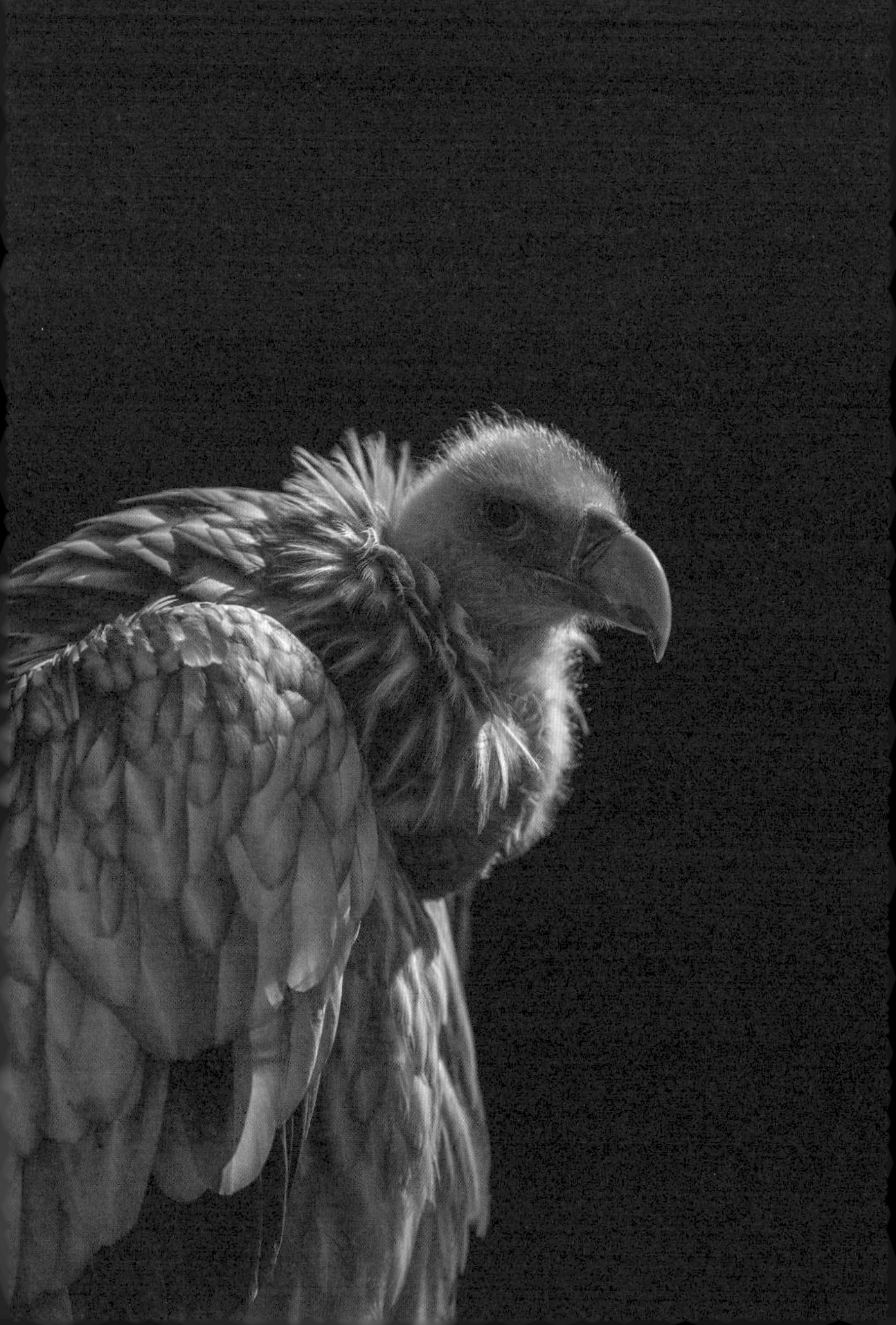

남아메리카

코리엔테스의 화이트 헤디드 이글
(White-Headed Eagle of Corrientes)

아르헨티나의 코리엔테스(Corrientes) 지역에서 전해지는 전설적인 독수리로, 커다란 몸집과 눈부신 흰머리를 가지고 있으며, 하늘을 자유롭게 날 수 있다고 묘사된다. 거대한 날개를 펼치면 하늘 전체를 덮을 정도로 크며, 그 모습은 강하고 매우 위엄이 있다고 한다.

전설에 따르면, 이 흰머리독수리는 신들과 인간들 사이의 연결고리 역할을 하는 신성한 메신저이다. 그는 하늘과 땅을 오가며 신들의 메시지를 인간들에게 전달하고, 인간들의 기도를 신들에게 전달하는 중요한 임무를 맡고 있다. 이 독수리의 깃털은 마치 반짝이는 별들처럼 빛난다고 한다.

코리엔테스 지역에 큰 가뭄이 덮쳤을 때, 사람들은 흰머리독수리에게 기도를 올리며 도움을 청했고, 독수리는 기도에 응답하며 하늘에 올라 거대한 날개로 구름을 모으고 휘저어 비를 내리게 했다. 마을이 다시 풍요로워지자, 사람들은 이 흰머리 독수리에게 경배를 올렸다.

이 흰머리독수리는 사악한 영혼들과도 전투를 벌였다. 사악한 영혼들이 어둠과 혼란을 일으키며 사람들을 괴롭히자, 독수리가 하늘에서 내려와 강력한 발톱과 날카로운 부리, 빛을 발하는 흰머리로 이 사악한 영혼들과 싸웠다고 한다. 그의 용맹함 덕분에 마을은 다시 평화를 되찾게 된다.

샤먼의 깃털 왕관(Shaman's Feather Crown)

샤먼의 깃털 왕관은 남아메리카 원주민 부족에서 신성하게 여기는 물건으로, 주로 샤먼이나 부족의 영적 지도자가 착용하는 깃털로 장식된 관이다. 이 관은 다양한 색깔의 깃털로 만들어지며, 각각의 깃털은 특정한 동물의 영혼이나 자연의 힘을 상징한다. 이 깃털 관은 또한 샤먼이 의식과 치유, 영적인 여행 중에 사용된다.

아마존의 한 부족의 샤먼이 깊은 숲속에서 신성한 동물들과 소통하며 그들에게서 지혜를 얻기 위해 영적인 여행을 떠났다. 그는 이 여행 중에 하늘의 신으로부터 특별한 선물을 받게 되는데, 바로 다양한 신성한 새들의 깃털로 만들어진 깃털 관이었다. 샤먼은 이 깃털 관으로 하늘을 날 수 있게 되었고, 영적 세계와 물리적 세계를 자유롭게 오갈 수 있게 되었다. 샤먼이 깃털 관을 쓰고 하늘을 날아 영적인 세계로 여행을 떠난 후, 그곳에서 그는 다양한 영혼들과 소통하여 지혜를 터득했는데, 다시 인간 세상으로 돌아와 부족 사람들에게 그가 배운 지혜와 치유의 방법을 전해주었다고 한다. 깃털 관은 그의 힘의 원천이었으며, 그가 하늘을 나는 능력을 가지게 함으로써 그의 영적 지도력과 치유 능력을 더욱 강화하는 도구였다.

또 다른 전설에서는 한 젊은 전사가 부족의 적과의 전투에서 크게 다치고 혼수상태에 빠졌다. 그의 생명이 위태로워지자, 부족의 샤먼은 신성한 깃털 관을 쓰고 하늘로 올라가 치유의 신에게 도움을 청했다. 샤먼은 하늘을 나는 동안 치유의 신과 만나 전사의 생명을 구할 수 있는 신성한 약초와 의식을 배우게 되었다. 그는 하늘에서 돌아와 전사를 치유하였고, 전사는 완전히 회복되어 다시 전투에 나설 수 있었는데, 이로 인해 샤먼의 깃털 관은 부족 내에서 더욱 신성한 물건으로 여겨졌다.

깃털 왕관을 쓰고 깃털로 장식한 에콰도르 아마존 숲의 슈아라 샤먼(2006)
A Shuara shaman in Ecuador Amazonian forest, 2006

오세아니아, 폴리네시아

마우이(Maui)

마우이는 오세아니아와 폴리네시아 신화에서 매우 중요한 영웅적 존재로, 하와이, 뉴질랜드, 타히티, 사모아 등 여러 폴리네시아 문화에서 구전된다. 마우이는 장난꾸러기 영웅이자 지혜롭고 용감한 인물로 묘사되는데, 날카로운 지능과 놀라운 마법적 능력을 가지고 있다. 그는 신적 힘을 지닌 반신반인의 모습으로, 어린 소년부터 청년의 모습까지 다양하게 그려진다. 신적 능력으로 하늘과 땅을 오갈 수도, 태양을 잡을 수도 있다.

마우이의 신화는 태양과 관련이 있다. 고대에는 태양이 너무 빨리 하늘을 지나가서 낮이 너무 짧았다고 한다. 사람들은 충분한 시간 동안 일을 할 수 없었고, 농작물도 제대로 자라지 못했다. 마우이는 이를 해결하기 위해 형제들과 함께 코코넛 섬유로 만든 강한 밧줄을 사용해 태양을 붙잡고, 태양을 때려 더 느리게 움직이도록 설득했다. 결국 태양은 마우이의 요구를 받아들여 천천히 움직이게 되었고, 사람들은 긴 낮 동안 충분한 시간을 가질 수 있게 되었다.

또한 마우이는 하와이 군도를 낚아 올린 인물이기도 하다. 마우이가 형제들과 낚시를 갔을 때, 마우이는 형제들에게 자신이 낚시하는 장면을 절대 보지 말고 뒤돌아 있으라고 말한다. 마우이는 마법의 갈고리를 사용해 바다에 던졌고, 곧 거대한 무언가가 걸리자, 그것을 끌어올리기 시작했는데, 그것은 바로 하와이 군도의 섬이다. 그의 형제들이 호기심에 뒤돌아보는 바람에 줄이 끊어져 섬들이 흩어지게 되었다. 마우이의 이 낚시로 여러 개의 섬이 모인 하와이 군도가 탄생하게 되었다.

랑기(Rangi)와 파파(Papa)

마오리 신화의 랑기(Rangi)와 파파(Papa)는 하늘의 아버지와 땅의 어머니로, 모든 생명의 조상이다. 처음에 랑기와 파파는 서로 단단히 붙어있어 그 사이에는 빛이 들어오지 않았다. 그들의 자식들은 어둠 속에서 살다가, 결국 부모를 떼어 놓기로 결심한다. 자식들 중 타네마후타(Tanemahuta), 숲의 신이 하늘을 밀어 올려 빛과 공간을 창조한다. 이로 인해 랑기는 하늘로 올라가고, 파파는 땅에 남게 된다. 이 분리는 세상에 빛과 생명을 가져왔다. 하지만 랑기와 파파는 서로를 그리워하며, 그들의 눈물은 비와 이슬이 되어 땅과 하늘을 적신다. 이 신화는 마오리 문화에서 자연의 기원과 하늘과 땅의 분리를 설명하는 중요한 이야기이다.

신화와 날개의 시퀀스 분석

　　신화 속에서 날개와 비행 능력은 주로 초자연적 능력, 신성, 자유, 보호와 연결된다. 날개와 비행은 신들, 천사들, 영웅들 또는 신화적 생물들에게 부여되어 특별한 능력을 상징한다. 이러한 존재들은 날개를 사용해 하늘을 자유롭게 날아다니며, 세상을 여행하고, 도움이 필요한 이들에게 신속하게 도달할 수 있다.

신화에서 날개와 비행은 신화적 서사에서 중요한 전환점이나 각성의 순간을 알리는 시그널로 사용된다. 이카로스의 이야기는 날개가 자유와 위험을 동시에 상징함을 보여준다. 또한 날개는 보호와 안전의 상징으로도 자주 사용된다. 날개 달린 수호자나 천사들이 날개를 펼쳐 인간을 보호하는 모습은 날개가 신성한 힘과 보호의 의미를 내포하고 있음을 시사한다.

날개와 비행은 변형과 성장의 상징으로도 활용된다. 신화 속 날아다니는 존재들은 영적 또는 도덕적 성장의 여정에서 중요한 역할을 하며, 변화와 발전의 과정을 상징한다. 이렇게 날개는 신화 속에서 단순한 비행 이상의 의미를 지니며, 인간의 꿈, 욕망, 고민, 궁극적 추구의 상징으로 자리 잡고 있다.

chapter

5

문학과 구전 속의 날개

이상(李箱, 1910~1937년)
시인, 작가, 소설가, 수필가
건축가

문학 작품 속의 날개와 비행

문학에서 묘사된 날개와 비행

　이 때 뚜우 하고 정오 사이렌을 울었다. 사람들은 모두 네 활개를 펴고 닭처럼 푸드덕거리는 것 같고 온갖 유리와 강철과 대리석과 지폐와 잉크가 부글부글 수선을 떨고 하는 것 같은 찰나! 그야말로 현란을 극한 정오다.

　나는 불현듯 겨드랑이가 가렵다. 아하, 그것은 내 인공의 날개가 돋았던 자국이 다. 오늘은 없는 이 날개, 머릿속에서는 희망과 여심이 말소된 페이지가 딕셔너리 넘어가듯 번뜩였다.

　나는 걷던 길을 멈추고 그리고 일어나 한번 이렇게 외쳐 보고 싶었다.

　날개야 다시 돋아라.

　날자, 날자, 날자, 한 번만 더 날자꾸나.

　한 번만 더 날아 보자꾸나.

　이상, 〈날개〉 1936, 소설

Hail to thee, blithe Spirit! / Bird thou never wert
찬란한 영혼이여, 만세! / 그대는 결코 버리지 않는 새
Percy Bysshe Shelley, 〈To a Skylark〉, 시
퍼시 비셰 셸리(영국), 〈종달새에게〉

And the Raven, never flitting, still is sitting, still is sitting
그리고 까마귀는 날지 않고 여전히 앉아있고 여전히 앉아 있다.
Edgar Allan Poe, 〈The Raven〉
에드거 앨런 포(미국), 〈더 레이븐〉

The caged bird sings / with a fearful trill
갇힌 새는 / 두려운 울음소리로 노래한다.
Maya Angelou, 〈I Know Why the Caged Bird Sings〉, 시
마야 안젤루(미국), 〈나는 갇힌 새가 노래하는 이유를 안다〉

For each of them, the most important thing in living was to reach out and touch perfection in that which they most loved to do, and that was to fly.

그들 각자에게 인생에서 가장 중요한 것은 자신이 가장 좋아하는 일에서 완벽에 도달하는 것이었고, 그것은 바로 비행이었다.

Richard Bach, 〈Jonathan Livingston Seagull〉, 소설
리처드 바흐(미국), 〈조나단 리빙스턴 시걸〉

Thou wast not born for death, immortal Bird!
불멸의 새여, 너는 죽음을 위해 태어나지 않았다!
John Keats(영국), 〈Ode to a Nightingale〉, 시
존 키츠(영국), 〈나이팅게일에게 바치는 시〉

타운센드 지빠귀, 북극 파랑새,
서양 파랑새 (1827-1838)_
존 제임스 오듀본
Towsend's warbler. Arctic
blue-bird. Western blue-bird_
John James Audubon

PLATE CCCXCIII

I caught this morning morning's minion, kingdom of daylight's dauphin, dapple-dawn-drawn Falcon, in his riding.

오늘 아침 낮의 왕국의 대왕, 새벽을 그리는 매를 타고 있는 하수인을 잡았다.

Gerard Manley Hopkins, 〈The Windhover〉, 시
제라드 맨리 홉킨스(영국), 〈더 윈드호버〉

The birds, led by a hoopoe, gather to decide who is to be their king, as they have none.

호포가 이끄는 새들은 왕이 없으니 누가 왕이 될지 결정하기 위해 모인다.

Farid ud-Din Attar, 〈The Conference of the Birds〉, 서사시
파리드 우딘 아타르(이란), 〈새들의 회의〉

And when he stretched his wings and showed how like an angel he was, they could see how beautiful he was.

그리고 그가 날개를 펴고 천사 같은 모습을 보여줬을 때 사람들은 그가 얼마나 아름다운지 알 수 있었습니다.

David Almond, 〈Skellig〉, 소설
데이비드 아몬드(영국), 〈스켈리그〉

Hedwig swooped in through the open window like a streak of light, landed on Harry's bed.

헤드위그는 열린 창문을 통해 빛줄기처럼 날아들어 해리의 침대에 내려앉았습니다.

J.K. Rowling, 〈Harry Potter and the Philosopher's Stone〉, 소설
J.K. 롤링(영국), 〈해리 포터와 마법사의 돌〉

His wings, that glittered in the air, spread wide
공중에서 반짝이던 그의 날개가 활짝 펴지고
Dante Alighieri 〈The Divine Comedy〉, 서사시
단테 알리기에리(이탈리아) 〈신곡〉

Just think of happy things, and your heart will fly on wings, forever, in Never Never Land!
행복한 일만 생각하면 네버 네버 랜드에서 여러분의 마음은 영원히 날개를 달고 날아갈 것입니다!
J.M.Barrie, 〈Peter Pan〉, 희곡 및 소설
J.M.배리(스코틀랜드), 〈피터팬〉

And by her fair immortal hand she swears, From henceforth ever I those arms to wear
그리고 그녀는 불멸의 아름다운 손으로 맹세합니다. 이제부터 나는 그 팔을 사용할 것이다.
Edmund Spenser, 〈The Fairy Queen〉, 서사시
에드먼드 스펜서(영국), 〈요정의 여왕〉

The butterfly shrugged his shoulders. He flew off, thinking: Certainly there are as many different tastes as there are heads.
나비는 어깨를 으쓱했다. 그는 생각하며 날아갔다. 머리 수만큼이나 확실히 다양한 취향이 있다고.
Hans Christian Andersen, 〈Fairy Tales〉, 동화
한스 크리스티안 안데르센(덴마크), 〈동화〉

요정 이야기 pl11(1900)_한스 테그너
Fairy tales and stories pl11_Hans Tegner

He watched the movements of her wings, the way she flew effortlessly.

그는 날개의 움직임과 그녀가 힘들이지 않고 날아가는 모습을 지켜보았다.

Sebastian Faulks, 〈Birdsong〉, 소설

세바스찬 포크스(영국), 〈새소리〉

Peter gave himself up for lost, and shed big tears; but his sobs were overheard by some friendly sparrows, who flew to him in great excitement.

베드로는 길을 잃은 자신을 자책하며 큰 눈물을 흘렸는데, 그의 흐느낌이 친절한 참새들에게 들리자 참새들이 매우 흥분하여 그에게 날아들었다.

Beatrix Potter, 〈The Tale of Peter Rabbit〉, 동화

베아트릭스 포터(영국), 〈피터 래빗 이야기〉

I am no bird; and no net ensnares me: I am a free human being with an independent will.

나는 새가 아니며 어떤 그물도 나를 올가미에 가두지 않으니 나는 독립적인 의지를 가진 자유로운 인간이다.

Charlotte Bronte, 〈Jane Eyre〉, 소설

샬롯 브론테(영국), 〈제인 에어〉

He now felt glad at having suffered sorrow and trouble, because it enabled him to enjoy so much better all the pleasure and happiness around him.

그는 이제 주변의 모든 즐거움과 행복을 훨씬 더 잘 누릴 수 있었기 때문에 슬픔과 고통을 겪은 것을 기쁘게 생각했습니다.

Hans Christian Andersen, 〈The Ugly Duckling〉, 동화
한스 크리스티안 안데르센(덴마크), 〈미운 오리 새끼〉

You have the heart of a dragon... the wings of a dragon... you are bound for greatness.

당신은 용의 심장을 가졌고... 용의 날개를 가졌고... 위대함을 향해 나아갈 수 있습니다.

Tui T.Sutherland, 〈Wings of Fire〉, 소설
투이 서덜랜드(미국), 〈불의 날개〉

세인트 조지와 용 (1885)_찰스 페어팩스 머레이
St George And The Dragon_Charles Fairfax Murray

찰스 11세의 수호천사 우화(1668)
데이비드 클뢰커 에렌슈트랄
King Charles XI's guardian angel. Allegory _David Klöcker Ehrenstrahl

날개와 비행이 언급된 명언과 속담

명언과 속담의 속 날개와 비행

The early bird catches the worm.
일찍 일어나는 새가 벌레를 잡는다.
속담, William Camden, 영국

Angels can fly because they take themselves lightly.
천사는 자신을 가볍게 여기기 때문에 날 수 있다.
에세이 〈Orthodoxy〉, G.K. Chesterton,

No bird soars too high if he soars with his own wings.
자신의 날개로만 날아오르는 새는 너무 높이 날지 못한다.
시 〈The Marriage of Heaven and Hell〉, William Blake, 영국

The bluebird carries the sky on his back.
파랑새는 하늘을 등에 짊어지고 있다.
에세이 〈The Bluebird〉, Henry David Thoreau, 미국

The bird of paradise alights only upon the hand that does not grasp.
낙원의 새는 잡지 않는 손 위에만 내린다.
속담, John Berry, 미국

Keep a green tree in your heart and perhaps a singing bird will come.
마음속에 푸른 나무를 품고 있으면 노래하는 새가 올지도 모른다.
중국속담

A bird does not sing because it has an answer. It sings because it has a song
새는 답이 있어서 노래하는 것이 아니다. 노래가 있기 때문에 노래하는 것이다.
중국 속담

You cannot fly like an eagle with the wings of a wren.
까마귀의 날개로는 독수리처럼 날 수 없다.
영어권 속담

Birds of a feather flock together.
깃털이 같은 새들끼리 모인다.(유유상종)
영어권 속담

그래! 내가 너와 함께 가겠다. 토멜리스가 말하며 새의 등에 앉았다(1913)_윌리엄 히스 로빈슨
Yes! I will go with thee, said Tommelise, and she seated herself on the bird's back_
William Heath Robinson

A bird in the hand is worth two in the bush.
손 안에 있는 새 한 마리가 숲 속에 있는 새 두 마리의 가치가 있다.
영어권 속담

A heart without dreams is like a bird without feathers.
꿈이 없는 마음은 깃털 없는 새와 같다.
미국 명언, Suzy Kassem, 미국

Even the birds are chained to the sky.
새들도 하늘에 묶여 있다.
노래 〈My Feet Are Light〉, Bob Dylan, 미국

Happiness is like a butterfly which, when pursued, is always beyond our grasp, but which if you will sit down quietly, may alight upon you.
행복은 나비와 같아서 추구하면 항상 우리의 손이 닿지 않지만, 조용히 앉아서 기다리면 언젠가 우리에게 다가올 수 있다.
미국 명언, Nathaniel Hawthorne, 미국

The soul has illusions as the bird has wings: it is supported by them.
새에게 날개가 있듯이 영혼은 환상을 가지고 있다. 그것은 날개에 의해 지탱된다.
프랑스 명언, Victor Hugo, 프랑스

A bird is three things: Feathers, flight and song, And feathers are the least of these.
새는 세 가지입니다: 깃털, 비행, 노래, 그리고 깃털은 이 중 가장 작은 것입니다.
미국 명언, Marjorie Allen Seiffert, 미국

A bird is safe in its nest - but that is not what its wings are made for.
새는 둥지 안에서는 안전하지만, 새의 날개는 그런 용도로 만들어진 것이 아니다.
인도 명언, Amit Ray, 인도

Give the ones you love wings to fly, roots to come back, and reasons to stay.
사랑하는 사람에게 날 수 있는 날개를 달아주고, 돌아올 수 있는 뿌리를 만들어주고, 머물러야 할 이유를 제공하세요.
티베트 명언, Dalai Lama, 티베트

We are each of us angels with only one wing, and we can only fly by embracing one another.
우리 모두는 날개가 하나뿐인 천사이며, 서로를 품어야만 날 수 있다.
이탈리아 명언, Luciano De Crescenzo, 이탈리아

No bird flies too high if he soars with his own wings.
자신의 날개로 날아오르는 새는 너무 높이 날지 못합니다.
영국 명언, William Blake, 영국

새를 품은 미인_루이 에밀 피넬 드 그랑샹
A Beauty Holding a Bird_Louis-Emile Pinel De Grandchamp

The reason birds can fly and we can't is simply because they have perfect faith, for to have faith is to have wings.

새는 날 수 있고 우리가 날 수 없는 이유는 새에게 완전한 믿음이 있기 때문이며, 믿음이 있다는 것은 곧 날개가 있기 때문입니다.

스코틀랜드 명언, J.M. Barrie, 스코틀랜드

Until you spread your wings, you'll have no idea how far you can fly.

날개를 펼치기 전까지는 얼마나 멀리 날 수 있는지 알 수 없다.

명언

Wings are freedom only when they are wide open in flight. On one's back they are a heavy weight.

날개를 활짝 펼쳤을 때만 자유를 누릴 수 있다. 날개를 펼치면 무거운 짐이 된다.

러시아 명언, Marina Tsvetaeva, 러시아

Love is the only bird that can nest in your heart without a single thread of commitment.

사랑은 헌신 없이도 마음속에 둥지를 틀 수 있는 유일한 새이다.

미국 명언, Gerald Jampolsky, 미국

Birds learn how to fly, never knowing where flight will take them.

새는 어디로 날아갈지 모르는 상태에서 비행 방법을 배운다.

미국 명언, Mark Nepo, 미국

Intelligence without ambition is a bird without wings.

야망이 없는 지성은 날개 없는 새와 같습니다.

스페인 명언, Salvador Dalí, 스페인

A broken wing simply means, you have to find another way to fly. Have a great day people, and remember, a broken wing doesn't mean you can't fly, it means you have to find another way to fly.

날개가 부러졌다는 것은 단순히 날 수 있는 다른 방법을 찾아야 한다는 뜻입니다. 날개가 부러졌다고 해서 날 수 없다는 뜻이 아니라 다른 방법을 찾아야 한다는 뜻임을 기억하세요.

영국 명언, Kerry Katona, 영국

비밀을 지킬 수 있겠니_지혜로운 새, 내게 진실을 말해줘(1884)_오브파커 브라더스
Can you keep a secret_Wise bird, tell me true_Obpacher Brothers

It is a bird's imagination, not its wings, that gives it the freedom to fly.

새에게 날 수 있는 자유를 주는 것은 날개가 아니라 상상력입니다.

영국 명언, Damien Hirst, 영국

Just as a bird with broken wings cannot fly, so also a nation without faith cannot rise.

날개가 부러진 새가 날 수 없듯이 믿음이 없는 국가는 일어설 수 없다.

파키스탄 명언, Muhammad Ali Jinnah, 파키스탄

The bird who dares to fall is the bird who learns to fly.

감히 넘어지는 새가 날아가는 법을 배우는 새입니다.

명언

In order to see birds it is necessary to become a part of the silence.

새를 보려면 침묵의 일부가 되어야 한다.

아일랜드 명언, Robert Lynd, 아일랜드

The bird fights its way out of the egg. The egg is the world. Who would be born must destroy a world.

새는 알에서 벗어나기 위해 싸운다. 알은 곧 세상이다. 태어날 사람은 세상을 파괴해야 한다.

소설 〈Demian〉, Hermann Hesse, 독일

Birds sing after a storm; why shouldn't people feel as free to delight in whatever remains to them?

폭풍우가 지나간 뒤에도 새는 노래하는데, 왜 사람들은 자신에게 남은 것을 자유롭게 즐기지 못할까요?

미국 명언, Rose Kennedy, 미국

The desire to reach for the sky runs deep in our human psyche.

하늘에 닿고 싶은 욕망은 인간의 정신 깊숙한 곳에 자리 잡고 있다.

아르헨티나 명언, Cesar Pelli, 아르헨티나

태양 전차를 운전하는 아폴로와 오로라_코스탄티노 세디니
Aurora With Apollo Driving The Sun Chariot_Costantino Cedini

chapter 6

종교 속의 날개

승천 (1879)_귀스타브 도레
The Ascension (1879)_
Gustave Doré

기독교와 날개

　　　　기독교에서 비행, 날개, 승천의 개념은 신학적, 영적, 심리적, 문화적 측면에서 인간이 신성에 도달하려는 욕망, 구원, 초월, 영적 성숙 등을 의미한다. 특히 날개와 비행은 천사와 깊이 관련되어 있다. 천사는 신의 메신저로서 하늘과 땅을 오가며 인간에게 하느님의 뜻을 전달하는 존재인데, 이 때 날개는 천사의 신속성과 신성한 능력을 상징한다. 날개는 또한 영적 자유와 해방을 의미하며, 인간이 죄와 속박에서 벗어나 신과 완전히 연합하는 과정을 보여주기도 한다.

　　　　예수 그리스도의 승천은 중요한 신학적 개념으로, 인간의 구원을 상징한다. 예수의 승천은 부활 후 하늘로 올라가 신의 오른편에 앉는 과정을 묘사하며, 신성과 인간성이 결합된 예수가 인간을 대신해 십자가에 못박히고, 하늘로 올라가 신과 완전한 연합을 이루는 중대한 사건이다. 승천은 구원의 완성을 나타내며, 신앙인들에게 구원과 영생에 대한 확신을 준다.

고려 수월관음도(水月觀音圖)
보물 제1903호

불교와 날개

　　불교에서 날개와 비행은 인간의 영적 성장, 깨달음, 해탈을 상징한다. 공중을 나는 행위는 고통과 집착에서 벗어나 자유로워지는 과정이며, 깨달음과 해탈의 완성을 의미한다. 이것은 물리적 세계를 넘어선 초월적 경험과 연결되는데, 수행자가 자기 내면을 탐구하고, 집착과 무지를 극복하며, 해탈의 경지에 도달하는 과정이 하늘을 나는 것으로 표현된다. 이런 에피소드는 불교의 다양한 경전과 가르침에서 중요한 주제로 다루어진다.

　　불교 경전과 설화, 민담에는 날개나 비행 능력을 가진 신화적 존재들이 등장해 불법을 전파하고 수행자들을 돕는 역할을 한다. 선인이나 비천 같은 존재들은 날아다니며 불교의 가르침을 전달하고 영적 도움을 주는데, 이들은 불교 이전에 생성된 힌두교나 도교의 영향을 받았다. 불교 미술에서는 천인이나 비천의 형상으로 날개 달린 존재들이 묘사되며, 설화와 민담에서도 나는 존재들은 신성하고 초월적인 존재로 여겨져 많은 이야기에서 신비롭게 등장한다.

기타 고빈다의 비슈누
Vishnu from Gita Govinda

힌두교와 날개

　　힌두교에서 비행과 날개는 영적 존재의 신성과 신비로움, 인간의 영적 성장, 해탈, 초월을 상징하는 중요 요소이다. 나는 행위는 자유와 해방을 나타내며, 영혼이 육체적 속박과 물질적 세계를 벗어나 자유롭게 비상하는 과정을 의미한다. 이는 인간이 참된 본성을 발견하고 신성한 실재와 일치를 이루는 과정을 비유적으로 표현한 것이다.

　　힌두의 날개와 비행은 또한 천상과 지상을 연결하는 존재에게서 나타난다. 힌두교에는 3만 3천의 신이 있는데, 이 신들은 인간 세계에 밀접하게 관여하고 또 영향을 준다. 신과 인간을 이어주는 존재는 날개달린 신, 메신저, 비행하는 탈것 등으로 표현된다.

　　날개는 신성한 힘과 보호를 의미하기도 한다. 신화 속 신들과 초자연적 존재들은 날개를 지니거나 날아다니며 신성한 능력을 나타낸다. 날개는 신들이 하늘과 땅을 자유롭게 넘나들며 인간을 보호하고 돕고 신성한 메시지가 인간에게 전달되도록 한다.

446 막다른 골목에서 쿠스라우 파르비즈를 구출하는 천사 수루쉬(1530~35년경)_샤나메
The Angel Surush Rescues Khusrau Parviz from a Cul-de-sac(circa 1530-35)_Shahnameh

이슬람교와 날개

이슬람교는 사우디 아라비아에서 태동한 종교로, 유대교, 기독교와 같은 신을 믿는 종교이다. 알라(Allah)로 표현되는 신이 따로 존재하는 것이 아니라, 기독교, 유대교의 하느님을 의미하는 아랍어로, 한국어에서도 '하느님'으로 번역된다. 같은 신을 믿는 종교이기 때문에 기독교의 구약 성경을 공유하고 있다. 구약 성경에 나오는 선지자들을 대부분 인정하며, 하느님의 메신저인 천사 또한 인정하고 있으므로, 지브릴(가브리엘), 미카엘 등의 천사의 개념도 함께 믿는다.

이슬람교에서 날개, 승천, 비행은 다른 종교에서와 마찬가지로 초월, 영적 성장, 신의 능력, 인간의 구원과 연결된다. 날개는 이슬람의 신성한 존재들의 속성이며, 천사들은 신의 명령을 수행하고 메시지를 전달하는 역할을 한다. 천사의 날개는 신의 힘과 보호를 상징하며, 인간이 신의 보호와 인도를 받아 영적 여정을 완수할 수 있음을 의미한다. 물리적 세계를 넘어 신의 영역으로 들어가려는 욕망을 표현하기도 한다.

무함마드의 야간 승천과 같은 승천은 영적 상승과 초월을 상징하며, 물질적 세계를 넘어 신성한 차원으로 올라가는 과정을 나타낸다.

동해안별신굿의 무기(巫旗)
2012, 경주, 대한민국
ⓒtripfull

샤먼과 날개

　　민간신앙, 샤먼의 세계, 무(巫)에서 날개, 비행, 승천 등은 인간의 영적 성장, 자유에 대한 갈망, 신성과의 연결, 변화 등을 상징한다. 날개는 자유와 초월, 신성과의 연결을 의미하며, 날아다니는 행위 역시 물리적 제약에서 벗어나 내적 자유를 의미한다. 승천 또한 지상의 구속에서 벗어나 영적인 상승과 초월적인 존재로서의 상승을 의미한다.

　　새는 전 세계의 공통으로 샤먼들에게 중요한 영적 존재로 인식된다. 하늘과 땅을 오가며 신 또는 영혼의 세계를 인간 세계와 연결해주고 있는 매개체로 인식되어, 샤먼들은 깃털로 장식된 옷이나 모자를 쓰고 새에게 영혼을 실어 신이나 죽은자, 영적인 존재들과 소통한다. 한국의 무당과 같이 선택받은 자, 즉 샤먼만이 하늘과 지상을 연결할 수 있어서, 전통적으로 샤먼들은 부족이나 지역 내에서 특별한 지위에 있었다. 이런 지위는 민간신앙과 샤먼의 세계에서의 날개나 비행의 개념은 구전, 의식, 복장, 이야기 등에서도 특별하게 나타난다.

chapter 7

다양한 분야에서 해석되는 날개 이야기

용은 사냥꾼에게 화살을 날렸지만 사냥꾼은 칼을 휘둘러 짐승의 머리 세 개를 잘랐다
(1900 - 1909)_케이 라스무스 닐슨.
Then the dragon made a dart at the hunter, but he swung his sword round and cut off three of the beast's heads_Kay Rasmus Nielsen

날개의 문화인류학적 설명

　　　　　문화인류학에서 날개는 다양한 문화와 신화에서 중요한 상징으로 분석된다. 날개는 주로 자유, 초월, 신성함, 그리고 인간의 한계를 넘어서는 능력 등을 상징하며, 이러한 상징성은 인간이 물리적 공간을 넘어서려는 욕망과 상상력, 영적 욕구를 표현하는 수단으로 기능한다. 날개는 인간의 상상력에서 자유와 해방의 이미지를 떠올리게 하며, 이와 같은 개념은 많은 신화와 전설에서 나타난다. 또한, 초월의 상징으로서 날개는 물리적 한계를 넘어서는 능력과 연결된다. 날개는 신성한 존재나 영적 존재를 상징하며, 이러한 존재들은 하늘과 땅을 오가며 신과 인간을 연결하는 역할을 한다.

　　　　　동양과 서양 문화 모두에서 날개는 영혼의 자유와 해탈의 상징으로, 인간의 영적 탐구와 깨달음을 추구하는 과정에서 중요한 의미를 가진다. 날개는 또한 영적인 전이와 구원의 상징으로 나타나며, 보호와 재생의 힘을 나타내는 도구로 사용된다. 날개는 사회적, 정치적 권위의 상징으로도 사용되는데, 날개가 단순한 비행의 도구를 넘어 사회적 질서와 권위를 나타내는 중요

한 요소임을 보여준다. 현대 문화에서도 날개의 상징성은 여전히 유효하며, 인간의 영적 자유와 초월을 나타내는 상징으로 계속해서 사용되고 있다.

문화인류학적 시각에서 날개는 다양한 문화와 시대를 초월하여 인간의 상상력과 영적인 열망을 표현하는 중요한 상징으로 해석한다. 날개의 상징성은 인간의 본질적 욕망과 깊이 관련되어 있다. 날개의 상징은 전 세계의 신화와 전설 속에서 일관되게 나타나며, 각 문화의 세계관과 신념 체계에 대한 차이점과 공통점을 함께 담고 있다. 날개는 문화의 상징이 다른 문화로 전파

되고 해석될 수 있는 중요한 지표가 되며, 이를 통해 문화적 다양성과 보편성을 동시에 보여주는 연구 자료가 되기도 한다.

다양한 문화적 맥락에서 신성함과 권위, 초월적 힘을 상징하는 날개는, 단순한 신체적 특징이 아니라, 더 높은 차원의 의미를 전달하는 도구로 사용된다. 날개는 종교적 의식과 의례에서 중요한 역할을 하며, 인간의 영적 삶과 깊이 연결되어 있다고 본다.

날개의 상징성은 또한 사회적 계층과 권위의 표현으로 나타나며, 왕권이나 지도자의 권위를 더욱 강화하는 기제이다. 현대 문화에서도 날개는 예술과 문학에서 중요한 상징으로 사용되며, 이 상징들은 인간의 상상력과 창의성에 깊이 뿌리박혀 있다.

날개의 상징성은 다양한 문화적 맥락에서 다르게 해석될 수 있지만, 그 근본적인 의미는 인간의 영적 탐구와 초월에 대한 욕망을 반영한 도구이다. 날개는 각 문화의 특성과 보편적인 인간 경험을 반영하며, 이를 통해 문화적 다양성과 보편성을 동시에 보여준다.

어스바운드 (1897)_에블린 드 모건
Earthbound_Evelyn De Morgan

다이달로스와 이카루스(1625년경)_오라지오 리말리네디
Daedalus and Icarus_Orazio Riminaldi

비행의 심리학적 시각

　　　　　비행은 심리학적으로 인간의 내면 깊숙한 욕망과 갈망을 반영하는 중요한 상징이다. 인간은 본능적으로 자유와 해방을 추구하는데, 비행에 대한 열망은 하늘을 나는 도구를 개발하거나, 신화나 상징 속에 올곧이 표현되고 있다. 하늘을 나는 것은 물리적 제약을 넘어, 인간의 내면 깊숙한 곳에 자리 잡은 자유에 대한 갈망이다. 비행은 인간이 일상에서 경험하는 한계를 극복하고, 새로운 가능성을 탐구하고자 하는 욕망을 반영한 것이다.

　　　　　꿈에서 하늘을 나는 경험은 자유와 해방감을 원하고, 일상에서의 스트레스와 문제 혹은 제약에서 벗어나고자 하는 무의식적 소망을 나타낸다. 프로이트는 꿈을 통해 무의식을 탐구할 수 있다고 보았으며, 하늘을 나는 꿈은 억압된 욕망과 자유에 대한 갈망을 드러낸다고 설명했다. 이 분석은 비행이 인간의 심리적 상태를 반영하는 중요한 상징임을 시사한다.

또한, 비행은 자기 초월의 상징으로 해석될 수 있다. 인간은 끊임없이 자신의 한계를 극복하고, 더 높은 목표를 달성하고자 한다. 비행은 이러한 자기 초월의 과정을 상징적으로 나타내며, 새로운 경지에 도달하고자 하는 인간의 욕망 나타내는데, 자기계발과 성장의 과정에서 중요한 심리적 동기 부여가 된다. 비행의 상징은 인간이 자신의 잠재력을 최대한 발휘하고, 한계를 뛰어넘어 성장하는 과정을 시각적으로 표현한다.

비행은 통제와 자율성의 욕구와도 연결된다. 하늘을 나는 것은 자신이 원하는 대로 이동하고, 자유롭게 공간을 활용하는 것을 의미하며, 인간이 의지대로 자신의 삶을 통제하고, 자율성을 확보하고자 하는 심리적 욕구를 반영한다. 비행은 자신이 원하는 방향으로 나아가고, 목표를 달성하는 과정을 의미한다.

그러나 하늘을 나는 것은 두려움과 불안의 상징으로 해석되기도 한다. 높이 나는 것에 대한 두려움이나 추락에 대한 공포는 실패와 상실에 대한 불안감을 의미하며, 인간이 자신의 목표를 추구하는 과정에서 직면하는 두려움과 도전에 대한 심리적 상태를 나타낸다.

플라잉 에이스(1926)_작자미상
The Flying Ace_Anonymous

예술과 문학에서도 비행의 심리적 상징은 중요한 역할을 한다. 많은 작품에서 비행은 자유, 해방, 초월의 상징으로 등장하며, 작가와 예술가들이 인간의 심리적 상태를 표현하는 도구로 사용된다. 비행을 통해 인간의 내면 갈등과 욕망을 시각적으로 나타내며, 관객과 독자에게 깊은 감정적 공감을 이끌어낸다. 대표적인 소설은 이상의 〈날개〉이다.

비행의 심리적 상징은 문화적 정체성과도 밀접하게 연결된다. 다양한 문화에서 비행은 그 문화권의 신화와 전통에서 중요한 역할을 하며, 공동체의 정체성을 강화하고 문화적 가치를 전달하는 데 기여한다. 이러한 상징은 인간의 심리적 상태와 욕망을 반영하며, 인류의 문화사에서 깊은 의미를 지닌다.

항공기가 계속 비행하려면 숙련된 손길이 필요합니다. 전직 공군인... 단기 125파운드 현상금 제도에 따라 RAF에 입대(1939년부터 1946년 사이)_작자미상 Skilled hands are needed to keep the aircraft flying. Ex-airmen.. Join the RAF under the short term £125 bounty scheme_Anonymous

연금술사의 작업실의 아모레티(1635-1637년경)_데이비드 테니어스 더 영거
Amoretti in an Alchemist's Workshop_David Teniers The Younger

연금술에서 다루는 날개

연금술에서도 날개와 비행은 다양한 상징적 의미를 지니며, 주로 영적 상승과 초월, 변화와 변형, 그리고 신성함을 나타낸다. 연금술은 물질적 변형뿐만 아니라 영적 변형을 추구하는 철학적 전통으로, 날개는 이 과정에서 중요한 상징으로 작용한다.

날개는 먼저 영적 상승과 초월을 상징한다. 연금술은 물질을 금으로 변형시키는 과정을 통해 인간의 영혼이 더 높은 상태로 변형되는 것을 목표로 한다. 날개는 이러한 상승과 초월을 시각적으로 표현하는 도구이며, 인간이 물질적 세계를 넘어 영적인 영역으로 이동하는 과정을 나타낸다. 이는 연금술사들이 추구하는 최종 목표인 '대변형'(transmutation)과 맞닿아 있다. 날개는 영혼이 물질적 속박에서 벗어나 자유롭게 날아오르는 것을 상징하며, 이는 궁극적인 영적 자유와 해탈을 의미한다.

　　　　　변화와 변형의 상징으로서 날개는 연금술의 핵심 개념인 변형 (transformation)과 깊은 관련이 있다. 연금술의 과정은 '니그레도'(nigredo, 흑화), '알베도'(albedo, 백화), '루베도'(rubedo, 적화) 등 여러 단계로 나뉘며, 각 단계는 물질적 변화뿐만 아니라 영적 변화를 의미까지 포함한다. 날개는 이러한 변형의 과정을 시각적으로 상징하며, 물질의 정화와 정제 과정을 통해 영적 상승을 추구하는 연금술에서 특히 중요한 의미를 띠고 있다. 날개는 불순한 물질이 순수한 형태로 변형되는 과정을 상징적으로 표현하는데, 연금술의 궁극적 목표인 현자의 돌(the Philosopher's Stone)의 창조와 연관된다.

　　　　　날개는 또한 신성함을 상징하는 중요한 요소이다. 연금술은 물질적 변화뿐만 아니라 영적 깨달음과 신성한 지혜를 추구하는 전통이다. 날개는 신성한 존재와 인간 사이의 연결을 상징하며, 연금술사의 영적 여정을 나타낸다. 연금술에서 날개는 천사나 신성한 사자의 상징으로 자주 사용되며, 신성한 지혜와 깨달음을 추구하는 연금술사의 목표이기도 하다. 날개는 또한 신성한 보호와 인도를 상징하며, 연금술사가 영적 여정에서 직면하는 위험과 도전을 극복하는 데 도움을 주는 신성한 힘을 의미한다.

　　　　　연금술에서 날개의 상징성은 대칭성과 조화의 원칙과도 관련이 있다. 날개는 연금술에서 중요하게 생각하는 대칭성과 균형을 상징하는데, 연금술사는 물질과 영혼의 균형을 추구하며, 이를 통해 궁극적인 조화와 완성을 이루고자 하는데 기본적인 원리를 제공한다. 날개는 이 대칭성과 균형의 상징으로서, 연금술의 과정에서 물질적 변형과 영적 상승을 조화롭게 이루는 것을 상징한다.

　　　　　날개의 상징성은 연금술의 다양한 텍스트와 도상학에서 명확하게 드러난다. 연금술의 고대 문헌과 그림에서는 날개를 가진 인물이나 상징물이 자주 등장하는데, 날개는 연금술의 복잡한 상징 체계에서 중요한 위치를 차지하며, 연금술사의 목표와 과정을 이해하는 데 중요한 단서를 제공한다.

이처럼 연금술에서 날개의 의미는 다층적이며, 물질적 변화와 영적 상승, 신성한 지혜와 보호, 대칭성과 조화 등 다양한 상징적 의미를 포함한다. 날개는 연금술의 철학적 전통에서 인간의 본질적 욕망과 영적 탐구를 표현하는 중요한 상징이다. 연금술의 과정에서 날개는 물질적 변형과 영적 상승을 나타내며, 이를 통해 연금술사의 궁극적 목표인 완전한 변형과 깨달음에 이르게 한다.

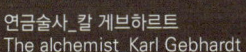

연금술사_칼 게브하르트
The alchemist_Karl Gebhardt

마녀의 비행 (1798)_프랑시스코 데 고야
Witches' Flight (1798)_Francisco de Goya

마법과 주술, 샤머니즘의 날개

날개는 주술과 마법에서 초자연적 능력의 상징으로 자주 등장한다. 날개를 가진 존재들은 마법사나 주술사로서 특별한 능력을 지닌 존재로, 물리적 한계를 초월하여 자유롭게 이동하며, 신비로운 힘을 발휘할 수 있다. 날개는 이 능력들을 상징하며, 주술사가 가진 비범한 능력과 지혜를 시각적으로 보여준다. 날개를 통해 주술사는 물리적 세계를 넘어 영적 세계와 소통하고, 신성한 힘을 불러오는 역할을 수행한다. 샤머니즘에서는도 날개는 영적 상승과 변형의 상징으로 중요하게 작용한다. 샤먼은 의식을 통해 무의식의 상태인 트랜스를 경험하며, 영적 세계로의 여행을 시도한다. 이 과정에서 날개는 샤먼이 물리적 세계를 떠나 영적 세계로 이동하게 한다. 날개는 샤먼이 영혼의 자유를 얻고, 신성한 존재들과 교류하는 도구로, 샤먼이 영적 세계에서 지혜와 치유의 힘을 얻어 돌아오는 과정을 도와준다.

날개는 또한 인간과 신성한 존재 간의 연결을 나타내는 중요한 상징이다. 주술과 마법에서는 날개를 가진 신성한 존재들이 인간에게 메시지를

전달하거나 보호하는 역할을 한다. 이러한 존재들은 신성한 지혜와 힘을 가지고 있으며, 인간과 신성한 세계를 잇는 다리 역할을 한다. 날개는 이러한 존재들이 하늘과 땅을 오가며, 신과 인간을 연결하는 능력을 시각적으로 나타낸다. 샤머니즘에서 날개는 변형과 재생의 상징이다. 샤먼은 의식을 통해 영혼의 여행을 경험하며, 이 과정에서 날개를 통해 변형과 재생의 힘을 얻는다. 날개는 샤먼이 새로운 영적 상태로 변형되고, 이를 통해 치유와 재생의 능력을 얻는 영적인 과정을 상징한다.

주술사는 의식을 통해 물질적 세계와 영적 세계의 균형을 이루며, 이를 통해 궁극적인 조화와 완성을 추구하려고 한다. 날개는 주술과 마법의 과정에서 물질적 변형과 영적 상승을 조화롭게 이루게 하며, 주술사나 마법사가 수행하는 의식에서 중요한 원칙으로 작용한다. 이들의 의식에서 날개는 주술사나 샤먼이 영적 세계로 안전하게 이동하게 하고, 변형과 재생의 힘을 얻게 한다. 날개는 주술과 마법의 복잡한 상징 체계에서 중요한 위치를 차지하며, 주술사와 샤먼의 목표와 과정을 이해하는 데 중요한 단서이다.

마법과 주술, 샤머니즘에서 날개의 의미는 다층적이며, 초자연적 능력과 영적 상승, 변형과 재생, 신성한 연결 등 다양한 상징적 의미를 포함한다. 날개는 주술과 마법, 샤머니즘의 철학적 전통에서 인간의 본질적 욕망과 영적 탐구를 표현하는 중요한 상징으로 기능한다. 날개의 상징성은 주술사와 샤먼의 영적 여정을 시각적으로 표현하며, 이를 통해 주술과 마법, 샤머니즘의 본질과 목표를 깊이 이해할 수 있다.

이제 막 샤머니즘 의식을 시작한 몽골 다크하드 주술사
Mongol Darkhad Shaman just starting Shamanic ritual

chapter

8

예술 속의 날개

역사의 뮤즈 클리오(1800)_샤를 메이니에
Clio, Muse of History_Charles Meynier

예술로 표현되는 날개

　　예술에서 날개나 나는 행위를 표현하는 것은 인간의 심리적 욕구와 감정을 시각적으로 구현하는 중요한 방식이다. 날개와 비행은 본질적으로 자유와 초월의 상징으로 작용한다. 인간은 지상의 물리적 제약을 넘어서고자 하는 욕망을 지니며, 예술가들은 이를 통해 내면적 갈망과 꿈을 형상화한다.

　　날개는 성장이나 자아실현의 상징으로 등장하며, 초월적이고 신성한 의미를 지닌다. 또한, 날개는 해방과 희망, 불안과 두려움을 동시에 상징할 수 있다. 비행은 인간의 내적 갈등과 혼란을 나타내며, 두 가지 세계 사이의 경계를 탐구하는 도구로 사용된다. 예술가들은 이러한 상징을 통해 관람자와 정서적 교감을 강화하고, 내면적 경험을 외부로 표출한다. 날개와 비행의 표현은 창조적 상상력을 자극하며, 심리적 탐구와 감정 표현의 핵심 요소로 작용한다. 이로 인해 날개는 예술에서 중요한 역할을 하며, 예술가와 관객 간의 깊은 감정적 연계를 형성하게 한다.

귀스타브 도레_실낙원의 삽화
Gustave Doré_Illustrations of Paradise Lost

그림 속의 날개

Hieronymus Bosch, "The Garden of Earthly Delights", 1500-1505, Netherlands
히에로니무스 보쉬, "지상의 기쁨의 정원", 1500-1505, 네덜란드

Leonardo da Vinci, "Annunciation", 1472-1475, Italy
레오나르도 다 빈치, "수태고지", 1472-1475, 이탈리아

Peter Paul Rubens, "The Fall of the Damned", 1620, Belgium
페터 파울 루벤스, "저주받은 자들의 추락", 1620, 벨기에

William Blake, "The Great Red Dragon and the Woman Clothed in Sun", 1805-1810, England
윌리엄 블레이크, "위대한 붉은 용과 해 입은 여인", 1805-1810, 영국

Gustave Doré, "Paradise Lost", 1866, France
귀스타브 도레, "실낙원", 1866, 프랑스

Marc Chagall, "The Falling Angel", 1923-1947, Belarus/France
원문: 마르크 샤갈, "추락하는 천사", 1923-1947, 벨라루스/프랑스

Michelangelo, "The Creation of Adam", 1508-1512, Italy
미켈란젤로, "아담의 창조", 1508-1512, 이탈리아

Raphael, "The Triumph of Galatea", 1514, Italy
라파엘로, "갈라테아의 승리", 1514, 이탈리아

Sandro Botticelli, "The Birth of Venus", 1485-1486, Italy
산드로 보티첼리, "비너스의 탄생", 1485-1486, 이탈리아

Giotto, "Lamentation(The Mourning of Christ)", 1304-1306, Italy
조토, "애도(그리스도의 애도)", 1304-1306, 이탈리아

Albrecht Dürer, "Melencolia I", 1514, Germany
알브레히트 뒤러, "멜랑콜리아 I", 1514, 독일

Henri Matisse, "Icarus", 1943-1944, France
앙리 마티스, "이카로스", 1943-1944, 프랑스

Pieter Bruegel the Elder, "Landscape with the Fall of Icarus", 1560s, Belgium
피터르 브뤼헐, "이카로스의 추락이 있는 풍경", 1560년대, 벨기에

Caravaggio, "The Inspiration of Saint Matthew", 1602, Italy
카라바조, "성 마태오의 영감", 1602, 이탈리아

Rembrandt, "The Archangel Raphael Leaving the Family of Tobit", 1637, Netherlands
렘브란트, "라파엘 대천사가 토빗의 가족을 떠나는 장면", 1637, 네덜란드

Frida Kahlo, "Self-Portrait with Thorn Necklace and Hummingbird", 1940, Mexico
프리다 칼로, "가시 목걸이와 벌새가 있는 자화상", 1940, 멕시코

렘브란트(1637)_라파엘 대천사가 토빗의 가족을 떠나는 장면
Rembrandt_The Archangel Raphael Leaving the Family of Tobit

주피터와 세멜러 (1894-95)_ 귀스타브 모로
Jupiter and Semele_ Gustave Moreau

Jean-Michel Basquiat, "Fallen Angel", 1981, United States
장 미셸 바스키아, "타락천사", 1981, 미국

Salvador Dalí, "The Ascension of Christ", 1958, Spain
살바도르 달리, "그리스도의 승천", 1958, 스페인

Evelyn De Morgan, "The Angel with the Serpent", 1870, England
에블린 드 모건, "뱀과 천사", 1870, 영국

John William Waterhouse, "Saint Eulalia", 1885, England
존 윌리엄 워터하우스, "성 에울랄리아", 1885, 영국

Gustave Moreau, "Jupiter and Semele", 1894-1895, France
귀스타브 모로, "주피터와 세멜레", 1894-1895, 프랑스

Jean-Léon Gérôme, "The Flight into Egypt", 1897, France
장 레옹 제롬, "이집트로의 도피", 1897, 프랑스

Thomas Cole, "The Voyage of Life: Youth", 1842, United States
토머스 콜, "인생의 항해: 청춘", 1842, 미국

Nicolas Poussin, "The Triumph of Pan", 1636, France
니콜라 푸생, "판의 승리", 1636, 프랑스

William-Adolphe Bouguereau, "The Birth of Venus", 1879, France
윌리엄 아돌프 부게로, "비너스의 탄생", 1879, 프랑스

J.M.W. Turner, "The Angel Standing in the Sun", 1846, England
J.M.W. 터너, "태양 속에 서 있는 천사", 1846, 영국

Frederic Leighton, "Perseus and Andromeda", 1891, England
프레데릭 레이턴, "페르세우스와 안드로메다", 1891, 영국

Alexandre Cabanel, "Fallen Angel", 1847, France
알렉상드르 카바넬, "타락천사", 1847, 프랑스

Max Ernst, "The Angel of the Home", 1937, Germany/France
막스 에른스트, "집의 천사", 1937, 독일/프랑스

Paul Klee, "Angelus Novus", 1920, Switzerland/Germany
파울 클레, "새로운 천사", 1920, 스위스/독일

Jacek Malczewski, "Thanatos", 1898-1899, Poland
야체크 말체프스키, "타나토스", 1898-1899, 폴란드

Pierre Puvis de Chavannes, "The Sacred Grove", 1884, France
피에르 퓌비스 드 샤반, "신성한 숲", 1884, 프랑스

John Everett Millais, "The Return of the Dove to the Ark", 1851, England
존 에버렛 밀레이, "방주로 돌아온 비둘기", 1851, 영국

Arnold Böcklin, "The Plague", 1898, Switzerland
아놀드 뵉클린, "역병", 1898, 스위스

전염병(1898)_아놀드 뵈클린
The Plague_Arnold Böcklin

Franz von Stuck, "Lucifer", 1890, Germany
프란츠 폰 슈턱, "루시퍼", 1890, 독일

Hans Memling, "The Last Judgment", 1467-1471, Belgium
한스 멤링, "최후의 심판", 1467-1471, 벨기에

Eugène Delacroix, "Jacob Wrestling with the Angel", 1851-1861, France
외젠 들라크루아, "천사와 씨름하는 야곱", 1851-1861, 프랑스

William Blake, "Satan Arousing the Rebel Angels", 1808, England
윌리엄 블레이크, "반역 천사들을 일깨우는 사탄", 1808, 영국

Thomas Cole, "The Voyage of Life: Old Age", 1842, United States
토머스 콜, "인생의 항해: 노년", 1842, 미국

René Magritte, "The Return", 1940, Belgium
르네 마그리트, "귀환", 1940, 벨기에

Kay Nielsen, "The North Wind", 1914, Denmark
케이 닐슨, "북풍", 1914, 덴마크

Boris Vallejo, "Flight of the Dragon", 1993, Peru/United States
보리스 발레호, "용의 비행", 1993, 페루/미국

Marc Chagall, "Birthday", 1915, France
마르크 샤갈, "생일", 1915, 프랑스

최후의 심판(1467~1471)_한스 멤링
The Last Judgment_Hans Memling

Hieronymus Bosch, "The Last Judgment", 1482, Netherlands
히에로니무스 보쉬, "최후의 심판", 1482, 네덜란드

Frans Floris, "The Fall of the Rebel Angels", 1554, Belgium
프란스 플로리스, "반역 천사들의 추락", 1554, 벨기에

Marc Chagall, "The Flying Carriage", 1913, France
마르크 샤갈, "날아가는 마차", 1913, 프랑스

Leonardo da Vinci, "Flying Machine Sketches", 1485-1490, Italy
레오나르도 다 빈치, "비행기계 스케치", 1485-1490, 이탈리아

Marc Chagall, "The Flying Lovers of Vitebsk", 1914-1918, France
마르크 샤갈, "비테프스크의 날아다니는 연인들", 1914-1918, 프랑스

Vincent van Gogh, "Wheatfield with Crows", 1890, Netherlands
빈센트 반 고흐, "까마귀가 있는 밀밭", 1890, 네덜란드

Albrecht Dürer, "Melencolia I", 1514, Germany
알브레히트 뒤러, "멜랑콜리아 I", 1514, 독일

Francisco Goya, "The Witches' Flight", 1797-1798, Spain
프란시스코 고야, "마녀들의 비행", 1797-1798, 스페인

Peter Paul Rubens, "The Fall of the Rebel Angels", 1620, Belgium
페터 파울 루벤스, "반역 천사들의 추락", 1620, 벨기에

반역한 천사들의 추락(1554)_프란스 플로리스
The Fall of Rebelious Angels (1554)_Frans Floris

큐피드의 입맞춤으로 부활하는 프시케(1787-1793)_
샤를 마니에
Antonio Canova_Psyché ranimée par le baiser de l'Amour

조각 속에 등장하는 날개

Antonio Canova, "Psyche Revived by Cupid's Kiss", 1787-1793, Italy
안토니오 카노바, "큐피드의 입맞춤으로 부활하는 프시케", 1787-1793, 이탈리아

Auguste Rodin, "The Winged Victory of Samothrace", 1884, France
오귀스트 로댕, "사모트라케의 날개 달린 승리", 1884, 프랑스

Gian Lorenzo Bernini, "Ecstasy of Saint Teresa", 1647-1652, Italy
지안 로렌조 베르니니, "성 테레사의 황홀경", 1647-1652, 이탈리아

Jean-Baptiste Pigalle, "Mercury", 1744, France
장바티스트 피갈, "머큐리", 1744, 프랑스

Benvenuto Cellini, "Perseus with the Head of Medusa", 1545-1554, Italy
벤베누토 첼리니, "메두사의 머리를 든 페르세우스", 1545-1554, 이탈리아

Lorenzo Ghiberti, "Gates of Paradise", 1425-1452, Italy
로렌초 기베르티, "천국의 문", 1425-1452, 이탈리아

Alfred Gilbert, "Eros", 1893, England
알프레드 길버트, "에로스", 1893, 영국

Bertel Thorvaldsen, "Ganymede and the Eagle", 1817, Denmark
베르텔 토르발센, "가니메데와 독수리", 1817, 덴마크

Giambologna, "Flying Mercury", 1564-1565, Italy
잠볼로냐, "비행하는 머큐리", 1564-1565, 이탈리아

Auguste Rodin, "The Call to Arms", 1914, France
오귀스트 로댕, "무장 요청", 1914, 프랑스

Igor Mitoraj, "Ikaro Alato", 2001, Poland/Italy
이고르 미토라지, "날개 달린 이카로스", 2001, 폴란드/이탈리아

Fernando Botero, "Bird", 1990, Colombia
페르난도 보테로, "새", 1990, 콜롬비아

Phidias, "Athena Parthenos", 447-438 BC, Greece
피디아스, "아테나 파르테노스", 기원전 447-438, 그리스

Constantin Brâncuși, "Bird in Space", 1923, Romania
콘스탄틴 브랑쿠시, "우주에 있는 새", 1923, 루마니아

Barbara Hepworth, "Winged Figure", 1963, England
바바라 헵워스, "날개 달린 인물", 1963, 영국

Alexander Calder, "The Eagle", 1971, United States
알렉산더 콜더, "독수리", 1971, 미국

Isamu Noguchi, "Birds", 1952, United States
이사무 노구치, "새들", 1952, 미국

The Call to Arms(1914)_
Auguste Rodin
무장 요청_오귀스트 로댕

George Frampton, "Peter Pan", 1912, England
조지 프램턴, "피터 팬", 1912, 영국

Auguste Rodin, "The Fallen Angel", 1890, France
오귀스트 로댕, "타락천사", 1890, 프랑스

David Černý, "Pegasus", 1999, Czech Republic
다비드 체르니, "페가수스", 1999, 체코 공화국

Alexander Calder, "Flying Dragon", 1975, United States
알렉산더 콜더, "비행하는 용", 1975, 미국

Louise Nevelson, "Sky Cathedral", 1958, United States
루이즈 네벨슨, "하늘 성당", 1958, 미국

Anish Kapoor, "Sky Mirror", 2001, England
아니쉬 카푸어, "하늘 거울", 2001, 영국

피터 팬(1912)_조지 프램턴
Peter Pan_George Frampton

bibliography

참고문헌

아서 코트렐, 1997, "그림으로 보는 세계신화사전", 까치
진 쿠퍼, 1994, "그림으로 보는 세계문화상징사전", 까치
M.엘리아데, 2011, "성과 속", 한길사
M.엘리아데, 1991, "상징 신성 예술", 서광사
M.엘리아데, 1998, "이미지와 상징", 까치
낸시 헤더웨이, 2004, "세계 신화 사전", 세종서적
필립 윌킨슨, 2002, "세계 신화 사전" 웅진닷컴
이경윤, 2012, "세계의 신화와 전설 사전 저자(글)", 다인북스
조지프 캠벨, 2018, "천의 얼굴을 가진 영웅", 민음사
조지프 캠벨, 2003, "신의 가면 1(원시신화)" 까치
조지프 캠벨, 1999, "신의 가면 2(동양신화)" 까치
조지프 캠벨, 1999, "신의 가면 3(서양신화)" 까치
조지프 캠벨, 1999, "신의 가면 4(창작신화)" 까치
조지프 캠벨, 2009, "신화의 세계(까치글방 149)", 까치
조지프 캠벨, 2006, "신화의 이미지", 살림
조지프 캠벨 , 2009, "신화와 인생", 갈라파고스
질베르 뒤랑, 2007, "상상계의 인류학적 구조들", 문학동네
제임스 조지 프레이저, 2005, "황금가지1,2", 을유문화사
이윤기, 2020, "이윤기의 그리스 로마 신화(특별합본판)", 웅진지식하우스
닐 게이먼, 2019, "북유럽 신화", 나무의철학
오카다 에미코, 2024, "페르시아 신화", 에이케이커뮤니케이션즈
조셉 캠벨, 2020, "신화의 힘", 21세기북스
신동흔, 2014, "살아있는 한국 신화", 한겨레출판사
찰스 스파이어 저자, 2021, "켈트 신화와 전설", 황소자리
민병훈, 2020, "일본 신화 이야기", 한국학술정보
정재서, 2023, "정재서 교수의 새로 읽는 이야기 동양 신화", 김영사
이병욱, 2016, "한권으로 만나는 인도", 너울북
최희성 엮음, 2019, "신화를 알면 역사가 보인다", 아이템비즈

이인택, 2018, "중국신화 그리고 소설", UUP

미셸 세르, 2008, "천사들의 전설: 현대의 신화", 그린비

하인리히 침머, 1995, "인도의 신화와 예술", 대원사

박정원, 2018, "신이 된 인간들", 민속원

이원구, 2024, "오리엔트 문명과 예수 신화", 세창미디어

송홍진, 유치정, 윤유석 번역, 2024, "아프리카인이 들려준 신화와 전설", 아딘크라

이유경, 2008, "원형과 신화", 분석심리학연구소

조흥윤, 2002, "한민족의 기원과 샤머니즘", 한국학술정보

조흥윤, 1993, "서울 진오기굿", 열화당

정수일, 2008, "중앙아시아 속의 고구려인 발자취", 동북아역사재단

도현신, 2023, "일본의 판타지 백과사전", 생각비행

폴 리쾨르, 1999, "악의 상징", 문학과지성사

칼 구스타프 융, 2023, "심리학과 연금술", 부글북스

작가미상, 2017, "중세 동물지" 오롯

주리나, 2017, "환타지에 등장하는 몬스터들의 유래", 이페이지

야마키타 아쯔시, 2012, "판타지 사전", 비즈앤비즈

예태일, 2008, "산해경", 안티쿠스

국립제주박물관, 2010, "인류문화의 판타지 신화", 서경문화사

토니양, 2015, "판타지사전", 프로방스

이상, 2004, "이상 전집 1", 가람기획

한국곤충학회, 1996, "일반곤충학", 법문사

성경(공동번역)

성꾸란

Joseph Campbell with Bill Moyers, 1988, "The Power of Myth", Anchor Books

Edith Hamilton, 1942, "Mythology: Timeless Tales of Gods and Heroes", Little, Brown and Company

E. A. Wallis Budge, 1904, "The Gods of the Egyptians or Studies in Egyptian Mythology vol.2", Dover Publications

Erik Hornung, 2001, "The Secret Lore of Egypt Its Impact on the West", "Cornell University Press"

Anne Birrell, 1993, "Chinese Mythology: An Introduction", Johns Hopkins University Press

Hans Biedermann, 1992, "Dictionary of Symbolism: Cultural Icons and the Meanings Behind Them", Facts on File

Hope B. Werness, 2004, "The Continuum Encyclopedia of Animal Symbolism in Art", "Continuum"

James George Frazer, 1890, "The Golden Bough: A Study in Magic and Religion", anboco

David Albert Jones, 2010, "Angels: A History", Oxford University Press

George Ferguson, 1959, "Signs & Symbols in Christian Art", Oxford University Press

Erwin Panofsky, 1960, "Renaissance And Renascences In Western Art", "Taylor & Francis"

Carl Gustav Jung, 1964, "Man and His Symbols", Random House Publishing Group

Joseph Campbell, Bill Moyers 1988, "The Power of Myth", Knopf Doubleday Publishing Group

Jean Daniélou, 1952, "The Angels and Their Mission: According to the Fathers of the Church", Christian Classics

Archive for Research in Archetypal Symbolism (ARAS), 2010, "The Book of Symbols: Reflections on Archetypal Images", Taschen

David Leeming, 2005, "The Oxford Companion to World Mythology", Oxford University Press

Claude Lévi-Strauss, 1978, "Myth and Meaning", University of Toronto Press

Roland Barthes, 1957, "Mythologies", Hill and Wang

Geoffrey S. Kirk, 1974, "The nature of Greek myths", Penguin Books

Herbert Marcuse, 1955, "Eros and Civilization", Taylor & Francis

Thomas H. Carpenter, 1991, "Art and myth in ancient Greece: a handbook", WW Norton

Mircea Eliade, 1949, "The Myth of the Eternal Return: Cosmos and History", Princeton University Press

John S. Harding, 2014, "The Study of Religion: A Reader", Routledge

Joseph Campbell, 2008, "The Hero with a Thousand Faces", New World Library

Michael Wood, 2005, "In Search of Myths & Heroes", University of California Press

Albert Camus, 1942, "The Myth of Sisyphus and Other Essays", Penguin Books Limited

Arnold van Gennep, 2019, "The Rites of Passage, Second Edition", University of Chicago Press

W. H. Hudson, 2020, "Birds and Man", Outlook Verlag

Peter Dickinson, 1979, "The Flight of Dragons", Harper & Row

Mircea Eliade, 1988, "Myth and Reality", Waveland Pr Inc; Reprint edition

Mircea Eliade, 1957, "The Sacred and the Profane: The Nature of Religion", Harcourt Brace Jovanovich

Karl Shuker, 1995, "Dragons: A Natural History", Simon & Schuster

Thor Hanson, 2011, "Feathers: The Evolution of a Natural Miracle", Basic Books; Illustrated edition

David Adams Leeming, 2018, "The World of Myth: An Anthology", Oxford University Press

James Cahill, 2018, "Flying Too Close to the Sun: Myths in Art from Classical to Contemporary", Phaidon Press

John Pollard, 1977, "Birds in Greek Life and Myth", Thames & Hudson

Michael Witzel, 2012, "The Origins of the World's Mythologies", Oxford University Press

R. van den Broek, 1972, "The Myth of the Phoenix According to Classical and Early Christian Traditions", Brill Academic Publishers

Michael Camille, 2008, "The Gargoyles of Notre-Dame Medievalism and the Monsters of Modernity", University of Chicago Press

Piero Boitani, 2007, "The Winged Word: Poetic Flight in Medieval Literature", University of Chicago Press

Christopher Middleton, 1985, "Encyclopedia of Birds", Facts On File Inc

Terry Pratchett, 1991, "Wings", Corgi Books

A. L. McClanan, 2021, "Griffinology: The Griffin's Place in Myth, History and Art", Reaktion Books

E. H. Gombrich, 1950, "The Story of Art", Phaidon Press

Philip Wilkinson, 2006, "DK Illustrated Dictionary of Mythology Heroes, Heroines, Gods, and Goddesses from Around the World", Dorling Kindersley

Malcolm Godwin, 1990, "Angels: An Endangered Species", Simon & Schuster

Carl A. P. Ruck and Danny Staples, 1994, "The World of Classical Myth: Gods and Goddesses, Heroines and Heroes", Carolina Academic Press

John Pollard, 1977, "Birds in Greek Life and Myth", Thames & Hudson

Jean Pierre Vernant, 2006, "Myth and Thought among the Greeks", Routledge & Kegan Paul

Adrian Geoffrey Gilbert, 1998, "The Holy Kingdom: The Quest for the Real King Arthur", Bantam Books

Marina Warner, 1976, "Alone of All Her Sex: The Myth and the Cult of the Virgin Mary", Oxford University Press

David Albert Jones, 2010, "Angels: A History", Oxford University Press

Andrew Lang, 1899, "The Blue Fairy Book", Longmans, Green, and Company

Leonardo da Vinci, 2016, "Codex on the Flight of Birds", CB edizioni

Charles P. Segal, 1969, "Landscape in Ovid's Metamorphoses: A Study in the Transformations of a Literary Symbol", Oxford University Press

Erich Neumann, 1949, "The Origins and History of Consciousness", Princeton University Press

Richard Wilhelm, 2011, "The I Ching or Book of Changes", Princeton University Press

날개;
중력을
거스르고픈
인간의
욕망
Wings;
the human
desire to
defy
gravity

날개
중력을 거스르고픈 인간의 욕망

1판 1쇄 발행일 2024년 9월 19일

지은이 최진(홍총총), 박형설(루시안)

발행인 최진
발행처 트립풀
출판등록 2022년 9월 23일 (제 2024-000002호)
주소 경기도 화성시 정남면 세자로 265-10
전화 010-4494-4450
홈페이지 tripfull.kr   **인스타그램** @_tripfull

편집/디자인 알쓸팩토리
인쇄·제본 상지사P&B

ⓒ 트립풀, 2024

ISBN 979-11-984186-2-3 03380

이 책은 저작권법에 따라 보호받는 저작물이므로 무단 전재와 무단 복제를 금합니다.
이 책의 전부 또는 일부를 이용하려면 반드시 저자와 트립풀의 동의를 받아야 합니다.